朝日新聞への論理的弔辞

西村幸祐メディア評論集

ワニ・プラス

私はテレヴィジョンでごく若い人たちと話した際、非武装平和を主張するその一人が、日本は非武装平和に徹して、侵入する外敵に対しては一切抵抗せずに皆殺しにされてもよく、それによつて世界史に平和憲法の理想が生かされればよいと主張するのをきいて、これがそのまま、戦時中の一億玉砕思想に直結することに興味を抱いた。一億玉砕思想は、目に見えぬ文化、国の魂、その精神的価値を守るためなら、保持者自身が全滅し、又、目に見える文化のすべてが破壊されてもよい、といふ思想である。

戦時中の現象は、あたかも陰画と陽画のやうに、戦後思想へ伝承されてゐる。このやうな逆文化主義は、前にも言つたやうに、戦後の文化主義と表裏一体であり、文化といふもののパラドックスを交互に証明してゐるのである。

（三島由紀夫「文化防衛論」より）

朝日新聞に弔辞を書く理由　――まえがきに代えて

今の朝日新聞は、いったい何のために存在しているのだろうか。もし安倍晋三総理を倒すためだけに存在しているとしたら、すでにその前提ゆえに存在理由がなくなってしまう。簡単な話だ。平成二十四年（二〇一二）十二月二十六日に第二次安倍政権が誕生してすでに丸七年以上が経過したからだ。しかも一年の短命に終わった第一次安倍政権と通算すれば、八年以上安倍晋三は総理の座に就いている。

これは推測だが、安倍が政界入りした五年後の平成十年（一九九八）頃から、朝日は恐らくこの二十年以上で少なくとも六千回は記事に取り上げて、その中で明確に肯定的に評価したことは一度もなかったのではないか。何の役職もない若手議員だった頃からマークして攻撃を続けてきたはずだ。その理由は本書一章で詳《つまび》らかにするが、特に第一次安倍政権で総理に就任してからは恒常的に連日のように批判し、偏向・歪曲のフェイクニュースの攻撃を浴びせていた。

もし現在の朝日の存在理由が安倍を倒すことなら、すでに朝日は存続している根拠を失っている。史上最長在任の総理大臣、安倍晋三の存在が朝日の敗北を物語っているからだ。

平成二十四年（二〇一二）十一月二十四日、支持率もじり貧になっていた民主党の野田佳彦総理が衆院を解散し、総選挙が行なわれることになった時、朝日は《自民党はこの3年間何をやっていたのか》と、いきなり自民党攻撃の奇妙な社説を載せた。安倍晋三が自民党総裁選で勝利し、自民党の総選挙の勝利で安倍政権が復活する確率がかなり高くなっていたからだ。

このように朝日新聞が常軌を逸した言葉を連ねるのは、それだけレベルが低下したからで、メディアのレベルと政治のレベルは正比例している。数年前に朝日はターゲットへの攻撃用の言葉として〈反知性主義〉を多用した時期があったが、朝日の知性がまず減衰しているのである。

朝日新聞が令和元年（二〇一九）に早期退職者を募っていることが話題になった。経営が非常に苦しいからだ。実は平成二十九年（二〇一七）には給与の引き下げも行って希望退職者を募っていた。《朝日は14年、いわゆる従軍慰安婦報道や、東京電力福島第1原子力発電所の事故対応をめぐる「吉田調書」報道で批判を浴びた。販売部数はＡＢＣ協会ベースで、同年9月の７２１万部から15年12月には６６２万部へと約60万部減少しているからだ。

また、年収の引き下げに先立って、今年1月から40歳以上を対象に、退職金とは別に年収の40％を最大10年分一括支給する早期退職者の募集を開始した。》（週刊ダイヤモンド）

この記事にある《「吉田調書」報道とは、平成二十三年（二〇一一）の三・一一、東日本大震災の福島原発事故で福島第一原発の吉田昌郎所長が事故対応を克明に記録した「吉田調書」の内容を、朝日がスクープ報道したものが捏造に近いものだったという事件だ。皮肉なことに、吉田所長の奮闘を描いた門田隆将のノンフィクション・ノベル『死の淵を見た男』が「Fukushima 50」として映画化され、今年の三月には公開される運びとなっている。

朝日が日本憎悪（今、流行りの言葉で言えば日本へイトだが）を剥き出しにして反日メディアとしての地位を確固たるものにするのは平成の御代《みよ》の三十年と見事に重なっている。後で詳しく述べるが、平成の三十年を〈失われた三十年〉とし、日本の敗北と衰退とするならば、その〈平成日本の敗北〉はまたしても朝日新聞が主敵だったのだ。またしても、というのは、実は第二次世界大戦、大東亜戦争の日本の敵は朝日新聞に代表されるものだったからである。

周知のように、シナ事変の南京陥落後の不用意な戦線拡大と対米戦争への道を開いた近衛内閣のブレーンだった昭和研究会には、朝日新聞の幹部記者が顔を揃え、中でも尾崎秀実はソ連共産党の国際謀略組織コミンテルンの一員で、ソ連のスパイ、ゾルゲと工作活動に従事していた。ソ連にとって日本がシナとの和平協定に手こずったまま対米戦争に向かうことが理想だった。同時に米ルーズベルト政権にもコミンテルンのスパイが二百名以上いたことも今や明らかになっている。そう考えれば、日本の敵は戦前も戦後も同じであり、敵の一部として日本に情報操作やプロパガンダの工作を仕掛けて、国益を大きく毀損しているのが朝日新聞ということになる。

この三十年の実際の動きを少し以下のように振り返ってみよう。

●一九九一年（平成三年）八月十一日、植村隆の記事で「戦場に連行され、日本軍相手に売春行為を強いられた『朝鮮人従軍慰安婦』」の証言という捏造を行った。

●一九九二年（平成四年）一月十一日、「慰安所 軍関与示す資料」と読者に誤解を与える大見出しで国民をフェイクにかけ、吉見義明中央大学教授が慰安婦に軍が〈関与〉していた証拠を見つけたと大騒ぎする。これが、後の「広義の強制連行」になる。

●一九九二年（平成四年）一月十三日、北畠清泰編集委員が偽書で有名な『私の戦争犯罪　朝鮮人強制連行』の著者、吉田清次のインタビューを掲載した。《記憶の中で最も心が痛むのは従軍慰安婦の強制連行だ。吉田さんと部下、十人か十五人が朝鮮半島に出張する。総督府の五十人あるいは百人の警官といっしょになって村を包囲し、女性を道路に追い出す。木剣を振るって若い女性を殴り、けり、トラックに詰め込む。一つの村から三人、十人と連行して警察の留置場に入れておき、（略）吉田さんらが連行した女性は、少なくみても九百五十人はいた》と嘘を書き連ねた。

●一九九二年（平成四年）一月十三日、加藤紘一官房長官（当時）が、記者会見で「軍の関与は否定できない」と述べ、一月十六日に訪韓した宮沢喜一首相（当時）が謝罪を八回繰り返し、慰安婦に関する資料調査を韓国に約束、半年後の加藤紘一官房長官談話、一年後の「河野談話」が用意されることになった。

●二〇〇五年（平成十七年）一月十二日、《NHK番組に中川昭・安倍氏「内容偏り」幹部呼び指摘》と、紙面のほとんどを使った一大プロパガンダが行われた。安倍晋三自民党幹事長代理（当時）と中川昭一経産大臣（当時）を政治的に抹殺しようとしたテロ行為だった。安倍、中川の反撃や他メディアやネットからの検証記事が溢れ返ると、朝日は二月にサイトの記事の見出しから「幹部呼び指摘」の部分を削除した。NHK幹部を安倍、中川の二人が呼びつけ政治圧力を掛けたというシナリオを用意していたのに、初めて作戦に失敗した。そこで、このデマゴーグは、復讐心に燃え、虎視眈々と安倍、中川二人へのテロ行為を狙い続けた。

●二〇〇六年（平成十八年）二月二日、皇室典範改正が話題になっていた当時、論説主幹の若宮敬文は《寛仁さま　発言はもう控えては》という社説を書いた。《憲法上、天皇は国政にかかわれない。皇位継承資格を持つ皇族も同じだ》と、前日産経新聞のインタビューに答えた寛仁親王殿下の「女系天皇反対」の意見を封殺しようとした。若宮のこの憲法解釈は欺瞞だったが、重要なのは、国民の言論弾圧を朝日が表立って行わない代わりに、皇族から言論の自由を簒奪しようとしていることだ。それとさらに重要なのは、女性天皇と女系天皇の区別も解らない多くの日本人にとって、「ヒゲの殿下」の愛称で親しまれた寛仁親王の「女系天皇」というものは危ないというメッセージは信頼性があり、本質をよく知ろうとするきっかけになるからだ。朝日は令和になった十四年後のいまでも、女系天皇という贋の天皇を作ろうとしている。なぜなら、それが皇室の消滅になることを知っているからだ。

●二〇〇七年（平成十九年）九月二十九日、虚構の集団自決軍命令を訂正する教科書検定に反対する集会が沖縄で開かれた。そもそも悲劇の集団自決を日本軍の命令、関与によるものだと主張する日本軍悪玉史観は、アメリカの沖縄占領中に醸成されたもので、沖縄タイムズが編集し、朝日が一九五〇年（昭和二十五年）に出版した『沖縄戦記 鉄の暴風』がルーツだった。

ここで一部を紹介したが、私たちから言葉を奪おうとしている全体主義との闘いは、始まったばかりなのである。

もっと過去を振り返るとさらに面白いことが解る。第一章で触れることにするが、一九六〇年代後半に広岡知男社長が就任してから、朝日はプロパガンダ機関としての機能を鮮明にした。以下を引用するのは、当時掲載された北朝鮮レポートである。

《豊かさの基準
家賃は月収の0・5%　ゴミ類を徹底的に再利用

ソ連製の乗用車「ボルガ」に乗って、子どもたちとすれ違うと、そのたびに真面目くさった敬礼をされた。登下校時などに当ろうものなら、答礼に疲れてしまった。乗用車はＶＩＰ（要人）の印らしい。市民の足はもっぱらバスかトロリーバス（通訳氏は電車といったが）。そして、平壌市内の停留所はいつも長い列で、二台つなぎのバスでも、車内はかなり混んでいた。トラックの荷台に人が乗っているのも、農村部だけでなく、都市でもよく見かけた。荷台に五列ほどベンチを並べたりして。

教育・医療費タダ

そのボルガに乗って、市民の生活ぶりを見に平壌の新しい住宅街「千里馬通り」に行った。（後略）

すみずみに「節約」

リ班長の家からの帰りがけ、アパートの一室に「教養室」と書いてあるのをみた。人民班の重要な活動の一つが、金日成首相の革命思想を定期的に学習すること。そして、もう一つはゴミの回収。炊事の余りはブタの飼料に、紙クズ、空ビン、空カンもそれぞれ分けて、再利用へ回す。残るのは、集中暖房がまだ行きわたっていない家庭の、無煙炭の灰ぐらい。これも集めて水田の肥料にする。生活のすみずみに、自国の経済は自国の資源で、の〝チュチェ〟姿勢があった。そして、節約は美徳だった。

今年の十月三日は中秋の名月だった。朝鮮では「秋夕」という。この日の平壌市内は、いつもより色彩が豊かだった。よそ行きに着飾り、ダリアや百日草、野菊の花たばをかかえた家族連れが、墓参りに出かけていった。リ・グムリョルさんも、昨年亡くなったおばの墓参りに行ったはずだ。その墓石には南にいる二人の息子の名と遺言が刻んであるという。

夜、平壌に浮んだ月は青白く、ウサギがよく見えた。ラジオできいた日本のニュースは、こう報じていた。「東京のデパートでは、月見ダンゴつきススキが一組千円から千五百円で飛ぶように売れていました」。

豊かな生活とは、なんだろうかと考えさせられた》（朝日新聞夕刊　1971年11月18日）

《**教育の国　放課後にも勉強、勉強**
教育、教育、また教育……。この国では、国をあげて教育事業に突進しているように見える。まず義務教育だが、一九七二年から「十一年制義務教育」が実施されている。幼稚園（四―六歳）の後半の一年が義務制となっており、そのあと人民学校四年（六―一〇歳）、高等中学校六年（一〇―一六歳）と義務制が続く。その後は大学（三―六年）になるが、これは自由意思。いわば、日本でいう幼稚園から高校までのコースが義務化されているとみていい》（朝日新聞夕刊　1978年11月25日）

《**サービス革命**
消費多様化めざす　日用品の質向上へ懸命
平壌名物に冷メンがある。牛肉などでダシを取った薄味のスープに、歯ごたえのあるメンが盛られ、鶏のササミやキムチが乗っている。独特のからしをかけて食べる味は格別だ。その最高級品を出すレストラン「玉流館」に、ある平日の昼、予約なしで行ってみた。
ここはおいしいだけに高い。町のソバ屋の6、7倍もする。大人用普通盛り（250グラム）で5ウォン（約500円）。労働者の平均月収が約100ウォンだから、バカにならない値段なのに、なんと満員。順番を待つ客が廊下にあふれ、行列をつくっていた。歩いてやって来る客がほとんどだが、中には、マイクロバスで乗りつけるグループも。結局、冷メンにありつけるまで50分ほど待たされた。

翌日の午後、平壌市中心部の「直売店」に行った。奥行き約4メートル、間口約20メートルの小さな店は、5時前というのに客でいっぱいだった。

カウンターの向こうに、戸棚、鏡台といった家具、ノートをはじめとする文房具、毛糸で編んだセーターや手袋、ベビー用品、靴などが並んでいる。市内の各種工場が廃物利用でつくった日用品と、勤めに出ない婦人たちの内職製品だ。当然、西側先進国の基準でみれば品質は見劣りする。が、普通の商店にはない商品の多様さが魅力らしい。

ビアホールも人気

にぎわっているのはこれらだけではない。「清涼飲料店」の看板を掲げたビアホールも、平壌第一百貨店も同じだった。

どうやらこの国の人々は、衣食住の最低水準を満たし、より多様で質の高い暮らしを求め出したのではないか。だが、その動きはまだ始まったばかりだ》（朝日新聞朝刊　1985年05月23日）

《日朝交渉を停滞させるな（社説）

日本と朝鮮民主主義人民共和国（北朝鮮）との8回目の国交正常化交渉が、半年ぶりに北京で開かれた。中国と韓国の国交樹立を受けての交渉だったが、「李恩恵（リ・ウネ）」の問題をめぐって紛糾し、本会談は半日で打ち切られた。

第1回の予備交渉から満2年になるが、実質的な進展はみられない。相撲でいう仕切り直しの状態が、延々と続いているのは誠に残念である。

今回も会談の成果は薄いとみられていた。北朝鮮の核開発疑惑に対する国際原子力機関（IAEA）の査察が継続中であること、米国と韓国の大統領選待ち、さらに南北対話の後退によるものだ。

正常化の目的は日本による戦前の植民地支配を清算し、北東アジアの平和と安定、緊張緩和を実現することにある。双方がそれぞれに置かれた立場を見つめ直し、誠意をもって局面打開をはかってほしい。

20年前の日中国交では世論の支持が支えとなった。ところが、北朝鮮との交渉では世論がさめている。何よりも信頼感の問題だろう。北朝鮮は柔軟さを見せ始めてはいるが、なお不十分だ》（朝日新聞朝刊　1992年11月08日）

歴史や過去の過ちを忘れて平気な顔をして罪を他人になすりつけるから、他人に歴史を忘れるなと居丈高に注文を付けることができる。そんな真実を以上の朝日の記事が教えてくれる。だがもっと深刻なのは、過去の過ちでなく現在進行形の知性と倫理の崩壊だ。令和元年（二〇一九）十二月二十六日付論壇時評は、朝日の衰退そのものだ。表現の不自由展でデマゴーグを果たした津田大介が無意味な言葉を連ねているのは、〈論壇〉がとうの昔に失くなったことを証明させているのだろうか。

実は私は、メディア批判が本書の目的ではないと考えている。メディア批判や時事的な話題の解析、外交・安全保障問題の分析も、それがそのまま本質的なものに視点を移しやすい素材として読者に提示できるはずだ。読者にそんなヒントを見つけてもらえればそれに優る幸せはない。

最後に少し告白すると、実は朝日新聞に多少の縁がある。コピーライターをしていた二十代後半に、朝日広告賞の部門賞を受賞したことがある。それと昭和十八年（一九四三）に他界した祖父、西村眞次は歴史学者で文化人類学者だったのだが、二十代の時に日露戦争の出征から戻った後、二年ほど朝日で記者をしたことがあった。そういう意味でも、多少の縁はあるのだが、朝日新聞に自らの臨終を自覚してもらうには、やはり、多くの方とけじめをつける〈お見送り〉をすることが大切であり、メディアの復権に繋がるのではないと思っている。

本書は朝日新聞についての書き下ろしに加え、過去の雑誌原稿でメディアを扱ったものを収録した。

なお、文中の敬称はすべて略させて戴いた。

西村幸祐

【第三章】反日メディアが報じない事実と真実

【第一章】

朝日新聞への論理的弔辞

――日本憎悪と報道テロリズムの構造

朝日の社論は〈ダチョウの平和〉

ダチョウは敵が現れたり危険を察知すると頭を砂や茂みに突っ込んで、危機を見ないことにするという話がある。だが、これは古代ローマ時代の博物誌に書かれて以来の迷信で、実際のダチョウにそんな習性はない。それはともかく、現実逃避や都合の悪いことを見ないことを意味する慣用句として長年使われてきた。

オーストリッチ・ポリシー（ostrich policy）やオーストリッチズ・スタンス（ostrich's stance）という外交・安全保障でよく使われる言葉もある。国家の危機を現実として捉えられず現実逃避して、都合の悪いことを無視する立場である。〈ダチョウの平和〉という言葉もあって、危険が迫ると頭を茂みの中に突っ込んで見ぬふりをして、平和だ、平和だと悦に入る。百田尚樹のベストセラー小説『カエルの楽園』（新潮社）の世界と同じである。

ただ、駝鳥《ダチョウ》一羽や『カエルの楽園』の話で済むならまだいいが、一億二千万人の国民の生命と平和が、そんな空も飛べない駄鳥の習性に左右されるのはたまったものではない。しかも解っているのに、トンビが意図的にダチョウのふりをするのであれば悪質な詐欺師だ。詐欺師だからこそフェイクニュース（贋ニュース）を平気で流して歪曲・偏向に知恵を絞っていそしむのである。

問題解決能力がないばかりか、危機を認識する能力すらない。だからこそ自分を大きく見せたがり、鼻持ちならないメディアという特権意識と、なお悪いことに〈朝日ブランド〉という幻影にすがりつく。フロイト流に言えば、快楽原則が現実原則にいつも優先する行動原理だが、その根底にあるのは〈ダチョウの平和〉、すなわち〈平和幻想〉である。


令和元年（二〇一九）十二月十六日付の社説にもそれがよく表れている。新聞社説などいまどき誰が読むのか、意味があるのかと訝《いぶか》る人もいるだろうが、実は社説は新聞の重要なファクターである。出世して論説委員となった元記者たちが議論を交わしながら輪番制で執筆を担当する。つまり〈社論〉の形成だ。したがって、社説は読者に向けてというより社内向けの執筆ガイドラインのような役割も果たす。現場の記者はまるで綱領のような掟に従わざるを得なくなる。つまり、どんな社説が書かれるかで〈受け手〉はその新聞の編集方針を窺い知ることができる。およそあらゆる記事は編集方針から外れないので、〈受け手〉は言外の意図を頭に入れながら記事を読むことが可能になる。

その十二月十六日の社説は、防衛省が設置場所について杜撰《ずさん》な調査をしたことで問題なった陸上配備型のミサイル防衛システム、イージス・アショアーについてのものだった。

《陸上イージス　計画自体を見直す時だ》というタイトルで、《秋田市の陸上自衛隊新屋《あらや》演習場を候補地とする計画の見直し論が、政府内で浮上している》のは、《地元の強い反発に押されたのだろう》が、《朝日新聞の社説は、限られた防衛予算の中で、巨額の投資に見合う効果があるのか、疑問を呈してきた。この際、導入の是非から、計画自体を見直すべきだ》と言う。

《日本周辺の安保環境の厳しさを考えれば、ミサイル防衛のあり方を不断に検討していくことは重要だろう》とするのはいい。だが、驚くのは《すでに、イージス艦が発射する迎撃ミサイルと地対空誘導弾「PAC3」による2段構えの体制をとっている。そこに2基で5千億円を超す陸上イージスを加えることが、費用対効果の面から適正》でないと言い放つ。まさにダチョウのふりをして頭を砂や茂みに突っ込んで、昨年北朝鮮が実験を行なった迎撃不可能な新型ミサイルに目をふさぐ。高高度から真っ逆さまに落ちるように目標に到達するロフテッド軌道のミサイルや、低空で飛来し着弾前に上昇する変則軌道の短距離弾道ミサイルは迎撃不可能だ。また、日本に向けられた二百発以上の中国共産党の核弾頭ミサイルを見ないことにしている。ロフテッド軌道や変則軌道のミサイルは、イージスシステムやPAC3による迎撃が困難なのである。

また、「陸上イージス」には迎撃だけでなく、巡行ミサイルによる攻撃能力のオプションもある。つまり先制攻撃を可能するシステムも付加できるので、初めて変則軌道によるミサイル攻撃を抑止する防衛力を保持できるのだ。

社説はこう続く。《安倍政権が前のめりなのは、トランプ米大統領が米国製兵器の大量購入を求めていることと無縁ではあるまい。しかし重要なのは、日本自身による主体的で、冷徹な判断である》と結んでいる。一見、もっともらしい言葉が並ぶが、安全保障に関する日本の《主体的で、冷徹な判断》には、まず軍事や国防への国民の関心の高さが必要であり、メディアによる的確で不断の報道がなければならない。日本人ほど軍事に関心の低い国民が世界的に珍しいのは、朝日を中心とする旧メディアが可能な限り軍事問題や軍事情報を報道してこなかったからだ。

朝日が音頭を取って、大学での軍事研究を否定するキャンペーンを日本共産党勢力と繰り広げているのは極めて愚かな行為だが、軍事研究はおろか、大学に「軍事学」や「安全保障」という講座がある大学は防衛大学を除くと日本には皆無だ。こんな国は先進国では日本だけなのである。

したがって、軍事と外交が表裏一体であるという当たり前の原則さえ、日本では政治家、官僚、メディアで理解する者が少ない。実は、安倍晋三こそ、その数少ない政治家の一人であることを確認しておくべきである。

日本人の〈平和ボケ〉とよく言われるが、原因は昭和二十七年（一九五二）に米軍の占領が終わり、日本が主権と独立を恢復《かいふく》してからも、七十年近く一貫して〈ダチョウの平和〉を唱え続けて来た朝日新聞の〈社論〉にある。最も責任があるはずのメディアが平気でこんな社説を掲げているのが現在の日本の姿だ。

朝日がこの社説で日本の《主体的》な判断が重要だと言うのは、そもそも日米安保に反対して来た昭和二十七年（一九五二）以来の六十八年間の〈社論〉が背景にある。ところが日本国民はここ二十年以上のどの世論調査を見ても、日米安保条約を圧倒的に肯定している。朝日はもちろんそれを知っているから、ここでは日米安保への批判や否定論を意図的に隠している。日米安保によって日本が主体的な行動を執れないという考えはある意味正しいのだが、朝日の真意は単純素朴な反米である。これは重要なので、後で詳しく述べるが、朝日はその時その時で反米と従米に無節操に揺れ動き、日本の独立とアイデンティティさえ消滅すればいいという態度を繰り返している。ダチョウが砂に頭を突っ込んでも尻を突き出す格好になり、頭隠して尻隠さずの朝日の本音は、簡単に読み解けてしまう。

当たり前のことだが、朝日が言うように日本が主体的に安全保障に取り組むなら、九条改正は必至になる。そんな、ちょっと気が利いた小学校高学年でも解ることを、朝日が知らないはずはない。だから贋《にせ》情報のフェイクニュースと歪曲された情報を発信して誤魔化すことになる。

昭和二十七年（一九五二）四月二十八日の日本の主権恢復と同時に、日米安保が発効したのはなぜだろうか。答えは簡単だ。米軍の占領が解かれたからである。占領は解かれたが米軍基地は全国に今日まで残っている。それも単純な話で、憲法九条と日米安保条約はセットになっているからだ。かつて三島由紀夫は《日米安保と憲法九条はシャムの双生児》と言っていたが、全く正しい。その言葉は三島が自決する年に大学生の結社的な勉強会の講演で述べたものだが、五十年たっても真理は真理のままなのである。

そもそも国家の交戦権を認めないという、いわゆる〈平和憲法〉と呼ばれるものの正体は、日本人から武器を取り上げるだけでなく、敵と戦うことすら否定する、日本人の〈去勢条項〉なのである。日本国土に米軍基地を置く日米安保があることで、初めて日本の独立と平和が保証されたのが、前述の昭和二十七年の戦後日本の出発点だった。このように憲法九条と日米安保がセットとして日本の永久占領が組み込まれているのである。

世界の安全保障事情は、二十一世紀に入ってから特に集団安全保障の形を取るようになった。一国だけの国防力で平和と安全を守るのではなく、基本的に同盟関係の基盤の上に各国の生存を賭けているのだ。そういう意味でトランプ大統領が令和元年（二〇一九）から口にし出した〈日米安保見直し論〉は、日米安保をより片務性の無い対等なものに格上げして行く上で、我が国にとっても絶好のボールを投げかけられているということだ。いい球が来たら逆転ホームランを打ち返すのが外交の妙味であろう。

現状の自衛隊は敵から攻撃されなければ攻撃できないという手枷足枷を〈去勢条項〉によってはめられている。後で詳しく述べるが、これは先制攻撃ができないと解釈されていること以上に悪質な規律であり、「自衛隊は軍隊でない」という命題が日本国憲法九条から必然的に導き出されているからだ。

現行憲法をどう読んでも日本には軍隊はあり得ない。軍隊というものの存在が許されていないのである。それを自衛隊の存在は我が国に許される、と修正するか加筆するのが、平成二十九年（二〇一七）五月三日の憲法記念日に安倍総理が二〇二〇年に施行するというメッセージを発表した現在の安倍政権の改憲案である。


その改憲案を議論するための国会の憲法審議会や国民投票法案審議を妨害したのが、社民党や朝日新聞が疑惑を仕立てた森友学園への国有地払い下げ問題と加計学園の獣医学部認可問題だった。詳細は後述するが、いわゆる〈モリカケ問題〉や〈桜を見る会問題〉の騒動を煽って実質的な妨害をしているのは朝日新聞に他ならない。

もし仮に桜を見る会に疑念があっても、その問題の解決によって日本の安全保障環境が好転しないことは中学生でも理解できる。桜を見る会で国民投票法案の審議に影響を与えるべきでないと、野党に釘を刺すのが本来のメディアの役割と姿勢ではないのか。

朝日は今紹介した社説に先立つ一年前の平成三十年（二〇一八）八月一日の社説で《ようやく芽生えた緊張緩和の流れに逆行》していることをイージス・アショア導入反対の理由とした。この時の社説で決定的に欠けているのは、なぜ当時の東アジアの緊張関係が緩和したのか、という最も重要な点から逃げていることだ。まさに現実逃避である。さらに費用対効果で疑問があり、緊張緩和した東アジアは《新たな局面》に入ったので実際に運用される時に《巨費を投じた陸上イージスが無用の長物に》なるか《今こそ、徹底的な議論が求められる》と結んでいた。

この社説が書かれた平成三十年（二〇一八）八月の時点で東アジアが表向きは緊張緩和に向かっていたのは事実だが、その前年に北朝鮮が度重なるミサイル実験と大陸間弾道弾の発射まで行い、日米両海軍は日本海で六月と十一月に大規模な共同演習で北朝鮮に圧力を掛けていた。米軍は先制攻撃の一歩手前だったと言っても過言でない。その結果、北朝鮮がトランプ政権と接近することになったのである。

さらに重要なのは、日本海での米海軍との共同訓練や南シナ海、インド洋で米海軍、インド海軍、オーストラリア海軍、さらに英海軍、仏海軍と海上自衛隊が共同訓練を効果的に実施できたのは、朝日が全力でネガティブキャンペーンを行って成立を阻止しようとした安保法制が整ったからである。集団的自衛権の一部行使が可能になったから、初めて軍事的なプレゼンスを発揮できる米軍との共同演習が北朝鮮への圧力になり、緊張緩和への道を開いたのである。

ところが、朝日がこの社説を書いた二カ月後には韓国海軍の国際観艦式で、海上自衛隊艦船へ自衛艦旗の旭日旗掲揚を自粛してほしいという国際常識や国家間の儀礼に照らしても考えられない要請が韓国政府からあり、我が海自は参加を取りやめた経緯もあった。その時点で東アジアの〈緊張緩和〉などあり得ないと考えるのが普通ではないか。そして二カ月後の十二月二十日、能登半島沖で警戒飛行中の海自哨戒機への韓国駆逐艦からの攻撃レーダー照射事件まで起きた。あの事件について、韓国は謝罪はおろか説明責任を何一つ果たさず、北朝鮮に加えて韓国も我が国にとって重大な脅威になりつつあることを多くの国民が感知したからこそ、朝日新聞の韓国の立場に立った怪しいキャンペーンに騙されることなく、一年経過後も日本人の多くは韓国へ厳しい視線を向けられるようになったのである。

朝日は自分たちがとっくの昔に敗北し、日本人から蔑みと嘲笑を浴びせられる、浮いた存在になっていることを自覚しなければならない。頭を砂に突っ込んで周囲を見ようとせず、現実逃避をしているのだから自分の生命が絶たれていることにも気づかない。それは一種の怪奇現象ではないか。そんなオカルト的な現状に終止符を打つためにも、はっきりと立場を知らしめるために、あなたはもう生きていない、とお悔やみの言葉を送らなければならない。

令和元年（二〇一九）十二月十六日、日韓両国は同年七月の日本の韓国向け輸出管理強化について担当官庁レベルの話し合いを行った。戦略物資であるフッ化水素は半導体製造に必須のものだが、核兵器やサリンなどの大量破壊兵器の製造にも欠かせない原料だ。輸出には細心の注意が払われるが、韓国はなぜか平成十六年（二〇〇四）からアジアで一国だけ事後の書類で輸出できる国のリストに入った。いわゆるホワイトリストである。

ところが韓国は文在寅政権になってから、日本が輸出したフッ化水素の事後書類提出をサボタージュして来た。再三、経産省が韓国へ書類提出を要請してもナシのつぶてだったのである。文在寅政権の本質は実はここにある。フッ化水素を核開発を進めるイランや北朝鮮へ横流しした疑惑もあるからだ。

そんな折にちょうどタイミングよく平成三十年からの日韓関係〈悪化〉が重なっていた。十二月十六日に日本が韓国への輸出管理を強化してから初めて局長クラスの話し合いが持たれたが、実は韓国がサボタージュして来たので三年半ぶりに行なわれたのだ。

そこで主要紙とＮＨＫ、共同通信の見出しを比較してみよう。

【読売】３年半ぶり、日韓貿易の局長級政策対話始まる…輸出管理巡り
【産経】日韓、輸出管理厳格化で３年半ぶりの局長級の政策対話
【日経】日韓、輸出管理巡り政策対話　３年半ぶり
【ＮＨＫ】貿易管理　日韓局長級の政策対話　３年半ぶりにきょう開催

ところが、朝日と毎日、共同通信はこう報じていた。

【朝日】輸出規制強化めぐる日韓の協議始まる　３年半ぶりの対話
【毎日】半導体輸出規制巡り日韓局長級会合　３年半ぶり開催、関係改善が焦点
【共同通信】日韓、３年半ぶり局長級会合 ― 輸出規制巡り、関係改善が焦点（以上傍点西村）

一目瞭然である。まず日本が韓国へ実施したのは輸出管理強化であり、輸出規制ではない。これは日本政府の見解で、何回も記者会見や経産省の声明で正式な言葉として言及されている。にもかかわ

らず、朝日、毎日、共同は韓国政府が自国へ向けた言葉として使用する「輸出規制」という言葉を使い続けている。客観的報道という言葉があるのは、主観的、恣意的な報道が横行するからだが、ここでは毎日新聞、共同通信への言及は避けたいが、明らかに朝日、毎日、共同は韓国の立場に立って報道していることが解る。つまり、日本を非難する立場である。

それほど大した問題か、と思う読者もいるかも知れない。だが、このように、一見些細《ささい》に思える言葉の選択ほど重要だ。なぜなら〈受け手〉に気づかれないようにその言葉を反復することによって、少しずつ〈受け手〉の意識を慣れさせせて思考の範囲を限定して行くからだ。つまり、これは初歩的な〈洗脳〉である。

ちなみに朝日は、翌十二月十七日朝刊で《日韓貿易、3年半ぶり局長級対話　次回は近くソウルで》という見出しの記事を掲げた。この記事で見出しでは「協議」でなく「対話」という正しい言葉を使ったのだが、記事本文では「輸出管理強化」でなく《輸出規制》という言葉を使っていた。朝日はどうしても韓国で使われる言葉を捨てることができない。

これが朝日の習性である。誰に向かって記事を書いているのかということ以上に、前述したように読者への洗脳を怠ることがない。朝日から継続的に情報を得ようとする〈受け手〉を洗脳する初歩的なプロパガンダである。

日本ヘイト（憎悪）の悪玉史観

結論から先に言うと、朝日の重要な編集ポリシーは日本ヘイト（憎悪）の徹底である。とにかく日本を憎悪して罵《ののし》ることが編集方針だ。歴史認識では、日本悪玉史観を振り回す。韓国の立場に立つ韓国報道も、現在そうなっているだけで、五十年前は韓国を朴正煕大統領による軍事独裁政権と否定し、同じ独裁政権の北朝鮮を讃えていたのだから、厚顔無恥なご都合主義とダブルスタンダードに貫かれている。韓国との外交問題も日本を非難するための歴史問題の素材として利用しているに過ぎない。

そして重要なのは、朝日の〈日本ヘイト〉はそのまま〈安倍ヘイト〉になっていることだ。

日本悪玉史観とは、先の大戦は軍国主義になったファシズムの日本が全て悪い。日本軍は悪の象徴で、世界に、特にアジアに憎悪を向けて悪逆非道な侵略を行なった、とする歴史観である。これがいわゆるＷＧＩＰ（ウォー・ギルト・インフォメーション・プログラム）と呼ばれる、日本を六年八カ月にわたって占領、統治した連合国軍総司令官総司令部（ＧＨＱ）が実施した重要な占領政策の一つである日本人洗脳計画だった。

朝日新聞は特に一九六〇年代末期から日本悪玉史観の宣伝に力を入れた。その一環が、一九七〇年代から始まった南京大虐殺キャンペーンや、一九八〇年代に始まり平成になってから勢いを増した慰安婦キャンペーンに限ったことではない。慰安婦については後で詳しく述べるが、まず皇室報道を検証したい。

昨年は天皇（現上皇陛下）の譲位が約二百年ぶりにあって御代《みよ》替わりが行われ、令和という新元号がスポットライトを浴びたこともあり、世間はちょっとした皇室ブームになった。恐らく天皇や皇室を日本の差別構造の根源と考えるような、一昔前なら「共産主義者」と言えば済んだだろうが、今はそう単純でもなく、いわゆる反日サヨクと呼ばれる人たちにとっては、何とも穏やかでなく、居心地がさぞ悪い季節だった。

そこで朝日の皇室報道に触れたいのだが、ちょっとした隙間から普段は隠している朝日の本音、社論が漏れてくることがある。それが令和元年（二〇一九）十二月十五日付朝刊のラテ欄だった。この日、ＴＢＳ系列で放送された「世界遺産」の紹介記事で、内容は仁徳天皇御陵を扱ったものだった。

《たんまりと富や権力を得た生は、さぞ手放し難かろう。生きた痕跡として巨大な墓を造り、次に行く世での安寧を願うのも、さもありなん。

今夏、世界遺産への登録が決まった大阪の「百舌鳥・古市古墳群」を、俳優の杏が巡る。宮内庁が

「仁徳天皇陵」とする大山古墳など、49基の古墳群を上空から眺める映像は壮大だ。王の遺体を船で古墳に運搬したといい、その船着き場とされる場所も残る。
　古墳が造られた当時は、自然に囲まれてぽつんとある建造物だったというが、いまは草木が生い茂り、逆に四方を建物が囲む。
　名も無い私の墓が跡形も無くなった後も、彼らの墓は残り続けるのだろう。生前の富と権力が、何千年にもわたって民との違いを生み出し続ける。（定塚遼）》（傍点西村）

　一読して呆れない人はいないだろう。ここまで卑しい品性になれるものだろうか。抑えていても仁徳天皇陵への憎悪が行間ににじみ出ている。時代遅れの階級史観に毒された以上に、仁徳天皇の民のかまどを見るエピソードも知らないような歴史知識の欠如が伝わる。

《名も無い私の墓が跡形も無くなった後も、彼らの墓は残り続けるのだろう。生前の富と権力が、何千年にもわたって民との違いを生み出し続ける》とルサンチマンで仁徳天皇陵に言及する。自意識過剰と被害者意識の強さは解る。定塚という記者名はこの記事で日本メディア史の片隅に残るから安心するがいい。

　これが朝日の皇室観の正体で、令和に改元した直後の「週刊朝日」にも朝日の本音が露骨に現れていた。

五月十七日号の「週刊朝日」は《令和改元記念号》と銘打たれ、金色の特色を用いた印刷費がかかる五色印刷の豪華版だった。即位したばかりの一二六代の天皇陛下と皇后陛下の胸から上の笑顔の写真を表紙に配し、一見、新天皇ご即位を慶賀する内容かのように受け止められる。無邪気な〈受け手〉は皇室への祝意が込められた記念号だと勘違いしただろう。ところが《令和改元記念号》という文字の下に、こんなコピーがさり気なく置かれていた。

《〝愛子天皇〟が急浮上 秋篠宮「即位拒否」》

驚くべきことに、皇室典範で定められた皇位継承の順位を何の断りもなしに勝手に変えて、〈愛子天皇〉という記号を使って注意深く読者

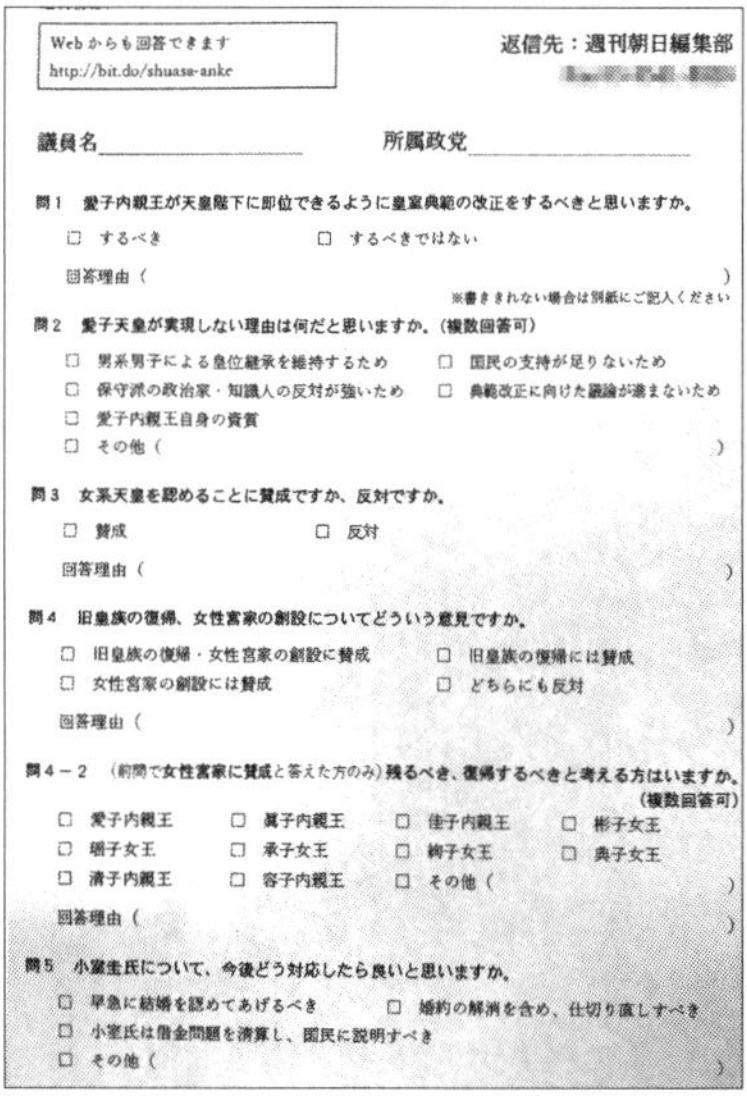

Webからも回答できます
http://bit.do/shuasa-anke

返信先：週刊朝日編集部

議員名＿＿＿＿＿＿＿＿　所属政党＿＿＿＿＿＿＿＿

問1　愛子内親王が天皇陛下に即位できるように皇室典範の改正をするべきと思いますか。
□ するべき　□ するべきではない
回答理由（　）
※書ききれない場合は別紙にご記入ください

問2　愛子天皇が実現しない理由は何だと思いますか。（複数回答可）
□ 男系男子による皇位継承を維持するため　□ 国民の支持が足りないため
□ 保守派の政治家・知識人の反対が強いため　□ 典範改正に向けた議論が進まないため
□ 愛子内親王自身の資質
□ その他（　）

問3　女系天皇を認めることに賛成ですか、反対ですか。
□ 賛成　□ 反対
回答理由（　）

問4　旧皇族の復帰、女性宮家の創設についてどういう意見ですか。
□ 旧皇族の復帰・女性宮家の創設に賛成　□ 旧皇族の復帰には賛成
□ 女性宮家の創設には賛成　□ どちらにも反対
回答理由（　）

問4－2　（前問で女性宮家に賛成と答えた方のみ）残るべき、復帰するべきと考える方はいますか。（複数回答可）
□ 愛子内親王　□ 眞子内親王　□ 佳子内親王　□ 彬子女王
□ 瑶子女王　□ 承子女王　□ 絢子女王　□ 典子女王
□ 清子内親王　□ 容子内親王　□ その他（　）
回答理由（　）

問5　小室圭氏について、今後どう対応したら良いと思いますか。
□ 早急に結婚を認めてあげるべき　□ 婚約の解消を含め、仕切り直しすべき
□ 小室氏は借金問題を清算し、国民に説明すべき
□ その他（　）

国会議員全員に送られたアンケート

令和改元記念号と銘打たれた週刊朝日の表紙

を洗脳していた。誌面の特集も同様の言葉が並んでいる。いったい朝日は何様のつもりなのか。常識があれば、不敬、不遜、不埒、傲慢、非礼という言葉がすぐ頭に泛《うか》ぶだろう。〈愛子天皇〉が存在できるのは、現在の皇位継承者の秋篠宮皇嗣殿下、秋篠宮悠仁親王の二人が存在しないことが前提となり、かつ皇室典範に定められた皇位継承は男系・男子とする、という条文の変更が必要となる場合に限られる。つまり、皇位継承者問題が今後大きな焦点になることを見越して、朝日はあらかじめ誤った方向に読者を誘導する新天皇即位の記念号を装ったプロパガンダを行なったのだ。その証拠は三カ月後に明らかになった。

皇位継承は皇室の文化であり、日本固有のかけがえのない文化でもある。明治二十二年（一八八九）に帝国憲法と同時に皇室典範が公布され皇位継承が歴史上初めて言葉で条文化されたのだが、旧皇室典範公布から現在までの時間は、皇室の長い歴史から見ればわずか一三一年に過ぎない。神武天皇即位から令和二年（二〇二〇）までの二六八〇年、神話時代から少なくとも二千年は条文の存在なしに皇位は男系によって継承されている。女性天皇は継承者が幼少などの場合のつなぎとして、歴史上存在したがいずれも男系の女性天皇であった。当然のことである。女系天皇という存在は先祖が皇室の先祖をたどれない。日本人は古代からその時その時の権力や、外国勢力による皇室の乗っ取りを防ぐ方法を知っていた。その重要なシステムが男系によって継承される皇位という概念なのである。

明らかになった「週刊朝日」の証拠とは、国会議員全員に行なった非常識なアンケート調査だ。十月の即位の礼に合わせせた特集用のアンケート調査なのだが、使用された設問の文言の無礼さ、非常識さは言語を絶するものがある。まるで通販やスーパーの日用品購入の際の消費者アンケートのようだ。問4-2は特にひどく、現在の内親王と女王九名と皇籍を離れた「さーや」の愛称で国民に親しまれた清子内親王を含めた十名に対して、人としての資質や人格を国会議員に評価しろというような内容だ。

令和元年（二〇一九）八月に名古屋で行われた「あいちトリエンナーレ・表現の不自由展」は昭和天皇の写真を燃やし靴で踏みつける映像など、日本憎悪を形象化したヘイト作品が多数展示され、全国から批判を浴びた。その動きから派生した同年十二月二十一日の「北海道表現の自由と不自由展」では、日本へイトがさらに露骨になり、愛子内親王の写真を燃やす映像の展示まで行われた。

この愛知県と北海道で行われた日本憎悪の展示会は半日サヨクのオナニズムに過ぎないのだが、と同時に〈表現の自由〉をアリバイにする人格攻撃、人権侵害の犯罪で一種のテロ行為に他ならない。まさに日本へイトそのもので実際のテロリズムを誘発する極めて危険な犯罪である。実際、令和改元直前の四月末に悠仁親王殿下が通学する中学校の教室で悪質な脅迫・テロまで行われた。これらの流れは、「週刊朝日」や朝日新聞の報道と不思議なリンクをしていることに注目したい。週刊朝日の「愛子天皇」という特集号は皇室攻撃の開始と理解すべきなのである。朝日の本音はこの二つの展示内容と同じであると理解したほうがいいだろう。

お人好しの日本人はすぐ騙されるが、重要なことに気づくべきだ。なぜなら、皇位継承の決まりをあらかじめ否定する企画で皇室解体を狙っているからだ。前述したように、二千年続く男系による皇位継承こそ、グローバリズムへの抵抗の拠点となる日本のアイデンティティである。〈愛子天皇〉という言葉で愛子内親王ご自身へ圧力を掛け、同時に〈女系天皇〉という存在しない概念で皇室消滅を謀る動きに注意しなければならない。

安倍政権への攻撃方法を誤った朝日

令和元年（二〇一九）十二月二十六日で第二次安倍政権が発足して丸七年を迎えた。日本では稀に見る長期政権である。しかも十一月二十日の時点で安倍晋三総理は通算在職日数が二八八七日となり、日英同盟を締結して日露戦争に勝利し、一度退くも後に政権復帰して日韓併合を行なった桂太郎を抜いて歴代単独一位となった。まさに憲政史上最長の総理大臣である。

ここで一つ疑問がある。決してすべての政策が有権者に支持されているわけではないのに、なぜ、安倍政権がこれだけ長期の安定政権を維持できているのだろうか。それだけ政権支持層と思われる、いわゆる〈保守派〉と呼ばれる人々の強力なバックアップを得ているからなのだろうか。

いや、結論から先に言えば、逆にすべての政策が有権者から厳しく批判されて来なかったという、重要な見過ごせない一面があるからだ。この単純な事実があまりに看過されている。何事にもおよそ二〇％の支持層と不支持層がいて、半数以上の約六〇％の浮動層がいる。誰が言い出したか知らないが、そんな定説がある。つまり、その六〇％のどちらにでも転ぶ浮動票、あるいは無党派層が極端に傾くことなく一定の支持をしているのである。

つまり、中道派、あるいは中間層が大きく離反しない政治を行なっている。そしてその中間層は、政策によって支持する層が異なってくる。

しかも、あらかじめ〈安倍批判〉が前提となっている反日サヨク勢力からの批判が安倍が自民党総裁に復帰した平成二十四年（二〇一二）の自民党総裁選挙以前から継続的に一定の勢力を保っている。それでも安倍晋三は日本憲政史上最長の政権を維持している。

実は、その最大の貢献者が朝日新聞なのである。なぜなら朝日は安倍を二十五年前から愛国者で保守派のホープとして認識していたからだ。普通ならどこの国のメディアでも愛国者は尊敬され、尊重されるだろう。ところが朝日の〈社論〉である〈憎日・反日・侮日〉に真っ向から対決する存在だった。

だが、朝日が安倍もその中にいて、敵と認識した〈保守〉というカテゴリーが、もはや前世紀の遺物となった左翼やサヨクとの対立概念ということと、朝日の座標軸が世界基準と大きくかけ離れているために、朝日の定義が歪んだものになっていたのである。保守派で愛国者の安倍を叩くという目標で、報道を利用した徹底的なプロパガンダを第一次安倍政権で仕掛けで一年で辞任を余儀なくさせたのだが、第二次安倍政権では全くそれが通じることはなかった。

メディアを取り巻く環境の変化も大きい。既存メディアは、ネット空間で絶えず検証に曝され、かつてのようなプロパガンダが通用しにくくなっている。そしてそれ以上に安倍が平成二十四年（二〇一二）十二月からの第二次安倍政権で実施した政策は、朝日が敵としていた〈保守派〉の政策でなくほぼ中道左派と言っていい政策だった。その違いに前世紀の遺物である朝日は気づかなかったのである。

特に四月に米国議会で演説し、八月に戦後七十年談話を発表した平成二十七年（二〇一五）以降の政策、特にこの二、三年間の政策は、実質的な移民法やアイヌを先住民族とするアイヌ法案、性差に異常に拘らない女性優遇とも取られるジェンダーフリー政策、あるいは言論の自由を奪いかねないヘイトスピーチ規制法、と政権支持層のいわゆる〈保守派〉から激しく批判された法案も安倍内閣は成立させていた。

さらに、アベノミクスの腰を折り、デフレスパイラルへの逆行と埋没を余儀なくさせる消費増税も、財務省と前政権の民主党の意向通りに二度も行われた。私が最も評価してきた外交・安全保障の分野でも、米国や英国、そしてEUも批判する中国共産党の人権問題に目をつぶる形で、習近平主席の国賓来日も予定されている。

朝日は安倍攻撃の方法を完全に誤っていた。方向が間違っていたのだ。それはこの数十年の異常な日本憎悪を〈社論〉とする習性が原因であり、自然な愛国心を大切にし、贖罪史観ではない正しい歴史観を持ち、軍事と安全保障に関心を持とうという、日本以外の国ではごく当たり前の政策を推進する安倍を〈右派〉として捉えた朝日の歪んだ認識が致命的な欠陥だったのである。それでは、その朝日新聞が自らの死を認めざるを得ないメカニズムを少し探ってみることにする。

平成二十八年（二〇一六）の四月二十八日に、元朝日新聞主筆の若宮啓文が北京で客死した。彼は長らく朝日の論調を牽引していた最重要人物の一人で、朝日の〈良識〉と〈知性〉を代表する〈ミスター朝日〉そのものだった。

その若宮啓文が「安倍晋三を否定するのは、朝日の社是だ」、「安倍の葬式はウチが出す」と言ったという話がある。政治評論家の故三宅久之がテレビ番組でそう述べたのだが、ご本人に確認する前に三宅も鬼籍に入った。ところが、その話はかなり信憑性がある。

というのも、すでに若宮が死去する十八年前の平成十年（一九九八）に、若宮が「従軍慰安婦」という造語とその「強制連行」は「朝日新聞の社是です」と明言していたからだ。つまり朝日が八〇年代から三十年にわたって展開して来た社論の重要なキーワードだった〈従軍慰安婦強制連行〉という反日ヘイト造語も、「朝日の社是」だったのである。

当時、日本では慰安婦問題が各方面に燃え広がり、特に教育界が大きな影響を受けていた。全ての中学校の歴史教科書に〈従軍慰安婦・強制連行〉が掲載されるまでになっていた。平成九年（一九九七）二月に自民党の若手議員が中心となり、「日本の前途と歴史教育を考える若手議員の会」が設立された。その一カ月前には、ニーチェ研究家で文芸評論家の西尾幹二と自由主義史観研究会を主宰する藤岡信勝東大教授（当時）らが中心になって「新しい歴史教科書をつくる会」が発足したことも象徴的だった。

つまり、民間の有識者と意識の高い若手政治家が、人的、組織的に連携したわけでもないのに、それぞれの分野で歴史認識問題を重大なテーマとして捉える動きが自然発生的にに動き出したのである。日本の敗戦後の歴史に明らかにメルクマールが刻まれた瞬間だった。

「日本の前途と歴史教育を考える若手議員の会」は代表は中川昭一、事務局長は安倍晋三、幹事長は平沼赳夫各議員が務めた。そして、翌平成十年（一九九八）に「若手議員の会」は自民党に主要メディアの主幹、編集長クラスを招いて勉強会を行なった。当時を振り返り、内閣府特命担当大臣の衛藤晟一参議院議員はこう述べてくれた。

「慰安婦問題を色々調査して、資料を集め、そこで新聞各社にお願いして、色々な意見をお訊きしたいと、自民党本部に各社の主幹クラスの方をお招きしたんです。その時、朝日さんだけは来てくれなかったんです。そこで、改めて築地の本社に当時編集長だった若宮さんをお訪ねしたんです。その時、中川昭一さんが何かの理由で行けなくなって、私と安倍さんと二人で若宮さんとお話をしました」

衛藤は当日の天候などは何も記憶にないが、若宮の表情と言葉だけは明瞭に憶えていると言う。

「慰安婦について色々と話をして、朝日さんの報道はちょっとおかしいのではないですかと、具体的な事例をいくつか挙げて申し上げたんです。そうしたら、最後に若宮さんが、いいえ、これは社是です、と言ったんですよ。ええっー、と言葉に詰まりました（笑）」

それは衝撃の発言でしたね、と水を向けると衛藤はこう答えた。

「ちょっと呆れましたよ。社是ですと言っても歴史的な事実は違うので色々反論しましたが、もう会話は成立しません。安倍さんも驚いていましたね」

慰安婦問題に言及する時、「朝日の当たる家」（"HOUSE OF THE RISING SUN"）という有名な六〇年代のヒット曲に、今まで誰も触れなかったのは不思議である。ビートルズが一世を風靡し始めた一九六四年に、英国のアニマルズというロックバンドの演奏で全英・全米のヒットチャート一位になる大ヒットになり、グラミー賞も獲得した。日本でもヒットしたので団塊の世代やポスト団塊の六十五歳以上の人はよく憶えているはずだ。

元々は米国のフォークソングで、ニューオリンズの娼館「昇る朝日」（"RISING SUN"）で身を持ち崩した娼婦が自分の一生を悔いる暗い歌で、ワークソング（労働歌）の一種とも解釈できる。単に「娼館・娼婦」と「朝日」という連想だけで、この歌が慰安婦を想起させると、私は単純に言うのではない。

実は、アニマルズの大ヒット曲は歌詞の健全化が図られ、「朝日の当たる家」で暮らす「少女」は「少年」に置き換えられている。もちろん、当世流行《はや》りのＬＧＢＴでなく、ましてや男娼でもない。娼館という負のイメージを消してラジオやテレビで問題なくこの曲が放送されるように〈ポリティカル・コレクトネス〉の検閲が五十六年前に発動されていた。

すなわち朝日新聞の慰安婦報道のように、〈娼館〉と〈娼婦〉という慰安婦の前提があらかじめ意図的に削除されていたのである。「朝日の当たる家」は子供にも口ずさめるような歌詞に改編して商品化する必要が音楽業界にあった。

慰安婦の場合も、それと同じ事情があった。〈反日ヘイト（憎悪）〉の強力な宣伝材料として反日サヨク運動や反日プロパガンダの筋のいい素材として仕立てられなければならなかったからだ。慰安婦たちは決して娼婦ではなく、慰安所も娼館であってはならなかった。慰安婦は日本が苛酷な植民地支配をしていた朝鮮半島などから、無垢な少女たちを強制連行して性奴隷にした、日本軍の非人道的な犯罪と蛮行の被害者でなければならなかったのである。

吉田清治や後で触れる松井やより編集委員にこの歌を歌わせながら、若宮はさしずめコンダクターさながら通奏低音に不気味な〈ヘイト（憎悪）日本〉が流れる〈偏向曲〉のタクトを振って来た。それは、まさに広岡知男が昭和四十年代後半に本多勝一に「中国の旅」で〈南京大虐殺〉の嘘を書かせ、文化大革命を礼賛して中国共産党に寄り添う「朝日の社是」を形成した社業を正統に継承するものだった。

とにかく、〈従軍・慰安婦・強制連行〉という造語が誕生して、初めて慰安婦は日本を〈ヘイト攻撃〉する有効な歴史カード足り得たし、さらに戦後補償という利権を生む金脈にもなったのである。

若宮が北京のホテルで病死した四月二十八日は、奇しくも日本が敗戦後の占領を解かれて独立国家としての主権を恢復した記念日にあたるが、実は、日本の主権恢復は不完全なままであることを、改めて朝日は若宮の死の一カ月後に無意識のまま表明することになった。すなわち朝日は、日本の米国による永久占領も「社是」としているのである。

平成二十八年（二〇一六）の伊勢志摩G7サミット終了後のオバマ大統領の広島訪問に先立つ五月二十四日、天声人語は「朝日の社是」をこうリフレインしていた。

《たしかに米国は原爆の「加害」を直視してこなかった。しかし向き合わせる努力を、日本はどこまで真剣にしてきただろう。日米安保体制にあっても、原爆投下の意味を理解させようとしたか▼米軍の加害を問うなら、旧日本軍の加害から目を背けるわけにはいかない》

まるで危ないクスリでも飲んだかのように論理が飛んでいる。《米軍の加害を問うなら》原爆慰霊碑の主語が曖昧な「過ちは繰り返しませぬから」を書き換えるか、同じ場所に昭和二十年（一九四五）八月十日、長崎に人類史上二回目の核攻撃が行われた翌日に、日本政府が永世中立国スイス在住の加瀬公使を通して米国政府にあてた米国の戦争犯罪を告発する抗議文を刻みつけるべきではないのか。この抗議文は昭和二十（一九五四）年八月十一日の朝日の一面に掲載されているではないか。

歴史的なオバマ大統領の広島訪問も、若宮は死の直前に開催された韓国のシンポジウムで、この天声人語と同じようなスタンスで批判していた。日本が被害者の立場になるとシナと韓国を刺激する、というのである。

さらに米国でどう報道されたかという記事は《米メディア、淡々と報道　首相の言葉、ほとんど中継なし》という印象操作で、安倍首相の外交成果を可能な限り矮小化した。当時、多くの米国在住の私の読者から来たメールには、悉《ことごと》く「日本でサミットをやってもほとんど報道されないのに、オバマの広島訪問だけはラジオでも何度も報道していた」という大反響を伝えるものだった。

そもそも、第二次安倍政権発足以来、当時までの三年半にわたって推進された安倍の外交戦略があったからこそ、オバマ大統領の広島訪問も実現できたのである。当然、その中で「特定秘密保護法案」と集団的自衛権を一部行使する「平和安保法制」が重要なファクターとなっている。

その年の六月九日、我国を危機に陥れる重大な出来事が起きた。シナ艦隊が沖縄本島と宮古島の間を抜けて西太平洋へ出入りする沖縄の南東海域で、日印米三カ国海軍の合同演習が始まるちょうどその日に、尖閣諸島の接続水域に初めて人民解放軍のミサイル艦が侵入する事態となった。

六月十日の全国紙は全ての社説でこの問題を取り上げたが、朝日だけはまるで中国共産党に寄り添うように無視をした。社是が効いている。そして一晩寝かせた翌六月十一日にやっと掲載した《尖閣に中国艦　日中の信頼醸成を急げ》という社説は、哄笑を誘う以外なかった。竹島を譲ってしまったらどうだ、と書いた若宮主筆のポリシーは見事に継承された。

《肝要なのは、危機をあおるのではなく、目の前の危機をどう管理するかだ。海上保安庁や自衛隊が警戒を強めることは必要だが、それだけで不測の事態を回避することは難しい。

政治、外交、軍事、経済、文化など幅広い分野で、重層的な対話の回路を広げていく必要がある。留学生など市民レベルの交流も、もっと増やしたい。

対話のなかで、お互いの意図を理解し、誤解による危機の拡大を防ぐ。求められるのは、日中双方による地道な信頼醸成の取り組みである》

およそ独立国家としての安全保障や外交とは無縁な『カエルの楽園』の登場人物であるデイブレイクの演説そのものである。ちなみに、百田尚樹がこの小説で描いたデイブレイクというカエルの名は「朝日」をもじったものだ。

未だ公表されない三本の誤報記事

慰安婦に話を戻す。朝日は平成二十六年（二〇一四）の八月五日・六日と二日連続で紙面を大きく割いて「従軍慰安婦」報道の検証特集を掲載した。元共産党員の吉田清治が彼の著書『私の戦争犯罪』や様々な集会などで行った証言などをベースに、朝日が記事にした日本軍による「強制連行」などの十六本の記事を「誤報」と認めたのは周知の通りである。

だが、その検証記事で明らかになったのは、慰安婦の隠された実態ではなく、朝日がいかにいい加減なプロパガンダ記事を書き殴っていたかという、自称クオリティペーパーの寒々しい実態だった。

何しろ、八月六日の時点で、朝日が取り消したという十六本の記事が具体的に明かされなかったからだ。こんなふざけた子供騙しのやり方はない。誤報で取り消したのなら、それらが紙面に掲載された年月日と見出しの発表が前提となることくらい、気の利いた中学生でも解るはずである。読者を舐め切って愚弄するのが朝日の本質なのである。

さらに、一般的に企業に要求される社会的責任や企業倫理、またはコーポレートガバナンスと呼ばれる、企業を統制・統治し監視する仕組みが、朝日では全く機能せず、情報開示のイロハさえ欠如していたことが明らかにされた。しかし、頭脳明晰な朝日新聞の社員たちの中で一際《ひときわ》優れているはずの首脳陣が、情報開示が何たるかを知らないわけがない。現在でも「愚民」を騙して巧妙に隠蔽しようとしているのだ。その後の記者会見で一連の流れが糾弾されたのは言うまでもない。

つまり、この平成二十六年（二〇一四）八月六日の時点で、あらかじめ朝日新聞社は新聞を発行する企業として、論理的に破綻していたのである。その後、同年十月と十二月に削除した記事の特定があり、木村伊量社長も十二月に辞任した。だが、どの記事を取り消したのか、つまり、どの記事が

〈誤報〉だったのかの発表を遅らせることで、朝日はダメージを分散させる組織防衛に走っていたのである。

十六本の〈誤報〉取り消しを発表した二カ月後の十月十日に、朝日は〈誤報〉の内十二本を公表し、その後、十二月二十三日に取り消し記事二本を追加した。この時点で十八本の記事が取り消され、同日に朝日の第三者委員会に追加の一本が指摘され、合計十九本が取り消されたことになる。しかし、公表されたのは十五本で、公表されてない誤報記事が、第三者委員会が特定した一本を除いて三本残っているのである。これが、平成二十六年（二〇一四）末の状況で、その後に新たな発表には至っていない。

朝日は報道で欠陥商品を製造販売した企業の責任を厳しく追及するが、自らの欠陥商品についてはその内容すら公表しないまま、すでに丸五年以上白を切っていることになる。これほど悪辣な犯罪的行為はない。しかもこの欠陥商品は、全世界に日本と日本人のイメージを貶める情報戦争の兵器として三十年以上使用され、また公害として散布され続けてきたのである。

しかもさらに重要なのは、朝日が〈誤報〉として取り消した捏造記事は吉田清治にまつわるものに限られていて、それ以外の朝日の慰安婦報道の実態を明らかにする重要な記事は何一つ、訂正も取り消しも、ましてや謝罪も行っていない。さんざん自分たちが利用した吉田清治という稀代の詐欺師のみに罪をかぶせて、自らの犯罪を隠蔽し続けているのである。今は亡き若宮はこれも「社是」と言うのであろうか。朝日の発表では、削除された記事の最初のものは、昭和五十七年（一九八二）九月二日付大阪本社版夕刊に掲載された吉田清治の証言を伝える記事だった。しかし、例えば二年後の昭和五十九年（一九八四）十一月二日付夕刊の紙面で掲載した慰安婦記事は、吉田清治をベースに展開された慰安婦キャンペーンの一環であったにもかかわらず、朝日は〈誤報〉と認めず一切触れていない。《私は元従軍慰安婦　韓国婦人の生きた道》という見出しが躍る、シンガポール発の松井やより記者（後に編集委員）によるもので、《邦人巡査が強制連行　21歳、故国引き離される　タイで結婚して余生》という小見出しが続く見開き紙面の特集である。ここにも十三年後に若宮啓文が「社是」と言い放った「従軍慰安婦」「強制連行」という言葉がまるで洗脳映像のモンタージュ手法のように紙面を見出しとして飾っていた。

実は、当時シンガポール特派員だった松井やよりによるこの記事こそ、〈従軍慰安婦強制連行〉という朝日の〈社是〉のプロトタイプとなり、悪の神話の原型になったものではないのか。松井はその後、何回も慰安婦を扱うが、やがてジャーナリストであるより慰安婦運動の活動家として朝日新聞という一企業を飛び出して社外で社会運動家として確固たる地位を築いていく。記事にはこうある。

《タイ南部の小さな町に、韓国人のハルモニ（おばあさん）を訪ねあてた。（中略）ある日、釜山郊外で井戸の水を水がめにくんで頭に載せて帰ろうとしたら、日本人巡査が三、四人来た。「待て」と言われて身をかわした瞬間、水がめが落ちて割れ、巡査の服をぬらした。いくら謝っても許してもらえず、殴られたり、けられたりしたうえ、車の中に押し込まれた。それが人生の岐路となった》

《留置された部屋には若い女性がいっぱいだった。十日後に六人がダブダブの軍服を着せられ、「皇国使節団」として軍艦に乗せられた。一九四二年の秋だった。

　四十日間の航海のあと「昭南島」と呼ばれたシンガポールに着いた。日本軍のバラックに入れられ、翌日、慰安演芸会でアリランなどを歌わせられた。そのあと個室に連れて行かれ、休ませてくれるのかと思ったら、将校が入ってきた。この夜から、挺身隊員としての地獄の日々が始まった。

　慰安婦の生活は、昼間は兵隊の衣類の洗濯や兵舎の掃除、弾薬運びなどの重労働で、夜は兵隊のなぐさみものとなった。朝から何十人もの相手をさせられる日もあった。少しでも反抗すると、監督に殴られ、髪を引っ張られ、半裸で引き回された。人間以下の生活だった。

　所属部隊に従って北へ、マレー半島、タイと移動した。敗色が濃くなると、兵隊たちが荒れ、殺されはしないか恐ろしかった。六人の中で最年少の十八歳の少女は、つらさに食事ものどを通らず、「オモニ」（お母さん）と呼びながら死んだ。

四五年六月、タイで所属部隊が英軍に投降すると、日本兵とともにクワイ川近くのカンチャナブリの捕虜収容所に入れられた。挺身隊員が各地から来て、二百人ぐらいになった》（昭和五十九年十一月二日付夕刊・傍点西村）

すでにこの記事に「慰安婦」という実際にあった言葉に「従軍」という接頭語を付けた新語が当然のように使われている。〈従軍慰安婦〉という言葉は、作家、千田夏光が昭和四十八年（一九七三）に創作した言葉で翌年のポルノ映画のタイトルに使われたのが最初である。

注目すべきことはこの記事ですでに元慰安婦たちが特定され、証言をしていることだ。そして、《挺身隊》を慰安婦とするフェイクまでここにある。松井やよりは戦後補償問題も生涯のテーマにしていた。戦後補償は八〇年代から絶えず日本に突きつけられる南北朝鮮とシナの外交カードになっていた。韓国とは昭和四十年（一九六五）の日韓国交正常化ですべて過去を清算していたが、慰安婦は新たな金脈として関心が注がれていた。その後、平成三十年（二〇一八）になって徴用工への損害賠償を認める韓国最高裁の判決が出たのは周知の通りだ。

面白いエピソードがある。二〇一五年にジュネーブの連合国（国連）で開催された人権委員会を視察したテキサス親父日本事務局の藤木俊一が、慰安婦訴訟を長年積極的に手掛けてきた戸塚悦郎弁護士と居合わせた。色々と話をすると戸塚はこう言ったという。

「前から慰安婦問題をやりたかったが難しかった。被害者がいなかったから、なかなか訴訟を起こせなかった。金学順さんが登場したのでこれだと思った」

戸塚の話から推測できるのは、松井やよりが書いた先の記事に登場する元慰安婦たちでは損害賠償裁判の原告になり得るファクトがなかったということであろう。

松井は朝日新聞編集委員を経て、平成十二年（二〇〇〇）に九段会館で開催された「女性国際戦犯法廷」という模擬裁判の主催者にまでなっていた。この政治イベントとしての模擬裁判を主催した「『戦争と女性への暴力』日本ネットワーク」（以下、バウネット）の代表だったのである。バウネットは模擬裁判の一年後に模擬裁判のドキュメンタリーを制作放送したＮＨＫに対して、不当に番組内容を改変したとして訴訟を起こしている。そして、その四年後の平成十七年（二〇〇五）一月十二日に朝日は紙面を一面から社会面まで大きく使い、四年前のＮＨＫの番組改編は安倍晋三と中川昭一がＮＨＫに不当な政治圧力を掛けたからだという大スクープを行なった。

このスクープが事実なら、朝日が嫌悪していた国益重視派の中川昭一、安倍晋三という二人の若手政治家の政治生命に影響を与えていたであろう。それはこうも言える。このスクープの虚偽性が暴かれたからこそ、現在の安倍政権が存在しているのである。また、スクープの捏造が明かされたからこそ、世論も支持した河野談話見直しの機運が高まることによって、朝日は部数減や読者からの圧力に抗しきれず、遂に平成二十六年（二〇一四）八月五日・六日の慰安婦記事の訂正、削除を余儀なくされたのである。

そういう意味で、市民運動家としての輝かしい戦歴を誇った故松井やよりの記事が、朝日の取り消し対象になっていないのは欺瞞《ぎまん》以外の何物でもない。

さらに重要なのは、戸塚弁護士がジュネーブで「これだと思った」と語ったように、慰安婦訴訟の絶好の原告として登場した金学順に関する平成三年（一九九一）八月十一日の記事と平成四年（一九九二）一月十一日のいわゆる「軍関与」の記事と翌一月十二日の社説が取り消し記事になっていないことである。

この三本こそ朝日の反日プロパガンダを完成させる重要な記事である。まず金学順登場の平成三年（一九九一）八月十一日の植村隆記者による記事は《元朝鮮人従軍慰安婦　戦後半世紀重い口開く》という見出しで《「女子挺身隊」の名で戦場に連行され、日本軍人相手に売春行為を強いられた「朝鮮人従軍慰安婦」のうち、一人がソウル市内に生存していることがわかり》として、名乗り出た元慰安婦が吉田清治が主張していた「女子挺身隊としての連行」の被害者であるかのような虚報を行なったのである。

日本政府を相手に訴訟が行われたのだが、実際は金学順は家庭の貧困で母親にキーセンの置屋に売られて置屋の主人に慰安所まで連れて行かれたのである。この時点で原告の訴状とまるで違う報道だったのに朝日は取り消しもしていない。

実はこの訴訟は戸塚悦郎ではなく高木健一弁護士と当時弁護士だった福島瑞穂参議員議員が起こしたもので、なぜ、こんな出鱈目になったかを、この頃NHKにいた評論家の池田信夫がブログで明かしている。《慰安婦問題の「主犯」は福島瑞穂弁護士》という記事である。

《吉田の話に目をつけて日本政府を相手に訴訟を起こそうとしたのが、福島瑞穂氏や高木健一氏などの弁護士で、彼らは韓国に渡って原告になる元慰安婦を募集した。そこで見つけたのが金学順で、彼女はNHKにも出演して「親に売られてキーセンになり、義父に連れられて日本軍の慰安所に行った」と証言した。この話をNHKに売り込んできたのが福島氏だった。目的は、軍票（敗戦で無効になった）で支払われた給与の賠償だった。

しかし朝日新聞の植村記者がこれを（吉田のストーリーにそって）「女子挺身隊として強制連行された」と誤って報じたため、福島氏らはのちに訴状を「軍に連行された」と書き換えた（だから彼女は「強制連行」が嘘であることを知っているはずだ）。その原告団長は植村記者の義母だったが（後略）》

前述した戦後補償という利権確保と反日サヨクの日本ヘイトが韓国の〈反日原理主義〉と結びつき、凄まじいパワーとなって日本のみならず、その後三十年間以上も日本を弱体化させるためのイデオロギー闘争、そして情報戦争のツールとなって肥大していくのである。その三十年間とは、正にいわゆる〈失われた三十年〉にスッポリ収まる。

つまり、平成の〈失われた三十年〉とは、単にバブル崩壊後のデフレスパイラルの経済的喪失だけでなく、同時進行で平成五年（一九九三）の河野談話、平成七年（一九九五）の村山談話、さらに一九九六年の連合国（国連）人権理事会で出された日本軍が二十万人の朝鮮人女性を強制連行し性奴隷にしたという全く根拠のない「クマラスワミ報告書」という負の遺産を日本人総体に背負わせたことも含む言葉なのである。

その過程で最も大きな役割を果たしたのは、平成四年（一九九二）一月十一日の一面トップのプロパガンダ記事だった。《慰安所　軍関与示す資料》という大見出しが目を惹き、《部隊に設置指示　募集含め統制・監督》という小見出しが続く。そして《政府見解揺らぐ》という小見出しが前の言葉を受けている。この報道は悪質なプロパガンダとして日本のメディア史に燦然と輝くもので影響力も絶大だった。

読者が見出しだけを見ても巧妙に連ねられた言葉の端々から、日本政府が隠避していた日本軍の強制連行の証拠が出てきたと思うはずだ。ところが中央大学の吉見義明教授が発見した資料は、「陸支密第七四五號」という、陸軍シナ派遣軍への参謀本部から軍省副官名で昭和十三年（一九三八）三月四日に出された秘密扱いの通達書で、《軍慰安所従業婦等募集ニ関スル件》という題名がついている。シナ派遣軍の慰安所といっても主に国内で慰安婦を募集する時の通達書だった。

内容も、軍に慰安所設置を許可されたことを利用し、置屋、女衒《ぜげん》などの業者が誘拐、拉致などの犯罪で警察に取り調べを受ける事例が増えている。このような業者は警察と連携して、軍の威信が損なわれないように注意すべし、というものだ。つまり、悪質な業者を皇軍の名を汚さないように警察と連携して取り締まれという通達である。吉見義明はこれを「軍関与」の証拠として持ち出し、朝日新聞の辰濃哲郎記者は吉見の目論み通りに、あたかも日本軍が強制連行をした証拠が出てきたと読者や受け手に錯覚させるような記事を書いたのである。確かに「軍関与」であるが、強制連行をする「関与」ではなく、誘拐、拉致を取り締まれという明らかに善意の「関与」である。

このような詐欺記事が出るまでの十年間で、吉田清治の慰安婦狩りのような与太記事や松井やよりの記事、様々なコラム、社説などを目にした受け手は、この記事が決め手となって朝日の罠に嵌《は》まって行った。しかも翌十二日は《歴史から目をそむけまい》というタイトルの社説で北畠清泰論説委員はこう書いている。

《日中戦争や太平洋戦争中に、日本軍人相手に売春行為を強いられた朝鮮人女性などのいわゆる「従軍慰安婦」について、軍当局が募集を監督したり、慰安所の設置などに関与していたことを裏付ける公文書類が発見された。

「挺身隊」の名で勧誘または強制連行され、中国からアジア、太平洋の各地で兵士などの相手をさせられたといわれる朝鮮人慰安婦について、政府はこれまで「民間業者が連れ歩いたようだ」などと、軍や政府の関与を否定する姿勢をとってきた。しかし、この種の施設が日本軍の施策の下に設置されていたことはいわば周知のことであり、今回の資料もその意味では驚くに値しない。

恥ずかしい体験はだれでも思い出したくないものだ。しかし、戦争という特異な状況のもととはいえ、植民地支配下の朝鮮から多数の人々をかり出し、男性には労務や兵役を、女性には兵士の慰安をという役割を強要したのは、たかだか半世紀前のわが国であった。この事実の重みは私たちが負い続けなければならない。歴史から目をそむけることはできない》(傍点西村)

この犯罪的な社説掲載の四日後に迫った宮沢喜一首相の韓国訪問に圧力を掛け、《前向きの姿勢を望みたい》と脅迫したのである。昭和天皇の人形が燃やされる反日ヘイトデモで騒然とする中、ソウル入りした宮沢は帰国するまで八回の謝罪を強いられ、日本は約一半年後の河野談話へ向けて坂道を転がるように堕ちていったのである。

朝日よ、世界への説明責任を果たせ

歴史を裁くことの愚かさは、これまで多くの歴史哲学者などが指摘してきたが、朝日の慰安婦報道は歴史を裁く行為ではなく、報道を欺く行為なのだ。そういう意味では歴史認識問題という範疇にはとても入れることができない。また、歴史問題として慰安婦を捉えると、実は、呆気ないくらい簡単に解決してしまう。インドネシアの白馬事件のような特殊な例を除けば、慰安婦が軍や公権力によって強制的に集められた証拠は日本はもちろん、韓国にもない。河野談話作成の作業でそのような証拠が一つもなかったのは周知の事実だ。

また、安秉直ソウル大学名誉教授は九〇年代初頭に挺身隊問題協議会と慰安婦の聞き取り調査を行ない、「強制動員されたという一部の慰安婦経験者の証言はあるが、韓日とも客観的資料は一つもない」と述べている。学者がまともに調査をすれば至る結論なのである。

では、従軍慰安婦の強制連行が、なぜ今でも言葉として世界中で存在しているのだろうか。それは、平成二十七年（二〇一五）十二月二十八日の日韓慰安婦合意の後、世界中のメディアに溢れたのは

「やっと日本は慰安婦の強制連行を認めて性奴隷にしたことを謝罪した」という事実と全く異なる見解だったからだ。その理由はいくつかあるが、日本政府が河野談話の作成過程の公式な検証を行わなかったこと、日本政府の情報発信機能の脆弱さなどがあげられるが、最も大きな理由は架空の〈従軍慰安婦強制連行〉という言葉が生まれた責任の所在が明らかになっていないことである。

つまり、朝日新聞が通常の業務以上に慰安婦プロパガンダ作成の過程と慰安婦問題の真実を、提携する全世界のメディアや主要国政府に正確に説明しなければならない責務を負っているのである。その義務を朝日はこの五年間以上全く怠り、放置しているのである。

と同時に、日本政府も外交上の汚点となった「日韓慰安婦合意」の問題点を明らかにして世界に広報しなければならない。「合意」と言いながら文書として共同発表されたものはなく、日韓両国の外相が記者会見に応じただけの、果たして外交的成果と及第点をあげられるものか疑問が残るものだった。その証拠に、懸案となっていた慰安婦像撤去について、両国の解釈は隔たったままである。「合意」後、すでに四年以上が経過するのに、ウィーン条約に違反するソウルの日本大使館前（現在は移転作業中で跡地であるが）の慰安婦像は設置されたままだ。

それどころか、平成二十八年（二〇一六）二月二十四日には韓国で慰安婦の証言に基づいたとされる反日憎悪を煽動する慰安婦映画「鬼郷」が製作され、ニューヨークで試写を行なった後に韓国で公開され、大ヒットした。日本兵が十人以上の慰安婦を生きたまま穴に入れて焼き殺すシーンなど、荒唐無稽を通り越して、正に日本人を侮蔑する内容だった。また、韓国の反日ヘイト団体が、新たに韓国国内に慰安婦像を数十点、世界中にも多くの慰安婦像を設置することを同年五月に発表している。

日本政府が「日韓慰安婦合意」で慰安婦問題の「不可逆的な解決」を大慌てで発表したのは、五カ月後の伊勢志摩G7サミットやオバマ大統領の広島訪問には効果的だったが、このように、日韓両国、特に我が国とって何の進展ももたらさないものになった。実際、安全保障の面でも無意味なものになっている。

というのも、平成二十八年（二〇一六）五月二十五日〜六月三日に、韓国海域で行われた日本、米国、韓国、豪州、シンガポール、マレーシアの六カ国海軍共同訓練で、計画されていた韓国・済州島への各国艦艇の入港が、韓国側の判断で直前になって中止された事件があったからである。

済州島の韓国海軍基地は完成したばかりで、韓国海軍はお披露目日の意味も込め、他国間海軍の共同演習の最終日に華々しい国際的な式典を開催するつもりだった。ところが、日本海軍（海上自衛隊）の艦船が旭日旗を翻して入港することに韓国メディアが騒ぎ立て、それにネット世論が反応し、旭日旗を掲げた自衛艦の入港に抗議が殺到した。それまで何度も普通に韓国の軍港に入港していたにもかかわらずである。

旭日旗への異常なアレルギーは韓国で二〇一二年以降に発生した新しい〈反日病理〉だ。そもそも「旭日」は世界中でデザイン意匠として愛されてきたにもかかわらず、世界中で「旭日」をモチーフにしたデザインが現れると、それが英国の弁当箱であろうと、スペインのゲームソフトのジャケットデザインであろうと、米国の大学のステンドグラスであろうと、ネットで猛抗議をする組織的な活動が頻繁に行われるようになっている。正常な神経とは到底考えられない状態である。

結局、この共同訓練で、日本海軍（海自）の艦艇が済州島に入港しないと決定すると、米、豪、シンガポール、マレーシア海軍も済州島海軍基地への入港を取りやめた。訓練を予定通りできなかったばかりか、韓国は国辱ものの恥を全世界に曝《さら》したのである。しかし、この問題はそれ以上の大きな意味を持つ。日韓での軍事上の協定や提携は当時からますます困難になったからである。韓国軍がアジアで孤立するのだ。

実際、その二年後の二〇一八年に行なわれた韓国海軍の国際観艦式で文在寅政権の意向で韓国海軍が日本海軍（海自）の参加艦船への旭日旗掲揚を自粛してほしいと要請があり、防衛省が韓国の観艦式参加を中止したのは記憶に新しい。その後の韓国大法院（最高裁）での戦時募集工裁判での日本と韓国の国交の前提となる日韓基本条約を否定する判決へと続き、とどめを刺した日本海軍哨戒機への攻撃レーダー照射になった。

このように、二〇一五年十二月二十八日の年末あわただしい時期に発表された「日韓慰安婦合意」とは、米国の安全保障政策にとって都合がいい、日韓両国の安定的関係を演出する「合意」に過ぎないものだった。それは、米国のアジア戦略が冷戦時代の残滓《ざんし》を引きずったままにして、変化する世界秩序に対応できないものになっているから起きた出来事だと言っていい。

逆に日本政府は「日韓合意」から五年後の今こそ、日本の安全保障政策にとって韓国は日本と同盟的な関係には絶対になれないという「不可逆的な」国家戦略を米国に指し示す必要が生まれたのである。

二〇一六年の七月に米国カリフォルニア州で、「性奴隷である慰安婦を日本軍が強制連行した」という記述が盛り込まれる高校の歴史教科書が採用された。いったい、何のための「日韓慰安婦合意」だったのであろうか。この歴史教科書の採用に対して、日本政府は正式に厳しく抗議するべきだった。

故若宮啓文が二十二年前の平成十年（一九九八）の時点で「従軍慰安婦」「強制連行」は「朝日新聞の社是」だと安倍晋三と衛藤晟一の目の前で明言していたことは前述した。

ここで私はやはり故人になった北畠清泰が平成四年（一九九二）一月十二日に書いたと推測される社説の一節から、ある文節を繋げて故若宮啓文に贈りたい。そう、前述した吉見義明中大教授を担ぎ出し、日本軍慰安婦の存在に《軍関与》があったとする、歪曲スクープを一面トップ記事にした翌日の社説である。

《恥ずかしい体験はだれでも思い出したくないものだ》が、誤報、偏向、捏造報道、《この事実の重みは私たちが負い続けなければならない。歴史から目をそむけることはできない》

若宮の耳元にこの北畠の言葉は届くであろうか。これは朝日が平成の時代を呪ったことを象徴する、平成元年（一九八九）四月二十日の大捏造報道、朝日珊瑚事件の記事と同じ文脈になる呪詛《じゅそ》のリフレインだ。

《日本人は、落書きにかけては今や世界に冠たる民族かもしれない。だけどこれは、将来の人たちが見たら、八〇年代日本人の記念碑になるに違いない。百年単位で育ってきたものを、瞬時に傷つけて恥じない、精神の貧しさの、すさんだ心の……》（傍点西村）

もし、「朝日の社是」の後継者たちが少しでも真摯に数多くの批判に耳を傾けているのであれば、少なくともいまだに英文朝日で慰安婦強制連行に該当する英語を使ったりはしない。ましてや本書で紹介する劣化した報道は消えていたはずだ。

平成二十八年（二〇一六）に起きた熊本地震直後の四月二十四日朝刊で《制服組　じわり政治の表に》《統幕長、頻繁に官邸訪れ意見》という滑稽な見出しの記事も目にすることもなかっただろう。自衛隊の制服組の地位が上がったことで、これまでの歪《いびつ》な文官優位の自衛隊内の組織的欠陥が改善されつつあるのに、こんな恥ずかしい無知な記事は書けないはずだ。

まさか自衛官の最高指揮官である内閣総理大臣と、陸海空三軍を統括する元帥である統合幕僚長が頻繁に会談したら、何かまずいことがあるとでも思っているのだろうか。あるいは、シビリアンコントロールの意味も解らず、ただ軍人と軍服を見るのが嫌なのだろうか。

世界中どこへ行っても、これだけ日常の光景から軍服や国旗が拭い去られている国はない。そんな日本は、極めて異常な国であるという自覚はないのだろう。世界秩序の変化に対応できず、現実が見えないまま、いつまで旧体制（アンシャン・レジーム）である戦後体制の残留孤児でいようとする意思は、日本への憎悪、日本ヘイトに支えられたものだ。そんな朝日新聞にはもはや弔いをする者もいなくなる。

若宮が死亡した約一カ月後の平成二十八年（二〇一六）六月七日に、元朝日新聞社長の一柳東一郎《ひとつやなぎとういちろう》が死去した。何という符合であろうか。一柳は、朝日のカメラマンが自ら珊瑚礁に傷をつけ「KY」と深く刻み、《サンゴ汚したK・Yってだれだ》という捏造記事を掲載した、前述の〈朝日珊瑚事件〉で辞任した社長だった。繰り返しになるが、この捏造事件は日本の失われた平成の三十年の幕開けを告げるにふさわしい、朝日の日本憎悪（ヘイト）を象徴する事件だった。

広岡プレスコードと見えない東京の壁

朝日新聞の歴史を考えると、昭和四十二年（一九六七）に社長に就任した広岡知男の存在は大きい。広岡は、当時シナ全土で猛威をふるっていた中国共産党の権力闘争に過ぎない文化大革命を礼賛し、数々の朝日の黒歴史を彩る人民日報同様の、中国共産党のプロパガンダ記事掲載を領導した。

しかもそれと同時に、朝日の朝鮮半島への視点が南から北へ完全に移行する。昭和四十年（一九六五）の日韓基本条約締結による国交正常化の際には、それまで足掛け十四年に亘って行われた日韓交渉でそれほど偏った報道はなかった。北朝鮮による韓国侵攻で始まった朝鮮戦争（一九五〇～一九五三に休戦）の記憶も新しかったからだ。また日本の独立直前の韓国の竹島強奪、それに伴う李承晩ラインでの死者まで出す日本漁船拿捕《だほ》が続き、韓国の横暴に多くに日本国民が非難の声を挙げていたこともあったので、朝日の論調や報道姿勢も世論との乖離《かいり》は大きくなかった。

事実、平成三十年（二〇一八）の十月三十日の韓国大法院（最高裁）の徴用工裁判の判決で突然注目された日韓請求権協定の交渉過程の報道も、朝日ですら客観的なものだったのである。これには少々驚かされる。

昭和四十年（一九六五）六月二十三日付朝刊東京本社版12版は、一面トップで《日韓 国交正常化へ調印》という見出しに《基本条約や四協定》という小見出しが続き、《戦前の長い日本の朝鮮統治と戦後の外交空白によっていびつな関係を余儀なくされていた日韓関係は、今後の解決にゆだねられた多くの課題や日韓両国民間の「心」の問題をはらみながらも、この日から新しい時代にはいる》と客観的なリードが続く。

社説では調印を急いだことへの懸念が語られ、《仮調印で合意済みの事柄にさえ》《要求を持ち出し、譲歩を迫る》韓国の《不可解な》交渉態度にも日本は折れる形で調印を急ぎ、漁業や竹島を含めて《譲歩に次ぐ譲歩》を重ねて《当初の方針からの大幅に後退》したと批判しているのである。

昭和46年（1971年）10月31日　日曜日　12版　（2）

日朝間の国交正常化は
日韓条約破棄が前提
金日成首相　美濃部知事に強調

「SSX」は改良型潜
原潜開発問

美濃部都知事を全面的に支援していた当時の紙面

さらに天声人語では三年前に訪日した《韓国の中央情報部長、金鍾泌氏が竹島問題で記者団に質問され冗談まじりに答えたことがある「いっそのこと、あの島を砲撃して、あとかたなしにしたらどうだね」》《昭和二十七年に韓国が李ラインを一方的にきめたとき、竹島はその中にふくまれ》《韓国警備隊が島に常駐してしまった》と韓国の非を論じ、日本は《竹島帰属問題を国際司法裁判所で解決してもらおうとの態度をとっているが、韓国は応じない。なぜ応じないか、理解しにくいことだ》と将来に禍根を残すと警告をしていたのである。

平成の論説主幹、若宮啓文が四十年後の平成十七年（二〇〇五）三月二十七日に《例えば竹島を日韓の共同管理にできればいいが、韓国が応じるとは思えない。ならば、いっそのこと島を譲ってしまったら、と夢想する》と書いたことと比べると、当時の朝日にはまだ〈常識〉が生きていたことが解る。〈常識〉が生きていたので、一つの真理を教えてくれる。なぜ佐藤栄作総理が日韓国交正常化を急いだのか。それは、平成二十七年（二〇一五）に奇しくも佐藤の大甥《おおおい》（兄の孫）にあたる安倍総理が、日韓慰安婦合意を急いだのと同じ事情があったからだ。すなわち、米国の安全保障上の理由である。

民主党ケネディ政権が始めたベトナム戦争が激しさを増し、当時韓国はベトナムに軍を派兵していた。後に韓国人とのベトナム人孤児が大量に生まれる、例のライダイハン問題の原因になった韓国軍ベトナム派兵だが、日本と韓国の良好な関係が冷戦下の米国の世界戦略にとって必要不可欠だったからだ。

とは言え、そんな朝日の〈常識〉が喪われて行くのは広岡が社長に就任してからだ。日本社会党と日本共産党の支援を受けて都知事に立候補した美濃部亮吉を全面的に報道で支援し、美濃部都知事は就任後に朝鮮大学の認可、文化大革命真っ只中の北京訪問、と朝日の〈広岡プレスコード〉に準拠する政策を朝日新聞と一緒に推進していったと言っても過言ではない。

では、〈広岡プレスコード〉とは何か。七〇年安保に対する朝日の社論確定がその後の一九七九年の「日中国交回復」を睨んだもので、広岡社長が昭和四十五年四月二十二日に「中国訪問を終えて」という署名論文を発表し、その論文が朝日の中国報道の原点になったことである。

中国共産党の言い分をとにかく全部認めることが、広岡の日中国交回復へのスキームであり、その広岡論文が日中国交回復のプレスコードになってしまったのである。その後連載された本多勝一氏の「中国の旅」もこの〈広岡プレスコード〉に添ったもので「中国の旅」は南京虐殺という東京裁判のためのプロパガンダを改めて甦らせ、まるで南京虐殺を事実のような筆致で捏造したものだが、それ以上に中国全土での日本軍の残虐性を描き、日本軍＝悪、戦前の日本＝日本軍、という歴史歪曲から、戦前の日本＝巨悪という等式を導いていた。

そういう意味で〈広岡プレスコード〉は中国の対日戦略に添った工作指令であると同時に、東京裁判史観とアメリカ占領軍GHQの占領政策を戦後二十五年経過してから、さらに継続させようという性格も帯びたものだった。すなわち、〈広岡プレスコード〉は中国共産党とGHQのプレスコードを兼ね備えたものだった。

米国に代わる、アジアの覇権国家として中国共産党が支配するシナのアジア覇権、つまり華夷秩序を強固なものにするために、朝日にとって、占領憲法である日本国憲法は永遠不滅なものでなければならない。朝日の靖国参拝に対する神経過剰な、シナにとっては演出過剰な報道も、冊封《さくほう》体制の中に日本を組み入れたいという戦略から来ている。そう考えれば、現在の北東アジアを取り巻く情勢が米国と中国の核を背景とする軍事体制の枠に縛られたもので、日本はそのパワーバランスの中でしかアイデンティティを主張できないという状況を検証できるのである。

北朝鮮に対して個別的自衛権も行使できず、拉致被害者を自らの軍事力で救出できない日本は、中国共産党の利益を何よりも優先する朝日の「広岡プレスコード」に拉致されていると言ってもいいだろう。言い換えれば、この反日の連鎖を解き放ち、抜け出すことによってしか、日本の真の独立とアイデンティティの恢復はあり得ないのである。

つまり現在の朝日の〈社論〉の原型をつくった広岡は、北東アジアの冷戦構造を東側から支えていたのである。現在の〈見えない東京の壁〉は、そうやって、朝日によって五十年以上の時間をかけて堅固な壁に構築され続けてきたのである。ベルリンの壁が崩れて三十年が経過した今も、東京には北東アジアの冷戦を支え、情報を遮断し、国民の知る権利を奪い続けてきた朝日新聞がその亡骸を曝す〈東京の壁〉が厳として存在している。

広岡が二十八年間空席になっていた朝日新聞の主筆を自らが就任して復活させ、南京大虐殺の日本ヘイトキャンペーンの推進役として「朝日の社是」を築き上げたことに注目せざる得ない。

平成十年（一九九八）に若宮啓文が若き政治家だった安倍晋三と衛藤晟一の二人に〈従軍慰安婦強制連行〉は社是だと言ったのは前述したとおりだ。その四年後に、広岡は死去した。奇しくも北畠も同年死去していた。

実は、その平成十四年（二〇〇二）は、韓国で日韓ワールドカップの共同開催があり、北朝鮮では小泉訪朝で金正日が日本人拉致が認め、南北朝鮮を舞台に、日本と朝鮮半島をめぐる二つの歴史的な大きな出来事が起きた年だ。そして、この二つの出来事を契機にして、インターネットで朝日的な言論の虚飾が次々と暴かれ、朝日を中心とする既存メディアが批判され始めた。この年の広岡の死去は皮肉だが、命日が一月五日なので日韓ワールドカップの韓国の不正も、北朝鮮の日本人拉致というテロが明るみに出たことも広岡が知り得なかったことは残念としか言いようがない。

このように朝日の半世紀を振り返ると、扱うテーマは〈日米安保〉、〈北朝鮮讃歌〉、〈韓国問題〉、〈南京虐殺〉から〈従軍慰安婦強制連行〉に変化しても、〈憎日・侮日・反日〉を通奏低音とする、一貫した〈社是〉に揺るぎを見せることはない。これは凄いことではないだろうか。

朝日人、いや、朝日新聞それ自体の墓碑銘には、このように日本憎悪（日本ヘイト）の数十年の歴史を綿々と語り継ぎ、今なお尽きることなく日本人へ向けられるその怨嗟《えんさ》と呪いの言葉が刻まれることだろう。だからこそ、私たちの手で朝日新聞の葬儀を礼に則《のっと》りしっかり執り行わなければならない。そのためにも〈弔辞〉が必要とされる。日本に悪霊が取り憑いても日本人は禊《みそぎ》と祓《はら》えで憎悪（ヘイト）を無力化できるからである。

【第二章】

反日メディアの黄昏

——西村幸祐のメディア批評

報道しない自由？

本誌が発売される頃（※編注・二〇一二年十二月、以下※は同）には総選挙の報道が溢れかえっているだろう。しかし、直接選挙に関係ないことで気になることがあった。非常に重要な二つの問題を多くのメディアが無視したのだが、次の政権が必ず担わなければならないことになるからだ。

二〇一二年十一月四日に米国ニュージャージー州の最大手地方紙「スター・レッジャー」に歴史事実委員会による慰安婦意見広告が掲載された。作曲家のすぎやまこういち氏を中心とする私を含めた藤岡信勝氏、青山繁晴氏、櫻井よしこ氏がメンバーで、超党派の国会議員三十八名と学者、文化人十四名も賛同者として名を連ねた。十一月六日には、今回の広告で国会議員との調整などをサポートしてくれた山谷えり子参院議員の司会で記者会見を行った。広告主の歴史事実委員会のメンバーと国会議員も出席したが、恐ろしいことに、記事にしたのは産経新聞だけだった。韓国紙は翌日から意見広告を非難する記事を相次いで掲載したが、そのニュースを見た日本人はいったい何のことかと不思議に思ったはずだ。何しろ、わが国で行われたことが日本のメディアで報道されず、韓国からの逆輸入に頼るしかないのだから。

この広告の意味は極めて重要で、たんに今回の慰安婦問題のアピールだけにあるのでなく、民主党政権の三年にわたる外交の失政により、昨年から表面化した韓国の対日攻撃（情報戦争）に対するカウンターの一つとして位置づけられるものだった。昨年（※二〇一一年）十二月には、ソウルの日本大使館前に〈従軍慰安婦〉なるもののブロンズ像が設置され、毎週水曜日に同所で行われている対日補償を要求する〈水曜デモ〉のシンボルとして鎮座した。ウイーン条約違反の疑いのあるような韓国の野蛮な行為に、日本政府はほとんど何の対応もとらず見逃している。そして、今年の夏には李明博大統領の竹島不法入国をやすやすと招いていた。

それらの日本への執拗な攻撃の理由は色々あるが、一番大きい理由は民主党政権の弱さにあった。国会審議で、何度質問を受けても竹島を韓国に「不法占拠されている」と言明できなかった閣僚たちが、李大統領の日本の主権侵害と天皇への最大限の侮辱を招いたのは明らかだ。米国ニュージャージー州のパリセイズパーク市に、嘘ばかり書き連ねた慰安婦記念碑が設置されたのは二〇一〇年十月で、今年五月にはニューヨークタイムズに日本をナチスと同様の罪を犯していると非難する荒唐無稽の意見広告が出され、同じ内容のものがNYブロードウェイの看板広告になったのが十月で十二月まで掲出されている。

嘘を根拠とした歴史認識が対日外交の武器にまでされているのに、政府と外務省は黙って見過ごしている。そんな事態を静観していいのかと声を上げ、実際に行動を起こしているのが民間人のなのである。そのような背景を知っていながら報道できないメディアは、いったい、どこに報道する価値の判断を置いているのだろうか？　本当に報道しなかった全ての新聞、テレビ局などに、報道の自由はあるのかという公開質問状を出したい。

そして、十一月十三日、ダライ・ラマ法王が国会内施設で国会議員を対象に講演を行った。それこそ前例のないビッグイベントだ。そもそもダライ・ラマ十四世が来日していることすらまともに報道されていなかったのが異常だが、国会議員会館での法王の講演も決して大きく取り上げられなった。特に酷いのはテレビで、NHKは一切この講演を報道していない。NHK放送センターの中に中国共産党の宣伝機関であるテレビ局CCTVが入っていることがよく指摘されるが、まるで、CCTVの中にNHKがあると言った方がいい。

今回の講演は、法王がノーベル平和賞受賞者というだけでなく、まさに今、尖閣への侵略を受けている日本にとって火急の問題に直結する極めて大きい意味を持つものだった。

チベットが中国共産党の侵略を受け、苛酷な大虐殺の被害を今も現在進行形で受けつつあり、焼身抗議者がすでに二〇〇九年以来七十二人に上り、今月だけで十名以上が焼身の抵抗運動を行っている。招聘した議員団が発表したアピールにはシナの人権弾圧への抗議が明記され、チベット人への連帯が表明されていた。

安倍自民党総裁は法王と堅く手を握った。正にその姿こそ、新しい日本の外交姿勢を強烈に世界に発信する光景であったが、英国紙フィナンシャル・タイムズやインドの有力紙のみによって広く世界に報道され、当の日本人自身が情報統制の中に置かれている。これでは、シナや北朝鮮を嗤うことはできない。

情報統制とネットの反乱

いまだに〈ネット右翼〉という言葉をメディアが使っていたら、そのメディアの瑕疵は致命的だろう。〈ネット右翼〉について本誌2月号で対談を行ったが、どうも消化不良なのでいつか昨今の事情も踏まえたネット論を執筆したい。まず〈ネット右翼〉という言葉について詳細に論じなければならない。なぜなら、日本が〈右傾化〉しているという一部の国内外のメディアの指摘と〈ネット右翼〉という言葉が生まれた情報回路や背景が同じものだからだ。これまでネット論は「Ｖｏｉｃｅ」二〇〇七年一月号に「ブログがマスコミを喰う日」（『メディア症候群』所収）という小論を書いている、もう六年前のもので状況の変化は著しい。

そんな変化を現す出来事が三月八日（※二〇一三年）に起きた。衆院予算委員会で中山成彬議員（元文科相・日本維新の会）が質問に立った。広汎な質疑の中で白眉は教育問題だった。慰安婦問題で海外在留邦人の子弟が学校で虐められているという事例から、平成五年（一九九三）の朝日新聞の「軍関与の証拠」という記事が、じつは、軍が慰安婦業者の違法な娼婦斡旋に対して厳しく取り締まれという内容のものであることを説明し、この有名や記事が偏向報道であったことを質した。つまり、二十万人の慰安婦強制連行という大嘘が宣伝されるために日本人の子供が虐められているということだ。

二十万人もの女性が強制連行されるのを韓国の家族の人は黙って見ていたのか不思議ですね、と中山議員は続けた。そして、日本統治下の朝鮮で警察官の八〇％、地方公務員、自治体の首長もほとんどが朝鮮人だった事実も、朝日新聞の報道や写真つきの大きなパネルになり質疑で明らかにされた。さらに、パネルには創氏改名の届け出に押し寄せる朝鮮人を報道した朝日新聞の記事と写真もあり、高校教科書で創氏改名が日本の強制だったとする教科書が文科省検定を通っていることへの疑問が文科大臣にも向けられた。

ところが、全てのメディアはこの国会審議を黙殺した。報道しなかったのである。産経新聞は翌日報じたが、他のメディアはＴＶ、新聞とも一切無視をした。中山議員が質問する二時間前に辻元議員が慰安婦問題を質問したことを取り上げたメディアがあったにもかかわらずだ。

民主党政権が誕生した少し前あたりから国会審議がＹｏｕＴｕｂｅやニコニコ動画などの動画サイトに掲載されるようになった。面白いことにその幾つかはキラーコンテンツとなり、多くのアクセスを集める。三月八日の中山議員の質疑もアクセスが集中して、ＹｏｕＴｕｂｅで瞬時に十万に達した。メディアが、それもテレビが一切報じなかったのだから当然の現象だった。すると、今度は国会審議を中継したＮＨＫが著作権を盾に削除要請をして、動画が削除されてしまったのである。

正確には著作隣接権が放送したＮＨＫにはあるが、中身は国会審議、元著作権が存在するかどうかも疑わしく、さらに公共放送としてＮＨＫが放送したものに著作隣接権があるかどうか根拠に乏しい。しかも、これまでＮＨＫは国会審議の動画を、著作権を理由に削除要請したことはなかった。しかも、午前中の辻元議員の質疑は削除されていない。

つまり、どう考えても、NHKには絶対に中山議員の質疑内容を広く国民や海外に知られては困る特別な理由があったとしか考えられないではないか。

さらに問題なのは、この顚末を報道するメディアが既存メディアにないことである。結果的に中山議員の質疑は広く拡散して、YouTubeやニコニコ動画にかえって氾濫することになり、NHKの目論見は失敗した。国会が配信する動画をダウンロードするか、最初に動画サイトに載せられた動画をダウンロードした人がさらにアップし始めたからだ。おまけに、中山成彬議員自らも、削除されたことに抗議してYouTubeに掲載したのである。

これは、メディアによって動画が削除されたことで、受け手が反乱をおこし、動画がかえって氾濫するという事例になった。反乱による氾濫である。NHKに抗議が殺到したのは言うまでもない。冒頭の問いに戻るが、時代の変化を読み取れないメディアが、この騒動を〈ネット右翼〉による騒ぎとしか捉えられないなら、そんなメディアはますます一般国民の受け手から見捨てられて行く。

毎日新聞の「持論」

憲法問題が国会審議で大きく論じられるようになった。これも日本の再生と新しい時代の到来を告げる象徴的な出来事である。四月六日（※二〇一三年）、毎日新聞がこんな見出しの記事を掲載した。《安倍首相　予算委で持論「占領軍が作った憲法」》

記事はこう続く。《「占領軍が作った憲法だったことは間違いない。形式的にはそうではないが、占領下に行われたのは事実だ」

安倍晋三首相は5日午前の衆院予算委員会で、現行憲法に関する持論《じろん》をぶった。首相は7月の参院選後をにらみ、憲法96条の定める改憲の発議要件を衆参各院の「3分の2以上」から「過半数」に緩和する方針を示しているが、もともとは「自主憲法制定」が悲願。「（占領下の）7年間に憲法や教育基本法、国の形を決める基本的な枠組みができた。（独立時に）真の独立国家をつくる気概を持つべきではなかったか」と冗舌だった》

しばしばメディアが使う言葉に「持論」がある。普通は常識から逸脱するもの、特殊な考えを指すときに「持論」という。毎日新聞は現行憲法を「占領軍が作った憲法」とすることを「持論」という。どう考えてもこれはおかしい。百歩譲れば、事実からも離れ、あくまでもメディアとしての客観的な視点から毎日が書いたと言うかも知れない。しかし、この記事は明らかに固定観念と時代遅れのイデオロギーに囚われている。その証拠に質問者の細野豪志民主党幹事長の発言をこう書く。

《質問したのは民主党の細野豪志幹事長。サンフランシスコ講和条約発効から61年となる今月28日に政府が「主権回復の日」の式典を開くことに絡め「私は憲法を前向きに評価する。戦後の認識が自民と民主で違う」と憲法観の違いを強調した》

客観的な視点で安倍首相の答弁を「持論」と書くなら、細野発言は《「私は憲法を前向きに評価する。戦後の認識が自民と民主で違う」と憲法観の違いに持論を強調した》とならなければ整合性が取れない。結局、こんな短い記事にも毎日は「持論」を忍び込ませ、報道の原点を否定する小さなプロパガンダを行ったということなのだ。なぜ毎日は、このような中学生にも見破られる情報操作をしなければならないのか。

メディアが時代の流れをどう摑むかは生命線だ。その捉え方が重要でそこに独自の視点、哲学、歴史意識、国家観、世界観が反映される。だが、これでは自らメディアの役割を放棄していることと同じではないか。

さらに恐ろしいことが起きた。四月十日、四月十六日の衆院予算委員会で最も重要な論点が提示された。まず四月十日、西川京子議員（自民）と中山成彬議員（維新）が歴史認識の問題で捏造である南京虐殺がなぜ教科書に載るのか、なぜ教科書検定を通るのかという質問をした。先月号で紹介した中山議員の慰安婦問題と韓国併合に関する質疑同様、歴史問題に正面から斬り込んだ議論だ。ところが、毎日だけでなくほぼ全てのメディアが二人の質疑を黙殺した。なぜなら、南京虐殺が捏造されたという認識を前提に国会審議が展開されたからに他ならない。

今年は四月二十八日に政府主催の主権回復の記念式典が開催される。六十一年前の同日に占領が解けたから、占領軍は日米安保で残るものの、日本は国家として主権回復をした。日本のメディアは、占領中は占領軍の検閲を受けていた。占領期にＧＨＱが検閲を事後検閲にした後でも、昭和二十七年四月二十八日から日本のメディアは検閲の影を振り払い、主権を回復したメディアにならなければいけなかった。だが、毎日が安倍首相の「占領軍が作った憲法」という言葉に「持論」という接頭語をつけるように、メディアの「主権」は一向に「回復」されていない。占領軍のメディアのまま旧体制維持のプロパガンダ機関としての役割を鮮明に泛び上がらせている。

さらに四月十六日の西村眞悟議員（維新）の衆院予算委員会の質疑は、首相の行政権行使と核抑止力の保持を安倍首相に問うことにより、戦後体制という崩れかけた壁の罅《ひび》に爆薬を装填した。安倍首相が核抑止力は然るべき機関で議論すると答えていれば、壁は一気に崩れ出したはずだ。占領軍メディアが西村議員の質疑を報じなかった理由もそこにある。

報道されない、安倍外交のとてつもない凄さ

習近平は六月六日（※二〇一三年）、カリフォルニア州のオンタリオ空港に到着した。米中首脳会談に臨むためだ。この首脳会談の世界各国の報道を比較すると、日本のメディアだけが浮足立っていた。より正確に言えば、産経をのぞく日本メディアと中国共産党の機関紙、人民日報と環球時報だけが「世紀の会談に臨む両首脳」というイメージを演出していた。

特に朝日新聞とＮＨＫが、まるで二人の首脳が重要な会談を行い、明るい見取り図を世界に示すのではないかと錯覚するような論調で報道していた。いったい何を米中首脳会談に期待していたのであろうか？

ところが、不思議なことに米中首脳会談後一週間が経過して、世界中のメディアから分

析や論評が出揃っても、〈重要〉だったはずの米中首脳会談の具体的な成果や論評が、それらのメディアから一向に発信されない。いったい、何を期待してあれだけ大騒ぎをしていたのか？　それは朝日の論調をベースにする地上波の民放各局も同じだった。

それどころか、国賓として六月六日に来日したフランスのオランド大統領と安倍首相の首脳会談や日仏共同声明の報道量が少なかった。自国の首相と仏大統領の共同声明より米中首脳会談の話題が重要だったのだろうか？　六月七日にオランドは国会で演説し、その後、日仏両首脳は共同宣言を発表した。次世代原子炉である「高速炉」の共同開発を始めとする包括的な原子力協力を行うことを合意した。

さらに重要だったのは、日仏の安全保障分野での協力が明らかにされたことだ。日仏で外務、防衛閣僚会議（2プラス2）を早期に開催することも発表され、安倍首相が共同記者会見で述べた「両国が手に手を携え、法の支配に基づいた、自由で開かれた世界の形成を目指す」という言葉を、共同声明では「新たな大国の台頭で生じる課題に対応する」と、具体的にシナの覇権主義に釘を刺したのである。

もっとも、フランスは武器商人としてシナにヘリコプターを軍艦のデッキに着陸させるシステムを売却することを発表したばかりだった。安倍首相は、当然フランスへシナへの武器輸出を中止するようにというメッセージを出し、他の案件からフランスの行動を阻止しようと動いた。その一つが、日仏による2プラス2協議であり、両国による軍事用品の開発と武器輸出協力だった。つまり、この局面で日仏両首脳による国益をかけた熾烈な戦いが、宮中晩餐会をはさみながら展開されていたわけだが、日本メディアの報道からはいっさいそのような国際政治のリアルな姿は伝わってこない。

習近平がオンタリオ空港に着陸する前日、すぐ目と鼻の先のカリフォルニアの海岸に夜陰をついて特殊小型ボートが上陸した。沖合二百メートルでヘリコプターから投下されたそのボートには、ヘリから降下した屈強な陸上自衛隊の特殊部隊の隊員が四名乗っていた。もちろん米国を急襲したのでなく、六月十日から二十八日まで行われる多国籍軍事演習「夜明けの電撃戦2013」に参加する陸自隊員の先行訓練だった。この演習の白眉は日米共同の離島奪還訓練であり、オスプレイが海自のヘリ空母「ひゅうが」で離発着訓練を行ったことは報道された。だが、オスプレイを事故率の高い危険な輸送機だとデマ報道をしていたメディアが今回はそれに口をつぐむ。

安倍首相誕生から半年で、2プラス2協議を日本と行う国は従来の米国、豪に加え、インド、インドネシア、フィリピン、ベトナム、モンゴル、そしてロシア、フランスと凄まじい勢いで増えている。一方、日本メディアが騒いでいた米中首脳会談は、歴史上最低の会談に終わり、あのNYタイムズまでもが電子版で最初は《米中、気候の話は一致だが、サイバー攻撃では決裂》と皮肉たっぷりの見出しで報じ、その後《米中、北朝鮮では近づいたが……》と差し替えられた。

習近平がオバマに「太平洋には米中二大国を収める十分な空間がある」と述べたという報道はあった。だが、オバマがそれをいなした背景には、太平洋を法と民主主義が支配する自由な海にすべきだと、安倍首相が就任直後に発表した英語論文「アジアの安全保障ダイヤモンド」の構想通りにこの半年間走り続けてきた安倍外交があったことを報じるメディアはない。米中首脳会談後、人民日報が連日、安倍外交を非難し始めた。朝日とNHKが米中首脳会談に期待していたのは、じつは、安倍批判だったのである。

沖縄から憲法九条改正を

八月十三日（※二〇一三年）のNHKの夜九時のニュース、NW9には驚いた。記録的な猛暑に襲われ、まるでUAEかカタールにでもいるような錯覚に陥った日で、熱中症の被害など猛暑情報をトップで長時間流した。延々十七分も猛暑の報道に費やした。他に報道しなければならないものを隠すためにこんなに時間を使ったのかと勘繰った。

次の話題が沖縄普天間基地へのオスプレイ配備反対運動の報道だが、沖縄のこの種の話題はどのメディアも一面的で全く面白くない。ニュース原稿がどのように書かれているかが分かってしまう。

最近はテレビでも安全保障関連の報道は、一昔前と違って幅が見られるようになった。実際に憲法九条改正の可能性も視野に入り、政党や諸団体、新聞社からも改憲草案が出されるようになったからで、それも当然と言える。

ところが、同じテーマでも沖縄発になると全てが金太郎飴になる。もの凄く強い縛りが効いている。沖縄発の安全保障や歴史問題の報道は、恐ろしい情報統制下に入る。これまで米海兵隊が使用してきた輸送ヘリコプター、CH46よりオスプレイの方が安全性は高く、今年七月からホワイトハウスのスタッフも使用するようになった。そもそも日本に配備される時点で「世界の名機」と航空専門誌に謳われるようになったのだから、なぜ、日本のメディアでオスプレイ＝危険というプロパガンダキャンペーンが成功したのか、その辺を本来ならNHKが腰を据えて良質の報道ができるはずなのだ。

ところが、日本にたった一つしかない公共放送にもかかわらず、報道のレベル低下は留まる所を知らず、とてもそんな報道を現実に望むことは不可能だ。分かっているが、「本来なら」という仮定形の条件をつけてこのように書かなければ、一般の受け手は何がいい報道であるのかさえ皆目見当がつかない。

この日、実は、沖縄発の極めて重要なニュースがあった。だが、こんなＮＨＫにその報道を望むのは不可能だと分かっていながら、それでも、もし、何か良心の一かけらでもあるなら、ＮＨＫでなくても共同でも時事でも、どこでもいいから報じて欲しかった。なぜなら、それは、ある時期、連日溢れるように報道された沖縄の重要なテーマだったからだ。

沖縄戦の集団自決に関するものだ。文科省が教科書検定で集団自決に軍命令（強制）があるとする記述に訂正指示を出すと、共産党系やその他のいわゆる反日サヨク団体から猛抗議が始まり、特に沖縄ではメディアが十一万人と扇動報道をした、２万人の集会まで行われた、あの騒動と密接な関係のあるニュースだった。

この日、沖縄のドキュメンタリー作家、上原正稔氏が琉球新報を相手取った訴訟で逆転勝訴が確定した。それは、パンドラの箱裁判と呼ばれ、上原氏の集団自決を巡る連載ノンフィクションが突如打ち切りされたことに対する裁判だった。では、なぜ、打ち切りにされたのか。

当時、教科書検定を巡って文科省の方針に熾烈な反対運動が行われ、琉球新報と沖縄タイムスはそれを煽りたてる働きをしていたからだ。つまり、上原氏の連載では真実が明かされ、集団自決に軍命令はなかったことが貴重な証言や豊富な資料を以て書かれていたのである。沖縄の全体主義はこのように情報統制を行っているが、今回の福岡高裁那覇支部の判決は、そんな特異な言論空間に風穴を開ける画期的なものだった。八月十二日までに琉球新報が最高裁に上告しないことが明らかになり、上原氏の勝訴が確定したのだ。

しかし、上告しないことで裁判自体を闇に葬ろうとした琉球新報の意向に沿って沖縄タイムスだけでなく、他の全国メディアもこの勝訴確定を黙殺したままだ。こんなに恐ろしい情報統制の下に私たちがいるという現実を、沖縄が日本を象徴する立ち位置から明らかにしてくれた。そういう意味でも、九条改正の作業は日本全土とシナや朝鮮半島から「悪の巨魁」が結集する沖縄を主体とすることで、初めて本格的にスタートできるのではないかと思っている。

結局、この日は韓国の国会議員十二名が竹島に不法上陸したことも、NW9は一秒も報じなかった。さらに、終戦の日には安倍首相の戦没者追悼式の式辞も報じていない。

東京オリンピック招致の「希望的」誤報

日本時間の九月八日（※二〇一三年）の早朝に「二〇二〇東京五輪」の招致が決定した。多くの国民は固唾を飲んで投票結果の発表を見守った。早朝五時二〇分にもかかわらず、IOC総会が開かれていたブエノスアイレスからのNHK生中継の視聴率は十二%を超えた。あるテレビ関係者によれば通常の五十%以上の視聴率に相当するという。

東日本大震災から二年半が経過し、被災地復興にはほど遠く、憔悴する被災者も多い。特に福島原発事故の処理は初動の遅れから混乱を引きずり、七月頃から汚染水の漏洩問題がセンセーショナルに報道されていた。第二次安倍政権が誕生して八カ月以上がたったが、経済再生を実感している国民はそれほど多くない……等々。だからこそ、二〇二〇東京オリンピック招致に成功して欲しい、と願ったのが多くの国民の正直な気持ちだろう。それがこのような高視聴率を生んだ。

ところが、実は、全く正反対の人たちもいた。IOC委員が最初の投票を行った午前三時五七分ごろ、会場の電子スクリーンにマドリッド、イスタンブールと表示された。すると貧困な取材力と英語力を露呈するように朝日新聞の五輪招致専門ツイッターアカウントが《東京、落選しました。第1回の投票で最少得票。決選投票に進めませんでした。ライブ動画→http://t.asahi.com/cbzx》と午前三時五八分にツイートした。テレビ中継を見ていた人が多かったので、東京が一位の得票を得てマドリッドとイスタンブールが二位の座を争うけ投票が行われることは周知され、この誤報はそれほど多くの混乱をもたらさなかった。

しかし、非常に面白いことが起きた。《中国国営新華社通信も東京の当選を速報したが、同通信は、それに先立つ同日午前3時2分（日本時間同4時2分）に英語版で、同4分に中国語版で、「イスタンブールが2020年夏季五輪の開催権を獲得した」と誤報。ポータルサイトも同通信の記事を掲載し、「東京とマドリードが落選」と伝え》《「国際的な間違いだ」「国家のノドがこのようなニュースを流したら、他国が中国人をどのように見るのだ！」などの批判が殺到》したと産経が北京発で報道した。

これまでも何回ともなく行われていた朝日新聞とシナや韓国の情報ロンダリングのシステムが、朝日の誤報により露呈してしまったのである。朝日が五輪招致専門ツイッターアカウントで発信した誤報を新華社がさらに五分間で精査させ、誤報のバージョンアップをやってくれた。にもかかわらず、朝日は謝罪もしないでこの重大な誤報を頬っ被りし、なかったことにしている。

今回、図らずも、朝日と新華社の〈誤報ロンダリング〉が明白にしたのは、冒頭述べた日本人のほとんどの気持ちと真逆な感情で、東京の五輪招致失敗を朝日と新華社が心から願っていたということではないだろうか。恐らく、朝日、毎日、中日、人民日報、新華社、さらにNHKと共同通信あたりは、招致失敗の際の予定稿を成功の予定稿と比べかなり念入りに書き込んでいたのかもしれない。

その証拠に、例えば《「東京五輪」実現性は？　担当記者5人が直前予想》》という朝日の八日掲載の座談会は、全体的に諦めムードが漂っていた。もちろん記者一人ひとりの気持ちは異なるだろうし、運動部の記者たちは招致を成功させたいと思っていただろうが、どうしても〈社是〉が顔を覗かせてしまう。

毎日は招致決定後のブエノスアイレス発の記事で《20年東京五輪　3都市の招致「失点」食い止めに終始》とぶち上げ、招致活動を振り返る客観的な記事というより、東京五輪の招致成功を素直に喜べない感情が露骨に紙面化されていた。NHKやテレビ朝日の特番中継でも本心で招致を祝福しているとは思えない雰囲気が漂っていた。

そんなメディアの本心が露骨に表出されたのが九月八日のＴＢＳ「サンデーモーニング」だった。以前から辛気臭いお通夜のような番組だと酷評されているが、関口宏はまるで告別式に臨むような面持ちで溜息をつきながら、東京五輪招致成功を伝えていた。関口宏は一週間後にも、日本の固体燃料ロケット、イプシロンの打ち上げを伝えるとき「宇宙のゴミになるんです」と放言した。この番組の告別式は視聴者のスポンサーへの抗議で実現できるはずである。

ＮＨＫに慣れ親しんできたリスク

ＮＨＫの抱える問題は大きい。それは日本で唯一の公共放送であるからだ。特に八〇年代までのＮＨＫに慣れ親しんできた、特定の政治イデオロギーに縁のない、穏健なごく普通の日本人にとって大きな害毒になる。そんな人たちはＮＨＫの報道を政治的に偏りがない、どちらかと言えば政府寄りのものだと安心して聞き流すからである。また、最大の問題は、報道の質や偏向の度合いだけでなく、ＮＨＫという組織そのもの、ＮＨＫの存在をそのまま許す放送法など構造的なものなのである。

十月十五日（※二〇一三年）に臨時国会が始まった。ＮＨＫは正午のニュースで「午後一時には天皇陛下をお迎えして臨時国会が開かれます」とやった。何気なく聞き流してしまうニュース原稿であることが恐ろしい。日本国憲法第七条は《天皇は、内閣の助言と承認により、国民のために、左の国事に関する行為を行ふ》とあり、七条二項には《国会を召集すること》とある。つまり、このニュース原稿は「午後一時には天皇陛下が召集される臨時国会が始まります」でなければならない。にもかかわらず、恐らく何年も多くのメディアは明らかに間違った報道を垂れ流し、視聴者は抵抗なく受け入れている。

護憲でも改憲でも破棄でもいい。ただ、日本の現実は現憲法を運用しているのだから、公共放送であるＮＨＫが率先して憲法違反を助長する報道を行ってはいけない。また、現行憲法で元首としての明文規定はないが、実質上の国家元首である天皇陛下が国会を召集され、開会のお言葉（詔勅）を述べる場面が国会中継で流れないのも異常である。受信料と税金で運営される公共放送が国会の開会式をきちんと中継しないことを多くの国民、メディアは非難するべきである。

九月十六日には夜七時のニュースで国会の代表質問が流れた。民主党の海江田代表、自民党の高村副総裁、維新の石原共同代表と安倍首相との質疑が流れたが、その中で最もラディカルな石原慎太郎議員の質問だけにNHKの解説コメントがつかなかった。海江田氏、高村氏の質問は凡庸で取り上げる必要もないようなものだったが、石原氏は現行憲法が占領下に作られた国際法違反の無効なものではないのか、という質問だった。しかし、NHKは最も重要なこの質問に解説やテロップをつけることができなかった。能力と情報統制、その両方が原因であろう。

その後、米軍の輸送機オスプレイを使用する日米共同訓練が沖縄以外で行われるニュースになったが、NHKは「着陸時の事故が相次いでいる」という言葉をオスプレイの枕詞として挿入した。オスプレイは開発段階でそのような事故が多かったが、運用されて以来、着陸時の事故が相次いだことなどなく、現在ではホワイトハウスのスタッフも利用し、オバマ大統領のイラク訪問時でも大統領を運んでいる。それどころか、飛行機専門誌に「世界の名機」として紹介されるのが本当のオスプレイの姿なのである。

おまけに、訓練が行われた滋賀県高島市の饗庭野演習場周辺で「あんまり（訓練）をしてほしくないですね。危ないですからね」というNHKや朝日や赤旗などに騙された市民の声を拾って挿入した。沖縄の負担軽減になれば訓練をしてもかまわないという市民の声も流したが、「危険」「危ない」というイメージを強調したNHKは明らかに偏向した誘導報道を行っている。

さて、神奈川新聞という地方紙がある。ご多分にもれず朝日、毎日流の偏向記事が多いが、十月四日付の「照明灯」というコラムには驚いた。左傾メディアの流行りになったヘイトスピーチを扱ったものだが、《「お前たちが出て行け」。罵倒したい衝動に駆られ、思い知る。差別とはこういうことでもあるのだ、と。憎しみをかき立て、人心、社会を引き裂く。だからこそ、せめて言葉のつぶてでデモを阻止したいと思うのは間違いだろうか》と明らかなヘイト宣言を主張するヘイトコラムだ。なぜ自然発生的にデモ隊が結成され、多くの人から支持されているのかという背景への考察も取材もない。

感情に任せただけの「照明灯」の書き手は、反韓国デモに対抗するしばき隊の構成員になっているヤクザまがいの日本人排斥主義者ではないだろうか。韓国やシナの国家ぐるみの日本へのヘイトスピーチが日本人の反感を呼んでいることは間違いない。その構造への言及が全くないのはメディアの自殺行為だ。

国民の知る権利と国家機密

特定秘密法案の国会審議が大詰めを迎えている。まだ本稿執筆時点では行方は分からないが、与党側が維新の会、みんなの党の修正案を飲んで協議すれば、与野党の合意の下で今国会で成立する。ただ、民主党はもともと自分たちの政権時代に同様の法案を提出していたのに、与党に反対するために継続審議に持ち込もうと対案の提出を準備している。そんな不毛な政治が相も変わらず行われているが、そもそも国家機密を保護する法律がこれまでなかったのが不思議である。

じつは、それがこの法案の最大の問題点だ。日本は果たして国家機密を保持する国家なのか、つまり、独立した主権国家だったのであろうか。どこかの国の属国か自治領であれば、国家機密など必要ない。そんな疑問を〈受け手〉にまず提示するのが、メディアの役割であろう。

ところが、多くのメディアは言論、表現、報道の自由が奪われるかのように報道する。なかには、戦前の共産主義を禁じる治安維持法が復活するかのような印象操作に終始する。

新聞は事実関係の報道に関しては、一応両論併記するのでまだいいのだが、テレビ報道が絶望的に最悪だ。

十一月七日（※二〇一三年）、テレビ朝日の報道ステーションは「国民の知る権利を認められるかどうかの重要法案」と位置づけ、古舘伊知郎氏が「行政府だけが強くなり、立法と司法が弱くなる印象がある」と訳の分からないことを言うと、「アエラ」編集部の恵村順一郎氏が「市民の活動が監視され、処罰されます。これは社会を不安にさせる悪法なので、廃案にすべきです」と結んでいた。

テレビ報道がいかに悪質かと言えば、録画を多くの人が共有するしか内容を検証する手立てがないからである。ほとんどの人は真剣に耳をそばだてるわけでなく、いい加減に〈ながら視聴〉をする。そうやって脳に入る情報がどれだけ信頼性のない偏向したものであっても、あるいは虚偽や捏造であっても、知らず知らずの内に〈受け手〉に記号だけを刷り込み、洗脳していくのである。この日の報道ステーションはその典型で、特定秘密保護法案が、なぜ必要とされているのかという立場からの情報は一切封じられていた。

法案に反対するメディアやジャーナリストが口を揃えるのが、国民の「知る権利」である。だが、これほど滑稽なことなない。例えば報道ステーションは、平成十六年（二〇〇四）四月二十八日に、その日の午後に三千人の国民が参加した日比谷野外音楽堂の家族会・救う会・拉致議連主催の拉致被害者救出の国民大集会を一秒も報道しなかったのである。まさに、国民の「知る権利」を大きく損ねていた。拉致問題の集会で言えば、その前年の平成十五年（二〇〇三）五月に有楽町国際フォーラムを七千人が埋め尽くす集会が行われたが、それもＴＢＳの筑紫哲也のニュース23は一秒も報じなかった。その理由をＴＢＳの番組担当者は「あれはナショナリズムの集会だから」と、北朝鮮で医療活動に従事したことがあるドイツ人医師、ノルベルト・フォラツェン氏に言い放っていた。それは彼から聞いたので事実である。

それだけでなく、韓国、北朝鮮、シナに都合の悪い報道はかなり情報量が少なくなるのが日本のテレビ報道のこの十年以上の実態である。以前、紹介したように九月に靖国神社を放火しようとして逮捕された韓国人のテロ未遂事件はほとんど報道されなかった。ＮＨＫは首都圏ローカル版で触れただけだ。先日も、今年五月に大阪で見知らぬ人に日本人かと確認し、日本人だと答えた二人を切りつけ、「日本人だけを皆殺しにしたかった」と供述した殺人未遂で逮捕された在日韓国人が心神喪失で不起訴になったという事件があったが、そのニュースもほとんど報道されていない。

結局、特定秘密法案に反対するための「知る権利」とは、国民とメディアを人質に取る詐術に過ぎない。この法案は昭和六十年（一九八五）に朝日新聞と共産党、社会党の反対で廃案になったスパイ防止法とほぼ同じものだということが、考えるヒントとなるだろう。日本が独立国家として自立するために国家機密があるのは当然であり、秘密を「保護」する法案だけでなく、じつは、他国の秘密を「奪取」する法案と対になるべきものなのだ。

加速する報道テロの防止策

これまで何度か「報道テロ」という言葉を使ったことがある。朝日やＮＨＫが特定の意図を以て度を越した偏向・捏造報道を行ったことがあるからだ。たとえば平成十七年（二〇〇五）一月十二日、朝日は「安倍・中川ＮＨＫ政治介入疑惑捏造報道」を行った。一面から社会面までほぼ全紙面を使い、平成十三年（二〇〇一）のＮＨＫの番組に安倍晋三氏と中川昭一氏が政治的圧力をかけて内容を改変させたという内容で、日本にとって貴重な若手政治家二人を政治的に抹殺しようという犯罪行為だった。

この捏造キャンペーンの嘘が暴かれた後も大がかりな報道テロが仕組まれ、四年前の民主党政権誕生になった。その証拠に鳩山政権で九回、菅政権で八回、野田政権で四回の強行採決があったがメディアは問題にせず、中でも平成二十二年（二〇一〇）五月十二日に衆議院内閣委員会で公務員の国籍条項を廃止する国家公務員法改正案が強行採決された時は、三宅雪子の転倒演技に報道が集中し、危険な法案の中身も強行採決も報道されなかった。特定秘密保護法案は審議時間も民主党政権時代より遥かに多いのに強行採決という嘘を振りまいた。読売、産経以外のほぼ全てのメディアが、特にテレビは悪質な印象操作と偏向報道で国民の知る権利を侵害し続けたのである。

ところが最近はインターネットの急速な普及により、そんな報道テロの暴力が防がれるようになった。メディア情報の受け手が個々にそれぞれの受信スキームを備え出し、マスメディアの報道も多くの情報の中の一つとして精査されるようになった。受け手がそれぞれの方法でメディアリテラシー能力を高めたので、情報の送り手の意向通りに行かなくなったのである。皮肉なことに報道テロを行ったメディアの世論調査に、そんな結果が反映される。安倍内閣の支持率低下と大騒ぎしても、あれだけの報道テロをかいくぐり内閣支持率が五〇％（読売）と四六％（朝日）であるのは、国民がメディアの報道テロを防止している証拠である。

しかし、それでも懲りない朝日は十二月初旬（※二〇一三年）からアンケート調査を行っていた電子版の秘密法案特設ページの集計で恥の上塗りをする情報操作まで行った。十二月四日頃から賛成に投票しても画面に反映されず、反対の升目をクリックすると即座に反応して意見も書き込めた。その結果でも賛成が一万三千以上で反対が三千と大差がついた。他のWEBアンケートでも賛成が大幅に反対を上回る結果となった。

おまけに法案成立後の十二月九日の安倍首相の記者会見生中継では、三年前の尖閣沖シナ漁船衝突事件について訊かれた首相が「菅政権が隠したあの漁船のテープは、もちろん特定秘密には当たりません。問題は、あのときにも発生したわけなのですが、つまり、誰がその判断をしたのか、明らかではありませんね。菅総理なのか、仙谷官房長官なのか、福山官房副長官なのか。誰が、本来公開すべき、国民の皆様にも公開をし、世界に示すべきですね、日本の立場の正しさを示すテープを公開しなければならないのに公開しなかった、間違った判断をしたのは誰か。このことも皆さん分からないではありませんか」と答え出した時、全ての民放局はCMに入り、この答えを伝えなかったのである。

それでも各メディアは安倍内閣の支持率を下げるように必死に努力をしていた。十二月五日、NHKのNW9はイアン・ブレマーという反日的な政治学者を引っ張り出し、「中国は大国だから日本は逆らうな」、「安倍首相は靖国神社に行ってはいけない」という言葉を引き出す。ＴＢＳのサンデーモーニングは十二月八日に「集団的自衛権とは正に戦争をすることですから」と印象操作をする。このようなメディアの総力を挙げた偏向・歪曲報道の嵐の中でも、賢明な受け手は情報操作に流されることはなかったのである。

それでも朝日は十二月十一日の天声人語で恨みがましくネチネチと下品な文章で当たり散らした。「客席に背中を向けるときはベロを出していても、客を泣かせなけりゃいけない」という六代目菊五郎の言葉を持ち出し、《特定秘密保護法の成立を聞かれ、「私自身がもっともっと丁寧に時間をとって説明すべきだったと反省している」。ただ六代目ほどの名優とはいかないから、「反省」がどんなものなのか透けて見えてくる》と記者会見を批判した。だが、大根役者の裸の王様が誰であるかは、もう誰でも知っている。

先祖返り朝日の犯罪

いささか旧聞に属するが、昨年（※二〇一三年）十月二十六日の朝日新聞に掲載されたソウルの中野晃特派員の記事にこうある。

《日韓がともに領有権を主張する竹島（韓国名・独島（トクト））と周辺海域で25日、韓国の陸海空軍と海洋警察による合同訓練が実施された》

いつからか朝日、ＮＨＫを始めほとんどの日本メディアは竹島に「島根県の竹島」という接頭語をつけるようになった。当たり前の話だ。ところが、この時期から朝日はまた元に戻ってしまった。その意図を受け手は注意深く探り、メディアに接する時のフィルターにしなければならない。その後は本欄でも度々ご紹介するような奇妙な記事や許せない報道犯罪と言っていい記事のオンパレードになった。

特に酷くなったのは特定秘密保護法案の審議に入ってからだったが、政治的な話題だけでなく随所にその毒は注意深く、効果的に振りまかれている。ソチ冬季五輪の男子フィギュアスケートは羽生結弦選手が日本で男子初の金メダルということもあり、多くの日本人の関心を集めた。羽生選手が五輪チャンピオン、金メダルの栄誉に輝いたのは日本時間の二月十五日（※二〇一四年）未明、当然、朝刊には間に合わず新聞各紙は十五日の夕刊一面を羽生選手の写真が飾ることになった。

読売、日経は一面の写真を優勝後に関係者から手渡された日の丸を肩にまとい、リンクを颯爽と笑顔を浮かべて滑走する羽生選手の写真を使った。ところが、朝日と毎日は日の丸が映った写真を一面に載せない。昨年のロンドン五輪でも朝日は日の丸隠しを行っているが、今回も社会面、スポーツ面など他頁でも日の丸を削除していた。ちなみに産経は首都圏版は夕刊がなく、翌十七日の朝刊に羽生選手が国旗を身体の前面に掲げて笑っている写真を使用した。

全国から寄せられた情報によれば、私の予想通り、北海道新聞と中日新聞も日の丸が映った写真を使用していない。多くの写真から絵になるものを選ぶのも編集の技量で、日の丸が映っていない写真をわざわざ選ばなければならない朝日、毎日などは並々ならぬ労苦をいとわず仕事に従事している。なんと、感動的ではないか。そして、メディアリテラシーとは無縁な読者を徐々に洗脳していくのである。翌日の表彰式の報道も日本テレビ（読売系）とフジテレビ（フジサンケイグループ）は羽生選手が表彰台で君が代を歌うシーンを流したが、テレビ朝日、TBS（毎日系）は流していないのである。

このように安倍政権をいつも一方的に攻撃しているメディアが、まるで日本以外の場所から指令を受けているように思われるのも、それだけの証拠があるから自然な受け止め方だ。

そんな朝日が二月十一日に、都知事選の田母神俊雄候補が落選したものの六十一万票を獲ったことを少なくないスペースを割いて分析していた。比較的客観的な分析記事だったのは、これまで朝日が歯牙にもかけず見下していた政治勢力が想像以上に得票したことに慌てて真面目に分析しようと思ったからだろう。しかし、実はその時点で朝日が時代から取り残されていることに気づかなければならない。今さら何を言い出したのかと笑う人もいるはずだ。

その証拠に同日の紙面で《売れるから「嫌中憎韓」書店に専用棚　週刊誌、何度も扱う》という滑稽な記事も掲載した。《「嫌中憎韓」が出版界のトレンドになりつつある。ベストセラーリストには韓国や中国を非難する作品が並び、週刊誌も両国を揶揄《やゆ》する見出しが目立つ。東京・神保町の大手「三省堂書店」。1階レジ前の最も目立つコーナーに刺激的な帯のついた新書が並ぶ》と記事は続く。

このカマトトな感覚は何だろう？　そういえば、十年前にベストセラーなった『マンガ嫌韓流』を売り上げランキングから隠して、本の存在を抹殺しようとしたのは朝日ではないか。自分たちが行ってきた情報隠蔽と偏向報道という犯罪から逃れた人が情報を取り戻そうとしている動きが、これら書店コーナーの設置に反映しているのだから、もうちょっと真面目に記事を書くべきだ。

佐村河内守の検証番組でＮＨＫの再生が始まる

本誌でもお馴染みの「文藝春秋」元編集長の堤堯氏が先日面白いことを仰った。

「佐村河内守って普通の日本人ならサムラ・カワチノカミって読むよな」

言い得て妙で、贋ベートーベン事件の本質はそこにある。かつてＴＢＳの「ニュース23」のディレクターだった古賀淳也氏がＮＨＫに乗り込んで作ったＮＨＫスペシャル、「魂の旋律～音を失った作曲家」が放送されたのは平成二十五年（二〇一三）三月三十一日だった。実は古賀氏は六年前の平成二十年（二〇〇八）にも贋ベートーベンを「ニュース23」で「音を喪くした作曲家」として全国に紹介していた。

佐村河内問題は耳が聴こえない作曲家と偽った単なる贋作曲家事件ではない。メディアの危うい構造をそのまま反映した、現代のメディアが抱える様々な問題点を露呈させたメディア事件なのである。普通の日本人なら〈さむら・かわちのかみ〉と読むべき名前を「さむらごうち・まもる」と読まされる非常識さが、なにか常識的な嘘を超えたメディアの凶々しさを暗示している。

実作曲者の新垣隆氏が作曲家として非凡なのは「交響曲1番〝HIROSHIMA〟」の第三楽章を聴けば分かるが、この作品が広く受け入れられたのは「音を失った作曲家」による「魂の旋律」であるというサイドストーリーに多くの人が魅せられたためでもある。サイドストーリーを売り出すのも商品化された作品の制作者にとって有効な手段だが、この贋ベートーベンの音楽をサイドストーリーだけに頼り切って宣伝したメディアと批評の限界を衝いた巨大なジョークでもあった。しかも、それは決してブラックユーモアと嗤《わら》い飛ばすことでは済まされない、巨悪なのである。

なお悪いことに、筑紫哲也氏と懇《ねんご》ろであった古賀淳也氏は昨年秋に『魂の旋律―佐村河内守』（NHK出版）という本まで出している。《全聾の作曲家・佐村河内守に5年間寄り添った著者が、いのちの作曲の軌跡を綴る。大反響を呼んだ「NHKスペシャル」の出版化！》と宣伝文にあるが、この局面では贋ベートーベンより古賀氏の方が巨悪である。

この本の著作権は古賀氏にあるだろうし、それ以上に気がかりなのが、古賀氏が公共の電波、しかもNHKという視聴料や税金で成り立つ公共放送を使ってプロモーションした交響曲のディレクター印税が彼に設定されているかどうかである。日本のラジオ・テレビ局のディレクターはしばしばディレクター印税を懐に収めながら、その曲を自分の番組で売るために使用することもある。

ＮＨＫは籾井新会長の下で新しいスタートを切った今こそ、これまでのしがらみや利権やイデオロギーに汚された制作現場に改革のメスを入れるべきである。三月十六日に佐村河内問題の検証番組があるという話があったが完全な肩透かし。既存の番組の一コーナーに過ぎず時間も十分足らずだった。是非、一時間の検証番組を制作するべきである。

一方、理化学研究所の小保方晴子博士が発表したＳＴＡＰ細胞発見の論文は、様々な疑惑が渦巻き、遂に理研の重鎮であるノーベル化学賞受賞者、野依良治理事長らが出席した会見で論文取り下げの意向が発表された。小保方氏の場合もサイドストーリーが実際の研究成果より大きく報道されていたが、問題はそこにはない。メディアに専門記者がいないことがメディアによる検証を不可能なものにしていた。ネットでＳＴＡＰ細胞に関する疑問が議論され始めた二月中旬に、友人の筑波大学システム情報系准教授の掛谷英紀氏は私にこんなメールを送ってくれた。

《ＳＴＡＰ細胞そのものの真偽はまだわかりません。（略）ただ、小保方さんは科学者としての資質に欠けていると判断せざるをえません。なぜなら、一連の報道に対し、「疑われて悔しい」というコメントを出したからです。本来、科学者は、自分の研究成果について、いろいろな人に懐疑的立場から検証してもらい、その上で学術的知見を確固なものにしていきたいと願うもので、それが学問に対する真摯な姿勢です。「疑われて悔しい」という態度は、まさにその正反対です》

贋ベートーベンは被曝と弱者信仰が〈音〉を増幅し、小保方氏の場合は男女共同参画社会基本法がそのまま科学の現場で根本的な問題を表出したのではないだろうか。

揺れ動く台湾と「ニコニコ」の威力

三月十八日（※二〇一四年）の夜、台湾の立法院（国会）に抗議活動を行っていた学生たちが乱入して議場を占拠し、籠城した。もちろん台湾初の事態で日本以外では大ニュースとなった。占拠は四月十日まで二十三日間続き、三月三十日には学生を支援する台湾人が五十万人のデモを行った。

占拠初日の時点で、およそ〈ジャーナリスト〉と呼ばれる人なら、大きな関心を寄せるのが普通である。ところが日本メディアの反応は非常に鈍かった。常識的に考えれば三月十八日の時点で大ニュースになって然るべきで、テレビ各局はトップニュースで伝えるべき事態の発生だった。日本と国境を接しているにもかかわらず、中韓に比べて台湾情報がそもそも少な過ぎる。

さらに疑念を感じたのは、台湾情報がたとえわが国の情報空間で日常的に少ないとしても、ウクライナ問題が大きな焦点となって米ロ戦争の幕開けかと世界中の注視を浴びる中、ウクライナ情勢より遥かに日本に直接的な影響がある中台関係の今後を左右する台湾の大きな変動に、日本メディアの多くが安全保障上の、あるいは地政学的関心を持ち得なかったことである。ウクライナとロシアの関係は、ある意味、台湾とシナの関係とパラレルである。関心の低さは致命的なのである。

テレビで言えば、まともなニュースで取り上げたのはＮＨＫだけで、しかも、おざなりの事実経過の短いレポートだけだった。さすが、中国共産党の御用メディアと揶揄される一面を見せてくれた。ＮＨＫが本当に国民の税金や受信料で成り立つ公共放送であるなら、むしろ全てのニュース番組でこぞって大々的に伝えなければならない。特にＢＳ衛星放送や国際放送が威力を発揮すべきだった。なぜなら、シナが最も嫌がる題材だからだ。

もし、日本にまともな情報機関があれば、台湾立法院を学生が占拠して、台湾が大陸に飲み込まれるという危機感からシナとの「サービス貿易協定」に反対し、「台湾の民主主義を守れ」というスローガンを掲げているニュースをあらゆる方法でシナ大陸へ伝えることに力を傾注するはずだ。中国共産党のインターネット規制により、どれだけ台湾の動きがシナに入ったか定かではないが、この手のニュースは連日各地で暴動が頻発しているシナでは政権そのものに確実な打撃を与えることになる。台湾では天安門事件が起こり得ないことをシナの民衆が知ることになるからだ。

もっとも、そんなNHKにも変化の兆しもあった。台湾で二月二十七日に封切られた映画「KANO」が大ヒットをしているが、三月にNHKが大きく「KANO」の大ヒットを伝えた。この映画は昭和六年（一九三一）に台湾代表として甲子園に出場した嘉義農林学校が準優勝した快進撃を見せ、多くの日本人を湧かせたという史実に基づいて作られた映画なのである。恐らくこれまでのNHKなら絶対に報道しない題材だった。特に原告に取材を受けた台湾人も加わる国際集団訴訟までになった、NHKスペシャル「JAPANデビュー」が放送された五年前なら報道されなかったのではないか。

そんな日本の不思議な情報統制システムによって、多くの日本人が台湾の国会が学生たちに占拠されているという情報を知ったのは、馬英九台湾総統が学生たちの要望に応じて会談を行う提案を行った三月二十五日だった。その時初めて多くの地上波テレビが報道を行ったが、〈事件〉が起きてから一週間後だった。

だが、情報感度の高い日本人は三月十九日からドワンゴが運営するニコニコ生放送に釘付けになっていた。台湾立法院内部からのニコ生中継が四月十日に学生たちが退去するまで休むことなく行われ、視聴者は延べ八八一万三九三人に及んだのである。台湾人がニコ生を知っていたこと、さらにニコ生側がニュースバリューを認めたこと。それらが実現させた新しいメディアのカタチだった。

異変が起きたのは朝日新聞だった。台湾情報をこれまでにない的確さで伝えた鵜飼啓台北支局長の力量は素直に評価したい。ただ、四月十七日の電子版に日本では学生の国会占拠は世論の支持は得られないだろうと書いたが、七〇年安保などの反日サヨク運動に例えたら、愛国心溢れる台湾人学生に失礼だろう。

河野談話と自衛権、朝日よ、「言葉の力」を見せてくれ

河野談話作成過程の政府による検証に、朝日新聞はまるで怯えているようだ。本号が発売されるのは、作成過程を検証した有識者チーム座長の但木敬一元検事総長が衆議院予算

委員会で報告し、その後行われるであろう記者会見の一週間後である。恐らく、日韓両国の間で、友好という美名のもとに〈歴史〉を全く顧みない、〈事実〉を蚊帳の外に置く「すり合わせ」が行われたという結論が出されるのであろう。

その「すり合わせ」作業により、慰安婦だった女性に日本軍の強制性を匂わせ、日本政府の謝罪がセットされる〈河野談話〉が用意されていたのである。その結果、二十一年間で〈河野談話〉は巨大な怪獣に育ち、日本を弱体化する反日プロパガンダと南北朝鮮とシナの外交カードになっただけでなく、実際に米国在住の日本人への民族差別やヘイトクライムを引き起こす凶器と化したのである。

産経新聞が六月十七日の朝刊一面トップで伝えた大スクープは、新聞他社が後追い報道をしにくかったとしても、テレビは大々的にフォローしなければならなかった。《河野談話　すり合わせ「日本が要請」　韓国側当事者、初の証言》という見出しで解るように、戦後史の画期となる大スクープであるからだ。河野談話が生まれるまで、捏造記事を平成三年夏から二年間掲載し続けた朝日の反日宣伝とは真逆に、わが国のジャーナリズムの歴史に残る金字塔と言っていい。

ところが、当事者の朝日新聞と河野洋平は黙して語らず。怯えてコソコソと逃げ隠れするコソ泥のようだ。しかし、罪の大きさはコソ泥とは比較にならない巨悪である。今だからこそ、私たちは朝日新聞の社運を賭けた慰安婦強制連行キャンペーンを読んでみたい。あらゆる角度、位相からメディアリテラシーが発達してきた現在の情報環境の中で、朝日新聞の〈言葉の力〉と〈ペンの力〉をじっくりと見せてもらいたい。テレビ朝日の報道ステーションで恵村順一郎氏と古舘伊知郎氏は元朝日新聞記者の植村隆氏をスタジオに呼び、二十一年前の八月の報道は捏造報道ではない、と証言させるべきである。記者会見で「捏造」だと言われたことに腹を立て桜内衆議院議員を告訴した中央大学の吉見義明教授も呼ぶべきである。

一方、安倍政権が進める集団的自衛権の行使容認についても、朝日には〈言葉の力〉を存分に発揮して戴きたい。解釈改憲で集団的自衛権の行使は「立憲主義」に反するので認められないと主張するなら、自衛隊の存在そのものを即座に否定する論陣を展開する方が論理的に整合性があるし、「嘘」がなくなるのではないか。

なぜなら、自衛隊は日本の独立を許さない、現実から遊離する「九条」の解釈改憲によって存在してきたからだ。九条が自衛隊をポジティブリストで縛り、自衛隊員の生命を危険に曝している。

自分たちが九条改正や削除の立場でないのにも拘わらず、集団的自衛権行使の前に改憲が必要だという論理は、誰が見ても詐欺師のものではないか。もしそうでないと言うなら、朝日新聞こそ国民にきちんと説明すべきである。

朝日は、六月十六日付朝刊一面で《「米艦で邦人救出」米拒む》と大見出しを掲げて、またしても嘘情報を振りまいた。早速、翌十七日に産経が《朝日の「邦人輸送を米軍拒否」報道否定　米艦防護「現実的な重要課題」と防衛省》と真っ向から朝日の報道を否定した。

そもそも「集団的」か、「個別的」か、などと空理空論に時間を費やす猶予はもうあるまい。そんなことを議論する国は世界中のどこにもない。「集団的自衛権」という言葉は連合国（国連）の中にしかない言葉である。だからこそ、九条改正より早く現実に対応できる「集団的自衛権行使容認」で対応するしかないのではないか。

ところで、NHKはいつから欧州のスポーツ専門チャンネル、ユーロスポーツになったのだろうか？　W杯ブラジル大会の日本戦緒戦の前日から総合1でほぼ二十四時間をW杯に費やした。多くのチャンネルがあるのだから、どれかのチャンネルで通常放送や通常の報道番組を流すのが公共放送ではないのか。

NHKと共同通信の嘘

戦後を代表するメディアのNHKと共同通信がほころびを見せている。それも、誰もが気づく虚偽報道やいい加減な内容が目につく。国民の間に広がるメディア不信がこのまま放置されていいわけがないのは、当のメディアが一番よく解っているはずだ。自分たちの首を自分で絞めているという以上に、メディアが何かを批判する根拠さえ失ってしまうのだから、日本社会全体が不健全になるからである。

七月十七日（※二〇一四年）の「NW9」で「在日コリアン3世　変わる結婚観」という不思議な特集が放送された。なぜ、不思議かと言うと、これまでNHKニュースは何度か突然脈絡もなく韓国を取り上げることがあったからだ。酷い時は、東日本大震災の被災者追悼式の中継を不完全にして、朴槿惠大統領の演説を放送したことがある。

そんなNHKの夜九時からのニュース番組で、突然、在日コリアンの結婚観が変わり、日本人との結婚が増えているという特集になった。そして、最後に大越健介キャスターが信じられない言葉を発した。

「在日一世は強制連行だった」

さり気なく嘘を報道の中に織り交ぜることで、テレビは極めて危険な洗脳装置になる。それにしてもあまりに稚拙な嘘ではないだろうか。もうテレビや新聞がＮＨＫや朝日、毎日の顔をして嘘をついても通用する時代はとっくに終わった。まさか大越氏が本当に知らないでそう言ったとは思えない。野球部だったので別にヘッディングをやりすぎた訳ではあるまい。もし本当に知らないでそう信じて言ったのなら、もっと恐ろしい。ＮＨＫは局員に歴史講座を課さなければならなくなる。

在日二世であった首都大学東京の鄭大均教授がすでに十年前に『在日・強制連行の神話』（文春）で述べているように、在日朝鮮人・韓国人が戦前に日本に強制連行されたというのは真っ赤な嘘である。国会でも高市早苗議員が何年か前に、朝日新聞昭和三十四年（一九五九）七月十三日付の紙面を用いて歴史問題の質疑を行ったことがある。朝日にはこう書いてある。

《大半、自由意志で居住　外務省、在日朝鮮人で発表　戦時徴用は２４５人

在日朝鮮人の北朝鮮帰還をめぐって韓国側などで「在日朝鮮人の大半は戦時中に日本政府が強制労働をさせるためにつれてきたもので、いまでは不要になったため送還するの

だ」との趣旨の中傷を行っているのに対し、外務省はこのほど「在日朝鮮人の引揚に関するいきさつ」について発表した。
これによれば在日朝鮮人の総数は約61万人だが、このうち戦時中に徴用労務者として日本に来た者は245人にすぎないとされている》
つまり、ほとんどの永住外国人は自らの意志で日本へ来た移住者か、密入国者なのである。そして翌、七月十八日、最高裁が画期的な判決を下した。生活保護の不正受給が問題になっている中で、永住外国人に生活保護は認められないという当然の判決だった。国民に外国人が当てはまらないのは当然だ。この最高裁判決が出ることが予想されていたので、NHKは前日に大越キャスターに嘘を言わせたり、三世は日本人と結婚したがっているという特集を放送したのではないかという推察もできる。
ところで共同通信がまたやってくれた。七月十五日に《安倍外交にアジアの評価分かれる　越、比好感、中韓は否定的》というニュースを配信した。シナ、韓国、ベトナム、フィリピンの四カ国だけがアジアではない。この共同の報道だとまるで安倍外交への評価がアジアで真っ二つに割れているようだが、事実は圧倒的にシナと韓国が孤立しているだけではないのか。しかも、この報道は米調査機関の世論調査の結果と書きながら、WEB版でリンク先も示していない。

こんな記事を配信しながら、七月十六日にジュネーブの連合国（国連）人権規約委員会で日本政府代表が、慰安婦を「性奴隷」と表現することを「不適切」とする見解を表明したという大ニュースを報道していない。政権トップがまともになれば、外務省でさえ必死に国益のために働いていることを、このメディアは伝えられないのだろうか。

プロパガンダ番組に駆り出される中帰連の兵士

戦後六十九年目を迎えた平成二十六年の夏も厳しい残暑から、時折り秋の気配も感じる。戦後、戦後と言っている内に、「戦後百年」などと言い出しかねないのが現今の日本人だろう。

普通どこの国でも戦争が終わって「戦後〇年」という言い方をする場合、せいぜい「戦後十年」であろう。いつまでたっても、戦後特集を組むメディアにその自覚がないのは奇妙である。私たちは、まるで終わらない戦後の中に永久に置かれているかのようだ。それは何ひとつ日本が〈戦後問題〉を解決していないからだ。

一方戦争体験者が激減してくるので、平気で八十代前半の人が〈体験者〉としてTVに登場する。贋体験者と言っても過言ではない。従って、最近の戦争特集は送り手の恣意的な脚本に沿った悲惨さだけが強調された戦争体験のオンパレードになる。慰安婦問題と同じように、事実を知らない人間が意図的に加工された体験を流布するのである。また、かつて通用しない嘘もまかり通ることになる。

八月十四日（※二〇一四年）のTBS「NEWS23」に驚かされたのは、《94歳元日本兵の証言「人間でないことをした」》という特集だった。登場した近藤一氏（九十四歳）がおどろおどろしいBGMが流れる中で「私は初年兵ですから、古い二年兵、三年兵、四年兵がいる。古い兵隊は女の人がいると捕まえていろんないたずらをする」「教育下士官が突け！という声を出しますと、三八式歩兵銃に銃剣をつけているのでタターっと走って、くくられている中国の男性の心臓を突き刺す」とシナ戦線での〈強姦〉や〈残虐行為〉を告白し、挙句の果ては、「六十年七十年たって、またぞろ戦争をするような国に引っ張って行かれる」と現在の政治批判までやってのけたのである。

この手のプロパガンダ番組にいつも駆り出されるのは中帰連の兵士であり、近藤一氏もご多分に漏れずそうである。世代的に中帰連を知らない日本人がほとんどになったので、この十年でテレビ朝日やＴＢＳは平然と登場させている。

中帰連は中国共産党の「撫順戦犯管理所」と呼ばれる捕虜収容所であり、凄惨な洗脳工作が行われたことで知られている。撫順戦犯管理所で中国共産党が行ったのは常軌を逸した戦争犯罪で人権侵害だった。

自殺者が出るまで学習・認罪・自己批判を繰り返す徹底した洗脳工作は、当時、米国ＯＳＳ（後のＣＩＡ）も見学していた。撫順で洗脳工作が完了した日本兵だけ生かされ、日本国内での共産革命の先兵として帰国させた。すでに文化大革命の素地が撫順にあったと言っていい。日本人の精神的矜持を破壊された中帰連元兵士は、ある意味、戦争被害者で障害者でもある。それを晒し者にしたのだから、ＴＢＳの報道犯罪である。

八月十五日の終戦の日、靖国神社は若い世代が目立ち静かな雰囲気の中で粛々と参拝が行われた。猛暑だったが今年も参拝者は十七万人を記録した。ところが、そのような視点で終戦の日を迎える靖国を報道するメディアは産経のみである。ほとんどが閣僚は誰が来たのか、政治家は誰だという下らない話題に終始する。

日本武道館では全国戦没者追悼式典が行われるが、これも驚いたことに夕方以降のＮＨＫのニュースで、天皇皇后両陛下がご臨席したという言葉がニュース原稿のどこにもない。

映像には天皇陛下も映し出されるが、ニュース原稿から省くのは異常である。

実は、あるテレビプロデューサーから聞いたのだが、最近は玉音放送をテレビで使用しようとしても、局の縛りがありなかなか使えないということだ。特番で玉音放送の内容をきちんと解説するものは皆無であり、何のために戦争を行ったのか、どのような敗戦を迎えたのかということも、戦争を知らない世代が大半になった国民は解らないまま、悲惨さと残虐さを誇張するコンテンツばかり浴びせられるのである。これでは〈戦後〉は終わらない。

八月十六日にはＴＢＳの「情報７ｄａｙｓ」で韓国人作家が日韓友好をテーマに話をした。ところが、彼の言葉の中に「チョッパリ」という言葉が頻発する。韓国人にとって、日本人は豚のような蹄《ひづめ》になる下駄を履くということから生まれた日本人蔑視の差別語である。ところが字幕は「日本人」になっている。ヘイトスピーチの典型をＴＢＳは隠したのである。

朝日の「葬式」は国民が出す

朝日新聞論説主幹だった若宮啓文氏が「安倍の葬式はウチで出す」と言ったという故三宅久之氏による逸話がある。それに倣って言えば、「朝日の葬式は国民が出す」という様相になってきたのが現在の日本のジャーナリズムの状況である。しかも、そうなってしまった全ての原因が朝日新聞にあるのだから、あえて言えば朝日は罪の意識から自壊を招く潔さを持っているということになる。

もちろん、そんな潔癖さと正義感を朝日が持ちあわせているわけではない。ある新聞社の販売部門からの情報によれば八月七日（※二〇一四年）から朝日の購読解約が増え始めている。つまり、朝日の購読者でさえ朝日の居直りに怒り始めていたのである。その怒りがまさに火に油を注ぐように燃え盛ったのが九月十一日の木村伊量社長の記者会見だった。

木村社長は吉田調書のスクープ記事の取り消しと謝罪を表明したが、慰安婦記事捏造に関しては、会見自体が吉田調書問題の付け足しに過ぎず、記事取り消しの謝罪がなかったことを詫びただけで捏造報道への謝罪はない。

敬老の日の連休前の九月十二日、十三日の首都圏版朝刊には、なんと自社広告と言っていい「有楽町朝日ホール」の全頁広告が掲載された。全頁十五段の企業広告がキャンセルされたと考えるのが広告業界の常識的な見方である。読者と広告主から見放され、つまり、国民が、いま、朝日の葬式を出そうとしている状態なのである。八月六日以降、朝日の購読者の電話窓口がパンクすることも多く、産経新聞に掛けてくる読者もいたという。九月になってもその傾向は続き、産経の新たな購読者で朝日から乗り換えた読者数が八月、九月と昨年同比二倍になっているのである。

そんな朝日でも、立ち直る余地をわずかに残している。〈誤報〉の検証委員会を立ち上げる前に真っ先に取り組むべきことがある。それが成功したら、もしかしたら朝日は再起できるかもしれない。

それは、まず真っ先に、米ニュージャージー州パリセイズパーク市に四年前の十月に設置された慰安婦記念碑の撤去に全社を挙げて全力で取り組むことである。直ちにキャンペーンを張り、紙面だけでなく現地に総力を挙げて優秀な人材を投入し、地元メディアを含めて三大ネットやCNN、FOXテレビとも連携して米国の世論に粘り強く訴えて行かなければならない。四年前の設置を契機に、その後立て続けに米国に置かれた慰安婦記念碑や慰安婦像の先鞭となった、わが国にとっての最初の汚辱であるパリセーズパーク市の慰安婦記念碑を、朝日には撤去させる義務がある。

なぜなら、そのプレートに刻まれた「二十万人以上」の「強制連行された性奴隷」という言葉は、八月五日に朝日が認めた吉田清治の虚偽が元になっているからだ。朝日が取り消した十六本の捏造報道のなかに、たとえ「二十万人以上」という言葉がなくても、〈広義〉の意味で朝日の記事があのプレートの言葉のソースになっているのである。二十万人という馬鹿げた数字も、勤労動員の女子挺身隊の数なのである。女性挺身隊と慰安婦を混同したなどと、見え透いた言い訳をしたのだからなおさらである。

朝日の記者が池上彰氏の連載が非掲載になったことをツイッターで批判したことも話題になった。まるで朝日には健全な〈ジャーナリスト宣言〉が残っていて、それが朝日再起の梃《てこ》になるという見方だ。しかし、今や人民日報や朝鮮労働党新聞は知らないが、言論・報道の自由がないシナの新聞でも中国共産党中央宣伝部に反旗を翻す記者はいる。問題は記者たちの大半が、「従軍慰安婦の強制連行」はなかったが、「慰安婦はいた」という言葉を免罪符としていることだ。それは、掲載が認められなかった池上彰氏のコラムにも同じことが書いてある。

結局、その免罪符はこれまで吉見義明中大教授らが行ってきた、〈慰安婦強制連行＝性奴隷・論点A〉が否定されると、〈慰安婦はいた・論点B〉という当たり前の歴史事実に論点をすり替え、慰安婦の存在そのものを悪として日本を糾弾する手口と変わるところがない。だが、日本の歴代総理は古代から人類史にある戦場と性の問題である論点Bで謝罪し、河野談話も論点Bの位相なのだ。つまり、慰安婦問題はすでに終了しているのである。

危機を自覚できない〈裸の王様〉

朝日新聞による八月五日・六日（※二〇一四年）付の慰安婦捏造記事取り消しは、単に朝日の延命を図るための訂正記事だったことが明らかになっている。それを証明したのが十月十七日付社説だった。この社説を書いた朝日の論説委員は高市早苗総務大臣と〈懇ろ〉だったのだろうか。それとも、この馴れ馴れしい言葉は、女の国務大臣だったから使えたとでも言うのだろうか。

「靖国参拝　高市さん、自重すべきだ」

これが社説のタイトルである。いま、最も〈自重〉が求められるのは朝日新聞のはずである。では、なぜ、閣僚たちの秋季例大祭を迎えた靖国への参拝を批判したこの社説が、八月の慰安婦訂正記事が朝日の延命策であることを改めて明らかにしたのであろうか。

実は、八月五日・六日に吉田清治の〈嘘〉を断罪し、記事を削除したと発表した朝日はつい先日まで取り消した十六本の記事が何であるかを明らかにせず、批判が止まないのでやっと十二本を公表しただけなのである。これは致命的である。九月上旬の木村社長の記者会見でも慰安婦記事への謝罪もなかった。

昭和五十七年（一九八二）に始まる吉田清治を利用した朝日のキャンペーンは、たんに慰安婦問題だけの反日宣伝ではなく、同じ年の教科書書き換え誤報事件や、三年後の昭和六十年（一九八五）の加藤千洋による中曽根首相の靖国参拝批判とセットとして考えるべきなのである。

放火魔が火をつけながら、第一発見者として一一九番に通報するように、シナや韓国に日本攻撃の歴史カードという火種を与えながら、火が点くと大々的なキャンペーンを張り、日本の弱体化と自立を阻止することが朝日新聞の使命だった。

しかし、それらの朝日の悪だくみは悉く現実に裏切られ、冷戦終結や北朝鮮が拉致を認め謝罪したことなどで、朝日的イデオロギーと現実の乖離がいよいよ顕《あら》わになり、民主党政権誕生で何とか一息ついたものの、第二次安倍政権発足で完全に〈リアル〉に復讐されてしまったのである。別の言い方をすれば、現実に取り残されてしまったのである。

その結果、慰安婦問題は仕方なく吉田清治一人に責任をかぶせ、「強制連行はなかったが慰安婦はいた。それも〈強制性〉と〈軍関与〉があった」という最終防衛ラインを設定した朝日だが、靖国に関してはまだ戦略も立てられず、相変わらずの三十年変わらないスタンスで批判をしている。《高市さん、自重すべきだ》と非常に失礼、かつ傍若無人な態度でこう言う。

《一方、かつての戦争指導者がまつられている場所にいまの政治指導者が参拝すれば、その意味は全く変わってしまう。A級戦犯が罪を問われた東京裁判には、勝者による裁きといった批判がある。それでも、日本はサンフランシスコ平和条約で裁判を受け入れ、これを区切りに平和国家としての戦後の歩みを踏み出した》

今どきこんな拙劣な靖国参拝批判が通用すると本気で思っているのだろうか。いわゆる〈戦犯〉は日本独立後に国会で、全会一致で救済したことも知らないのか。しかも、A項もB項もC項もなく、全ての戦犯を国会で赦免し釈放した。それも朝日が大好きなサンフランシスコ講和条約第十一条にもとづき、関係十一カ国の同意を得て執られた措置である。

昭和二十六年(一九五一)九月八日に調印され、翌年四月二十八日に発効した同条約で日本は沖縄と奄美と北方領土を除き主権を回復し独立をした。当時の日本人は六年八カ月の占領や洗脳工作を経ても健全であり、戦犯を救おうという署名活動が始まり、瞬く間に当時の日本人の有権者数に相当する四千万人の署名が集まり、国会でも社会党の堤テルヨ議員の発議で改正遺族援護法が全会一致で可決されている。

また、昭和二十七年（一九五二）六月九日の参議院本会議にて「戦犯在所者の釈放等に関する決議」が可決され、十二月九日の衆議院本会議で「戦争犯罪による受刑者の釈放等に関する決議」、昭和二十八年（一九五三）八月三日の衆議院本会議で「戦争犯罪による受刑者の赦免に関する決議」、昭和三十年（一九五五）七月十九日の衆議院本会議で「戦争受刑者の即時釈放要請に関する決議」がそれぞれ社会党、共産党も含めた全会一致で可決しているのである。

沖縄メディアを支配する〈罪の巨魁〉

大江健三郎が大東亜戦争末期の沖縄戦の住民の集団自決について、『沖縄ノート』（一九七〇・岩波新書）に歴史に残る恥ずかしい記述をしている。住民に集団自殺を命令したのが日本軍であり、座間味島守備隊長の梅澤裕少佐、渡嘉敷島守備隊長の赤松嘉次大尉を直接集団自決を命じたと名指しし、《罪の巨塊》と罵っている。しかも、取材も裏づけもなく、自分の硬直したイデオロギーに適う、日本および日本人へのヘイトスピーチを無責任に書き殴った。

　これは、大江健三郎の歴史への犯罪であり、永遠に大江の〈恥部〉として残るものになる。と同時に、大江のこの反日主義と歴史歪曲が、二年後の昭和四十七年に実現する本土復帰以降の沖縄の〈言語空間〉を規定するものになった。まさに、「閉ざされた言語空間」（江藤淳）に覆われる日本の中で、さらに堅固なバリアーで沖縄の言語空間は閉ざされたのである。

　十一月十六日（※二〇一四年）に投開票が行われた沖縄知事選挙は、そんな沖縄の全体主義的な言語空間が四十年の歳月をかけて実現させた〈成果〉の一つである。選挙の争点が、本土のメディアと連動しながら、普天間基地の辺野古移転の是非とされていたが、本当にそうだったのだろうか。

　実は、そうではない選挙の本当の争点があった。それは、間違いなく、沖縄がシナの侵略を許し、日本から収奪されるかどうか、これ一点である。だが、その争点を「閉ざされた言語空間」が明らかにすることはできなかった。なぜ、こんな解り切った、当然のことを選挙の争点にできず、普天間基地の辺野古への移転に焦点が当てられたのだろうか。そこに真実を隠し、事実を歪曲し続ける、暴力的装置としての沖縄の言語空間がある。

オスプレイが危険だというデマを全国のメディアが流し続け、オスプレイ配備反対の先頭に立っていたのが新しい沖縄県知事になった翁長雄志前那覇市長だった。その反対運動の活動家が平然と「日本人は帰れ！」と言い放つ光景を見たことがある。辺野古の米軍海兵隊基地のフェンスには、いつも汚い妨害物にハングル文字で書かれたスローガンがあることも私は知っている。

沖縄の独立を支持する県民は一％いるだろうか？　信頼できる機関に調査をやってもらいたいが、今回知事に当選した翁長雄志氏の支援団体には沖縄独立派団体もいると言われている。落選した喜納庄吉氏は民主党の沖縄政策の綱領である一国二制度を掲げていたが、翁長新知事もそれに近いことを選挙期間中に述べていた。

香港の一国二制度がどうなっているのかを見れば、その言葉のまやかしを以前より理解する人も増えたはずである。また何よりも、二年前の尖閣諸島国有化に端を発したシナの官製の反日暴動で、「琉球独立」というスローガンが堂々と掲げられていたことを伝えるメディアは少ない。

APEC開始前の十一月七日に発表された日中合意文書でシナの出鼻を挫《くじ》いた安倍外交

は、その後のミャンマーでの日本ＡＳＥＡＮ首脳会議、豪州でのＧ20と日米豪首脳会談で完全にシナを封じ込めることに成功した。それは就任以来、二年間世界を飛び回ってきた安倍晋三のアジア新思考外交の成果なのだが、日本国内の、それも最重要拠点である沖縄での反日反転攻勢を許している。

朝日は得意になって十一月十七日の朝刊で《沖縄の答えは「辺野古ノー」だった。米軍普天間飛行場（沖縄県宜野湾市）の名護市辺野古への移設計画の是非が争点となった沖縄県知事選。前那覇市長の翁長雄志氏（64）が掲げた「移設阻止」の旗に、多くの県民が思いを託した》と書くが、ことの真相はこのように覆い隠されたままなのである。

軍命令で集団自決という大江の嘘を地元から覆すことができない沖縄は、今後ますます《全体主義諸島》として県民の意思を抹殺するのだろうか。翁長新知事は那覇市長時代、那覇市役所をオスプレイ反対運動の活動拠点として税金を使用して集会を開催し、職員は日常業務として反対集会の運営に関わっていた。良心的なメディアなら、まず、この事実を報道することからでも始めるべきである。

知る権利を阻害するメディアの自殺

平成二十五年（二〇一四）の流行語大賞にアベノミクスが選ばれたのは非常に奇異だった。去年なら理解できる。今年の選出には政治的な匂いを感じる。ところが、そんな疑問が一般メディア、特に大メディアのＴＶから発せられることはまずない。

十一月二十九日には台湾の統一地方選挙と六大直轄市の市長選が行われ、国民党の壊滅的な敗北となった。直轄市長選で、台北市で国民党候補が敗れるのは歴史的だが、圧倒的に国民党が有利だった桃園市長選も民進党が勝利した。日本にとって非常に需要な台湾状況を大きく取り上げないメディアは、報道しない自由を第四権力として行使して、国民の知る権利を著しく阻害する。

台湾の選挙は、今年三月の学生たちによる台湾立法院（国会）占拠のヒマワリ運動から繋がる、台湾の新しい民主主義のうねりであり、台湾人のシナと決別したいという意思を表している。しかも、日本が統治時代に台湾に教えた民主主義を、今度は日本人が台湾から学ぶ番であるという視点は完全に隠蔽される。

台湾人のための台湾人による台湾人の民主主義、その潮流が始まった瞬間で、香港の学生たちの「中央占拠」という活動にも繋がったのである。そんな東アジアの新しい動きの中心に、本来なら日本が位置していなければならない。

十二月十日に特定秘密保護法が施行されると、昨年、総力を挙げて特定秘密保護法案を廃案にしようとしていた朝日などは、新聞やテレビで金切り声を挙げて醜態を曝した。慰安婦問題で三十年以上吉田清治の嘘を隠し続け、国民の知る権利を阻害するメディアが、正義づらで高説をのたまう。

十二月十一日の天声人語は、昭和四十七年の沖縄返還をめぐる密約について元検事総長の松尾邦弘氏に前日書かせた文章を紹介してこう書く。

《「国家権力は、場合によっては、国民はもちろん、司法に対しても積極的に嘘を言う。そういうことが端無《はしな》くも歴史上、証明されたのが密約事件です。歴史の中で、あそこまで露骨に事実を虚偽で塗り固めて押し通したものはありません」▼自身も権力の中枢にいただけに、迫力と説得力がある。権力は時に真実を隠し、歴史を歪曲しようとする。その本性を改めて銘記しておく必要を感じる。吉野さんが密約を認めても、政府はなお文書は存在しないと言い続けている》

ここ数年、朝日は論説委員など自らが持論を書くのでなく、外部の人間に代弁させることが多くなった。さすがに論説主幹が「竹島を譲ってしまったらどうか」と書いて以来、高まる読者からの批判と自らのレベル低下に耐えられなくなったのだろうが、何とも惨めである。

松尾氏の文章を引用した天声人語をこう書き換えることができるが、松尾氏を批判するものではないことを念のために付記する。

《メディア権力は、場合によっては、メディアはもちろん、司法に対しても積極的に嘘を言う。そういうことが端無《はしな》くも歴史上、証明されたのが慰安婦捏造報道事件です。歴史の中で、あそこまで露骨に事実を虚偽で塗り固めて押し通したものはありません」▼権力は時に真実を隠し、歴史を歪曲しようとする。その本性を改めて銘記しておく必要を感じる。木村伊量さんが嘘報道を認めても、朝日新聞という制度はなお慰安婦への強制性は存在したと言い続けている》

こんな有り様ではまともな選挙報道などができる訳がない。自民党がNHKと民放キー局に衆院選報道における公平を求める文書を送ったことに抗議する奇妙なジャーナリストたちがいる。そういう奇妙な人たちへの批判を決して朝日は書けない。「俺たちは公平になんて絶対に報道しないぞ」と、熱い想いで反日カルトのパッションを煮え滾《たぎ》らせる人たち七名が発表した声明を、朝日は投票日直前の十二月十二日の朝刊でいささかの疑問も呈さずに紹介することしかできないのである。仲間だからである。

争点のない選挙、大義なき選挙という嘘で、安倍政権を中傷しかできなかった堕落したメディアは、次世代の党を除く堕落した野党とともに、現実に復讐されるのである。

戦後七十年のメディア

今年（※二〇一五年）の一月十七日で阪神・淡路大震災から、三月二十日でオウム真理教テロ事件から、それぞれ二十年になる。そして戦後七十年というお題目が昨年からメディアでかまびすしい。阪神大震災二十年目でふと頭を過ったのは、東京オリンピックは日本全土が米国によって悪魔の所業のごとく壊滅させられてから、十九年後の出来事だったという感慨だ。

わずか十九年で十月十日の東京の青い空が日本再生のメッセージを高らかに謳い上げた瞬間だった。もちろん阪神大震災後の復興も著しいが、それこそ日本全土が震災に襲われたような昭和二十年からの十九年と対比させる企画が紙メディアでも電波メディアでも欲しかった。それがただお題目を唱える「戦後七十年」に深みを増すヒントにもなる。

その震災二十周年の一月十七日に朝日が得意になって報じた米議会局報告書の安倍批判。見出しは〈安倍首相は「歴史修正主義的」米議会が報告書で懸念〉というもの。この報告書は最初に十六日に共同が報じ、NHKが直後の午前十一時のニュースで伝えている。共同電とNHKの見出しは、それぞれ《米、安倍氏の「歴史」対応注視 議会報告書、戦後70年の節目に》（共同）、《米議会 安倍政権に期待と懸念》（NHK）と「報告書」の内容の両面を伝えるが、朝日は否定的なイメージのみが見出しになる。

一連の報道の問題は、この報告書を作成した米議会局って何だろう、という視点が全くないことだ。そもそも「米議会局」という訳語は正しいのか？ 文書名は「Congressional Research Service」で、議会調査局で出されるが、この機関は米議会の下部組織の米議会図書館の内局である。「米議会図書館調査局」が正しい訳だろう。それをさも米議会の報告のように報道するのはおかしい。

実は、米国議員でこの報告書を重要な資料と認識するまともな議員はまずいない。出来の悪い議員が時々資料に利用するもので、米議会への実際の影響力は少数の例外を除けば大きくないと言われている。しかも、二〇〇七年米下院の慰安婦対日非難決議が採択される前には、慰安婦問題の資料として吉田清治の『私の戦争犯罪』が挙げられていたほどレベルが低い。

今回の報告書も歴史問題と安倍首相批判については、昨年五月と九月のものとほとんど同じで、コピペしたのではないかとさえ思われる。NYタイムズの下品な安倍批判と同じ〈ナショナリスト〉〈歴史修正主義〉というレッテル貼りに終始し、思考が停止しているのである。内容の酷さは、昨年5月に当時の報告書の拙劣さを産経新聞前ワシントン特派員(※現論説副委員長)の佐々木類氏が素晴らしい記事にしてくれたことがある。

面白いことに、今回もTPPに関して日本が米国の言う通りになれば正しいと言っているので、それがこの報告書の本質である。米議会報告書なのだから米国の国益に適うのが当然だろうが、それで果たして米国の国益に適うのか? しかも針小棒大に報道する日本メディアを引用して、シナや韓国が反日のツールに使うのである。ここでもいとも簡単に反日の情報ロンダリングが行われることになる。

戦後七十年にこれまでの七十年間の日米関係を問い直すのは、日本より米国に求められている責務ではないのか。そう考える日本人が非常に増えていることに米国の情報機関は気づくべきだ。

産経が一月十四日に注目すべき報道をした。ＮＨＫとは全く別に新しい国際放送の機関を作って正しく日本の立場を発信することを自民党の国際情報検討委員会（原田義昭委員長）が検討しているという。確かに公共放送と程遠いＮＨＫに慰安婦など歴史問題の正しい海外への発信ができる訳がない。実際は日本を貶めて国益を毀損する「ＪＡＰＡＮデビュー」のような番組しか作っていないからである。記事には《攻めの情報発信》という言葉があったが、これこそ日本に最も必要とされているものだ。

これまで私も外務省に情報発信力が皆無であることを批判してきたが、官邸と国家安全保障局にリンクする対外情報発信機関がぜひともわが国には必要で、その機関が日本の対外情報発信の司令塔となるべきなのである。そうしなければ、今後ますます資金力と人的パワーに優るシナと韓国との情報戦で日本の敗戦は必至になる。

パラレルワールドで完結するメディア

パラレルワールドという概念がある。ＳＦ的概念で私たちが暮らす世界とは別の世界が同じ空間に存在しているという考えだ。だが、最近はSFでなく宇宙物理学でも真面目に議論されるようになってきた。それが遂に日本のメディア界で現実のものとなった。

ISILの日本人人質事件で、主にテレビ報道が安倍首相の中東歴訪が事件の原因になったと喧伝した。特に安倍政権の安全保障政策がテロの原因になったかのような報道が頻出した。全く根拠のない、いい加減な報道で、そのようなメディアは人質救出と人命尊重を大声で叫びながら、凶悪無比なテロ組織による犯罪を安倍政権叩きに利用しようとしただけだった。しかし、湯川、後藤両氏の非業の死が確認されたあとの世論調査では、安倍首相のテロ事件対応への支持が集まり、政権支持率もアップしてしまった。

特に悪質だったのはテレビ朝日で、連日報道ステーションで安倍叩きのゲストを呼び、挙句の果ては中東に居留する日本人のリストを作り、ご丁寧に地図付きでどの地域にこれだけの日本人が住んでいると、ISILへテロ情報を流していた。

また、共同通信の報道コードがあったかどうか確認はしていないが、テロ組織に「イスラム国」という名称を使い続けた。昨年から私は「ISIL（ISIS）」と表記していた。「イスラム国」では一般大衆は何のことだかさっぱり解らず、イスラム教のそういう国が存在するか、あるいは、イラン、イラク、サウジアラビア、エジプトといった一般的なイスラム教の国を指す言葉として受け止めていたからである。

　残忍なテロの様子が知れ渡ると、益々そのような誤解が広まった。自民党は「アイシス（ＩＳＩＳ）」と呼ぶことを決定し、各メディアにそのような通達を行ったが、かえってメディアが意地になって「イスラム国」と呼び続けた。だが、ネットでは「ＩＳ」や「ＩＳ」が多く使われることになり、この言葉の問題だけでも正にパラレルワールドになってしまったのである。

　ＮＨＫのＮＷ９の大越キャスターが憮然とした表情で「イスラム国という名称を使います」と宣言したときには本当に驚いた。世間の常識と乖離しているのだ。トルコ大使館が日本の各メディアに「イスラム国」という名称を使わないでほしいという要望書を出してもそれほど事態は変わらなかった。やっと、「いわゆるイスラム国」とか「自称イスラム国」と言い出したのは日本人二人の人質が殺害された後で、ＮＨＫも二月十日過ぎに渋々言い方を改めることになった。もし、メディアのこのような反応が、自民党の提案があったからなのでは、感情は思春期の中学生レベル、知性は小学生以下ということになる。

　一月三十一日未明の朝日電子版もそうだ。ＩＳＩＬが後藤健二氏の釈放に、ヨルダン当局に捕えられている自爆テロ犯の釈放を要求した後である。ヨルダン政府はＩＳＩＬの捕虜になった空軍パイロットの釈放を求め、生存の確認を要求した。その時、朝日電子版に《ヨルダン、人質安否に固執　「イスラム国」は沈黙》という見出しが躍った。死刑囚釈放にすぐ応じないヨルダン政府を責めるように《人質安否に固執》という言葉を使った。数時間後に見出しは《人質生存の証拠は　ヨルダンの求めに「イスラム国」沈黙》と差し替えられたが、朝日は中国共産党や韓国政府だけでなくＩＳＩＬの機関紙になったかのようだった。

もはや日本の多くのメディアは、現実の社会を見て報道しているのではなく、全く異なった観念の中で報道しているか、パラレルワールドで取材してパラレルワールドに伝達しているとしか思えない状態である。今回の人質事件は本来なら、取材の自由と取材者の安全確保、国家主権と報道のあり方、とかなり重要なテーマがあるのだが、本質的な議論以前の問題でこれだけの課題を抱えている。

ところで、二月十四日東京新聞朝刊一面。《閣議決定　拡大解釈図る　自民自衛隊活動幅広く》と自衛隊の行動に足枷をはかせる。産経の《自衛隊　電話閣議で出動　武装集団想定　迅速に対応》と比べると同じ事柄を扱った報道とは思えない。二月十七日朝日朝刊《鈍い消費　景気足踏み》と読売《ＧＤＰ緩やか回復　デフレ脱却兆し》も同じ国の報道とは思えない。パラレルワールドなのである。

戦後七十年と八紘一宇と朝日新聞

相変わらず「戦後七十年」、「戦後七十年」と囃し立てるメディアの目的はいったい何だろう。意味があるのかと思っている人にはさぞかし不気味だろう。これまで何度も書いてきたように「戦後●年」という標語に囚われている限り、日本の戦後は終わっていないし、独立もしていないということではないのか。だから、そういう状態を永久に望む人たちが必要とするのが「戦後●年」という〈儀式〉なのである。すなわちそれは、我が国を永久に占領状態にするための〈儀式〉である。

三原じゅん子参院議員が三月十六日（※二〇一五年）の参院予算委員会の質問で、「ご紹介したいのが、日本が建国以来、大切にしてきた価値観、八紘一宇であります」と〈八紘一宇〉という言葉を持ち出したら、案の定、朝日新聞やその追随メディアが大騒ぎした。朝日の記者でも優秀な人物がいて、すかさずツイッターで入江相政侍従長の日記まで取り出して自社の論調を側面支援した。

《八紘一宇の字は65年に宮崎県が復元。79年に訪れた昭和天皇は塔の前での歓迎を渋り、入江相政侍従長は「八紘一宇の前に立つは割り切れぬ気持ちがおあり」と記した》

《昭和天皇の侍従長、入江相政日記の１９７９年9月22日の記述。「宮崎の八紘一宇の塔の前にお立ちになって市民の奉迎にお答へになることにつき、割り切れぬお気持がおありのことが分り」、「結局上へお上りにならず、広場にお立ち台を設けてそこでお受け、塔のまはりを一廻りもやめることで意見一致」》

昭和天皇も嫌っていたのが〈八紘一宇〉という言葉だと言いたいのだろうが、いつも天皇の権威や皇室のご存在そのものを徹底的に軽視する朝日が、自説のために侍従長日記を利用するのは品性がない。しかも、皇室祭祀を排除し、昭和天皇との関係も様々に推測される侍従長の日記であり、その信憑性に何の留保もつけないのは、どうも朝日らしくないではないか。

そもそも朝日はこの三原発言を、軍国主義用語を平気で国会に持ち出すとは、安倍政権の極右体質が表れたものだと本当は記事で書きたかったのだ。だが、そこまでやると赤旗と間違われるとでも思ったのだろうか。面白いことに、この報道は〈八紘一宇〉という言葉が死語になっているせいか一般読者の関心はあまり喚ばなかったが、いわゆる識者と呼ばれるジャーナリズム周辺に棲息する作家、文化人という類の人々が、ツイッターで三原じゅん子議員を口汚く罵ったり、差別的に侮辱した。

朝日や毎日や御用〈文化人〉たちの反応が面白かったのは、〈八紘一宇〉という言葉の解釈より、朝日とその一派が七十年前の占領軍による言論弾圧・情報統制をいまだに遵守する、属国メディアであることを証明したことである。これは米国様に報告する、朝日の「奴隷の証明」なのではないだろうか。連合国軍総司令部GHQが、日本占領後に最初に行ったのが「大東亜戦争」と「八紘一宇」という言葉の使用禁止だった。日本人が何のために対米戦争を戦ったのかという目的を削除することが日本占領に必要だったからである。米国がもし正しい戦争を行ったのなら、あるいは、そういう意識があったのなら、こんな野蛮な言論統制は不必要だった。

朝日は三月十四日付朝刊でも《北岡氏「侵略戦争」　70年談話有識者懇で認識》という記事で首相官邸の「21世紀構想懇談会」で北岡伸一国際大学長が先の大戦を「侵略戦争であった」との認識を示したと報じていた。しかし、それも捏造報道だった。三月十五日に朝日は小さな訂正記事を掲載し、《「侵略戦争であった」とある部分は、「歴史学的には侵略だ」の誤りでした》と北岡氏の発言を訂正した。

ここでも問われるのは、北岡氏の古臭い、対米従属的な体制的な歴史観が妥当かどうかではなく、朝日が北岡発言を加工増幅することで、より効果的に安倍政権攻撃の材料に利用した歪曲報道を行ったということである。と同時に、朝日がソースになると未だに大きな影響力を持ち得る、我が国の情報環境とメディア構造の歪さが問われなければならない。

このように「戦後七十年」という儀式は、日本の自立や再生に向かう力をいかに殺《そ》ぐかということのみに行われるのである。したがって、逆転の発想が重要になる。

真実が隠されるニュース・F15パイロットへの鎮魂歌

三月十五日（※二〇一五年）に防衛省統合幕僚監部は、日本領空に接近した軍用機などに対する航空自衛隊機の緊急発進が平成二十六年度は、何と九四三回だったと発表した。一日に平均約二・六回になる。これは、冷戦時代の昭和五十九（一九八四）年度に記録した過去最多（九四四回）に匹敵する回数で、国別の統計を取り始めた平成十三（二〇〇一）年度以降、シナ軍機に対するスクランブルは過去最多を更新した。

ちょうど前日に沖縄の那覇基地でスクランブルの訓練を報道陣に公開していた時、防空識別圏に国籍不明機の侵入があり、訓練ではない本物のスクランブルを報道陣は目の当たりにした。それだけ領空侵犯が頻繁に起きているのは、何よりも今回発表されたデータが物語っている。つまり、日本がシナとの冷戦時代に突入したということである。

四年前の平成二十三年七月五日、東シナ海で訓練中の航空自衛隊南西航空団・那覇基地所属のF15J戦闘機が訓練中に行方不明になった。午前十時三十三分、那覇の北西約一八〇キロの東シナ海上空で墜落したのである。操縦していたのは、川久保裕二三等空佐（空軍少佐）で、飛行時間一七〇〇時間の熟練パイロットで編隊長だった。

当時の報道によれば、川久保機から訓練中止を伝える連絡があり、別のF15Jが緊急事態発生を伝えている。遭難信号は出していたが、緊急脱出した形跡はなかった。懸命の捜索で尾翼の一部が回収されたが、機体と川久保少佐のご遺体は確認できないままである。

当時航空自衛隊は沖縄方面の防衛を担当する南西航空団の主力機だった、もはや完全に旧式になったF4ファントムをF15Jへ移転配備する作業の真っ最中だった。少ない予算と限られた時間の中で何とかやり繰りする中で、わが空軍の戦闘機は度重なるスクランブルの激務を遂行し、さらに、激しい戦闘訓練を行っているのである。川久保少佐の不運な事故の一因に、そのような空白に降りかかる艱難辛苦があったと想像に難くない。川久保少佐はこの日、二機ずつ四機で訓練に赴き、9Gもの重力が掛かる宇宙飛行士並みの苛酷さの中で戦闘訓練を行っていた。

しかも、東日本大震災の四カ月後であり、菅直人が自衛隊員の約半数にあたる十万人を震災救助に動員していた。そのしわ寄せも大変なものだったが、震災救援により抑止力が著しく低下しても、彼らの激しい訓練が辛うじて力の均衡を保っていたのである。

そんな状況下にもかかわらず、事故直後に沖縄県職員が「航空機事故は一歩間違えば、県民の生命、財産に関わる重大な事故に繫がりかねない。墜落という重大な事故が発生したことは誠に遺憾」であり「事故が再発しないよう徹底した原因究明と県に結果を提供するよう求めた」という話が伝わっている。

さらに、翁長雄志那覇市長（当時）や宜保晴毅豊見城市長が、那覇基地を訪れ、川久保少佐の安否を気遣うどころか、F15の飛行の安全を確保しろと抗議したのである。四年後に沖縄県知事になった翁長は河野洋平とシナを訪れ、三月十四日に李克強首相と会談した。福建省と沖縄との歴史的繫がりに触れ、「琉球王国はアジアの懸け橋となった」と説明、福建省の自由貿易経済試験特区と連携する沖縄の経済特区設立への熱意を語り、交流促進と那覇市と福州市の定期便も願っていると話している。しかし、尖閣への侵略意図や度重なる領空・領海侵犯への抗議は一言もなかった。

河野洋平が会長を務める日本国際貿易促進協会は日本のシナ利権のための装置であるとも言われている。四年前の川久保少佐の墜落事故の時、那覇基地に抗議した翁長氏は自分が誰に守られているかも解らない政治音痴で殆どのメディアも同罪である。私が主宰する勉強会に参加する空自某佐官は川久保少佐を指導した経験があり、今でも七月になれば川久保少佐の快活な人柄と笑顔を思い出し、涙がこぼれるという。

航空機事故と言えば、三月十五日に広島空港で着陸に失敗した韓国アシアナ航空機があわや大惨事の事故を起こした。しかし、アシアナ航空が韓国の航空会社でこれまで何度も事故を起こし、二年前にはサンフランシスコでパイロットの操縦ミスで着陸に失敗して多くの死傷者を出したことはあまり報じられない。当時は韓国側が空港の管制ミスのせいにしたが、今回はテレ朝の報ステや朝日が空港や日本の航空行政や天候のせいにしている。

安倍訪米の大成果を伝えられないメディア

正に歴史的な議会演説となった。日本時間四月三十日（※二〇一五年）午前零時半、安倍首相が日本人として初めて米国上下両院合同会議で演説を行った。戦後七十年の節目であること。日米関係と国際社会に日本の役割と意思を表明すること。いずれの目的も十分に叶えた内容で、何よりも戦後七十年の日米和解を強く印象づけたことが最大の成果である。

しかも、予想通り「侵略」への「謝罪」に言及することなく、あれだけ米国議会の心を動かし、四月二十日に《安倍晋三と日本の歴史》という非常に浅薄で無礼な社説を掲げたニューヨークタイムズまでを沈黙せしめたのだった。

演説の白眉は七十年前に二十三歳で予備役学生として硫黄島攻略戦に参戦したローレンス・スノーデン元海兵隊少将と新藤義孝議員の固い握手だった。新藤議員は言うまでもなく硫黄島守備隊司令官、栗林忠道中将の孫である。議会傍聴席の二人を紹介して、安倍首相はこう言った。

「これを奇跡と言わずとして何と言うのでしょうか」

しかし、不思議なことに報道で新藤議員や栗林中将、スノーデン元少将に触れたものが多くない。特にテレビは全滅ではなかったのか？　たんに知らないのであるならレベルが低すぎる。特に酷かったのは議会演説を生中継したＮＨＫの解説である。ＮＨＫ解説委員が我が国の置かれた厳しい国際環境や安全保障上の説明はいっさいなく、国際社会の外交の流れも無視し、ひたすら自衛隊の集団的自衛権行使批判するという、まるで引きこもりの子守歌のような内容で、自分の局が中継した演説の歴史的意味はもちろん、現時点での分析もできないお粗末なものだった。

米時間四月二十九日の米議会安倍演説は、前日二十八日の日米首脳会談、二十七日のASEAN首脳会議の中国非難声明、さらに四月二十四日にジャカルタで行なわれた「バンドン会議六十周年記念アジア・アフリカ諸国首脳会議」の安倍演説の流れを受けたものだ。それは、アジアの平和と安定を守るために、力による現状変更を決して許さないという決意を日本が表明したということであり、米国が全面的にそれを支えるということでもある。

昨年のオバマ来日、一昨年の安倍訪米と比べて、日米関係が決定的に転換した。それこそ「奇跡と言わずとして何という」逆転であろうか。

そういった歴史のメルクマールを目の当たりにしながら、評価できないメディアはいたずらに低レベルな批判に終始する。国会議員も同様だ。米議会に阿る演説だから拍手やスタンディング・オベーションは当たり前だとか、自衛隊の活動範囲が米国に追従して拡がるとか、もっと気の利いた批判はできないのかというほど惨めなもので、シナのメディアの方が賢く情勢分析を行って無用な批判を抑えている。

一方、安倍演説に完全に狂ってしまったのが韓国メディアだ。元々、韓国人団体が安倍首相の議会演説の日に、ニューヨークタイムズに「真珠湾を忘れるな！」という意見広告を掲載したり、常軌を逸する反日活動を繰り広げて米国人も韓国人に眉を顰め出していた。「侵略」と「謝罪」に言及がないばかりか「慰安婦」への謝罪もないと、これはＮＨＫ解説委員や日本の一部メディアも同じだが、それだけで茫然自失、興奮だけは凄まじかった。

しかもジャカルタで安倍首相は習近平と短い会談をおこなったので、朴槿恵大統領は孤立した、これまでの論調を忘れて無責任な政権批判を保守系の「朝鮮日報」や「中央日報」が繰り広げた。そして、挙句の果てに国会で安倍首相個人を糾弾する決議まで採択したのである。もうこんな危ない国には近づくべからず、である。

米国紙はウォールストリートジャーナルが四月三十日に《止まらない安倍の勝利。安倍の勝利は、北京の課題に苦痛を与えた。日米同盟を離反させる北京の無力さを強調した》と報じるなど、安倍首相の訪米に絶賛を送った。なぜなら、安倍演説はここ数年、オバマ政権で弱体化する米国を日本が励ましたことに他ならず、それはまた日米関係の新しい機軸を暗示したものになったからである。驚いたことにそのウォールストリートジャーナルで、いつも歴史問題で日本を批判するダートマス大学の左派系のジェニファー・リンド教授が「彼の演説は日米和解のマイルストーン（一里塚）になる」とコメントしていた。日本のメディアは何を見ていたのか？

「劇場型政治」を増幅させるメディア

七月十五日（※二〇一五年）に「平和安保法案」が衆議院の特別委員会を通過した。翌日には衆院本会議で可決され参議院に送られる。もし何かのトラブルで、参議院で法案が審議されなくても、六十日以内に議決されない場合は衆議院は参議院が法案を否決したものとみなし、衆議院は再議決で法案を成立させることができる。憲法五十九条四項の規定で、集団的自衛権の限定行使を認める安保法案は事実上成立した。

ところが、翌日朝刊で朝日は「安保採決　自公が強行」と報じ、安倍政権が何か強権的な発動をしているかのようなイメージを振り撒く。狡知な朝日新聞は「強行採決」と非難できないことが解っているので「強行」と書く。民主党政権時代に〈強行採決〉が十回行われ、長妻元厚労相が所管した衆参の厚労委で、子ども手当法案などで四回行われたことも知っているからだ。

東京新聞に至っては、まるで極左集団の機関紙のような状態だった。それよりも異常だったのは、採決の時に民主党の議員たちがプラカードを手に持ち、委員長席を取り囲み、中継するテレビカメラや報道席に向かってスローガンをわざわざ読ませるように掲げたことだ。

国会の議場や委員長室にプラカードなど示威的なものを持ち込むことは禁止されている。民主党議員は資料として「アベ政治を許さない」などと大きくアジ文が印刷されたA3サイズの紙を持ち込んでいた。辻元清美議員が質問席に立ちながらそれをカメラに向かって掲げる写真も報道された。採決の時の様子といい、彼らは議会を侮辱している。

「いや、有権者に選ばれた国民の代表として議場にいるので、それを国民に見せる義務がある」という屁理屈も成り立つだろう。しかし、そういう行動をした議員をはっきり確認して自分たちの選挙区からは絶対に当選させないという有権者もいるはずで、それが常識というものだ。何しろ、散会した後にスローガンが印刷された紙は紙屑として委員会室の床にちらかっていたのである。

六月下旬から毎日、朝日、NHKが相次いで政権支持率を発表し、支持と不支持が安倍政権下で初めて逆転した。これは重大だと元時事通信の杉浦正章氏がブログに書いていたが、野党の支持率が上がっているわけではない。しかも固定電話の世論調査は調査対象が極めて限定され、調査対象者は日中のテレビ視聴の割合が高くなる。

では、ということで、七月十六日のテレ朝「モーニングバード」を覗いてみると、玉川徹という人物がヒステリックに法案の違憲性を訴える。赤江珠緒というアナウンサーが「政権交代の時にどれだけの国民がこういう事態になるかを知っていたのか疑問です」と言うと、羽鳥慎一キャスターが「経済が売り物でしたよね」と答えた。このやり取りに思わず噴き出してしまったのは、三年前の選挙公約もこの人たちは知らなかったということになるし、当時、視聴者に知らせる努力をしなければならなかったのはいったい誰だ、ということになるからだ。

もしかしたらこの人たちは、民主党政権でも集団的自衛権行使が重要な政策目標に掲げられていたことも知らないのかもしれない。そもそも、安倍政権は憲法改正を掲げて政権を奪取したのだから、最初に九条改正を重要な政治目標に設定すべきだったという批判なら理解できる。いったい、これは何だろう。

十年以上前から客観的なメディア批判のブログを書いてる関西の主婦がツイッターでこう指摘した。

《【劇場型政治】単純明快なキャッチフレーズを打ち出し、マスメディアを通じて広く大衆に支持を訴える、ポピュリズム的政治手法。敵対勢力を悪役に見立て、自分は庶民の味方として戦いを挑むといった構図を作り上げ、国民の関心を引きつける》

これはテレポリティクスそのままの、ゲッベルスも真っ青になる新型ファシズムの政治宣伝と言っていい。その構造を朝日が増幅する。また、野党第一党の堕落は危険な兆候を生む。自民党のダメな政策も通ってしまうことになるからだ。次世代の党が大きな勢力にならないと民主主義も危ない。

安保法案と反知性主義

九月十七日（※二〇一五年）に参議院特別委員会で「平和安保法制」が混乱の中で可決された。翌日の新聞各紙は一面トップで大きく伝えた。朝日は《安保採決　参院委も強行》がトップの見出しで、小見出しで《怒号と混乱　虚を突き可決》と報じ、毎日は《安保法案採決　参院も強行》と伝えた。朝日と毎日は《参院も強行》というフレーズが同じだった。一方、読売、産経、日経各紙は《安保法案　参院委可決》が一面トップだった。

面白いことに、まるで図ったように〈朝日＋毎日〉vs〈読売＋産経＋日経〉という構図が露わになったのである。〈強行採決〉であるかどうかというメディアの判断基準がこのような紙面に表れたわけだが、新聞をネットで読む受け手が増えているので、このようなメディアのスタンスが受け手に伝わりにくくなっている傾向がある。

なお、悪いことにテレビが軒並み〈朝日＋毎日〉グループと同様の報道をする。連日の国会周辺でのデモの報道も主催者発表の動員人数で報道し、九月十六日、十七日はタレントなども法案反対のデモに駆けつけ、デモ隊への応援スピーチをする様子を朝日、毎日、TVなど〈反安保メディア集団〉が大袈裟に報道した。受け手の中にはまるで「革命前夜」と勘違いする人もいるだろう。

だが問題なのは、〈反安保メディア集団〉が報じる言葉が常識では考えられない嘘の言葉であるからだ。言葉は重要なコミュニケーションの道具だが、言葉の意味を多義的どころか正反対の意味で使う者同士が意思を疎通できるわけがない。しかし、それが連日、この四カ月以上安保法案を巡って繰り広げられて来た。

そもそも〈戦争法案〉と反対派が使う言葉が嘘なのだから、まともな議論ができるわけがない。もちろん、朝日など〈反安保メディア集団〉の中の優秀な者は安保法案が戦争法案でないことを解った上で、そのようなデマをプロパガンダに利用している。日本共産党が「九条」が平和を守って来た、と言う時、それが嘘だと解って民衆を騙すための便利なフレーズだから使い続けてきたのである。

朝日新聞が今年になってから「反知性主義」というフレーズを安倍批判に便利な言葉として流行らそうとしている。実際、九月十六日の横浜地方公聴会で憲法解釈の変更で集団的自衛権を認める安倍政権を「反知性主義と言われている」と批判した公述人がいた。しかし、「戦争法案」という嘘のレッテル貼りや恣意的な情報操作を繰り返す朝日こそが「反知性主義」そのものだ。

国会周辺のデモでは、民主党のイデオローグで朝日に重用される山口二郎法政大教授が「安倍首相は安保法制、国民の生命と安全のためと言っているが、こんなものは本当に嘘っぱち。まさに生来の詐欺師が誠実をかたどったものだ。安倍政権は国民の生命、安全なんて、これっぽっちも考えていない。(略)昔、時代劇で萬屋錦之介が悪者を斬首するとき、『たたき斬ってやる』と叫んだ。私も同じ気持ち。もちろん、暴力をするわけにはいかないが、安倍に言いたい。お前は人間じゃない! たたき斬ってやる! 民主主義の仕組みを使ってたたき斬ろう」とデモ隊の前で扇動した。正に反知性主義そのものではないか。

それを許容する朝日の反知性主義は反対派の増長を許す。七月十六日には反対派女性議員がスクラムを組んで鴻池委員長の入室を阻む。排除しようと手を掛けると「セクハラ！」と声を挙げる。まるで民主主義国家とは言い難い韓国の国会と同じである。韓国の国会ではこの手の女性議員を排除するための女性警察官が多数動員されるという。日本でも女性衛視を動員すると、その女議員たちは「女を利用するな、卑怯者」と叫んだのである。反知性主義どころか、倫理観、道徳観が下落した不潔極まりない「女利用」を平然と行う。

参議院で可決された十七日夜には、タレントの石田純一がデモ隊の前に現れ、「戦争は文化ではない」「集団的自衛権がなぜ必要なのか。個別的自衛権ではいけないのか」と叫んだのである。またそれを朝日やテレビが得意になって扇動報道に利用した。戦争が文化でないかどうかは大いに議論があるだろう。しかし、少なくとも石田純一という大根役者が文化でないことは明らかになった。メディアと反対派の反知性主義のレベル低下が、政治はカルトで危ないものと、一般国民に意識され、関心を失うことが最も危険なのである。

崩壊するコモンセンスとメディアの病

世の中の基本的な規範がどんどん崩壊している。常識、コモンセンスは社会と人の規律にもなるが、無宗教と言われる日本ならなおさらだ。十月十九日（※二〇一五年）の官房長官記者会見で共同通信の奥沢記者が安倍総理の靖国神社の秋の例大祭への真榊《まさかき》奉納と岩城法相、高市総務相の靖国参拝について質問した。

「中国、韓国から批判を受けているが、首脳会談に影響はないでしょうか？」

共同通信は前日十八日十六時四十四分に《韓国通信社「侵略戦争を正当化」 2閣僚の靖国参拝で速報》という見出しで《「韓国と中国をはじめ国際社会は、閣僚らの靖国参拝は侵略戦争を正当化する行為だと批判している」と伝えた》と配信している。

そして、その前日の十七日二十一時五十二分にはこんな見出しで両大臣の靖国参拝に圧力を掛け、シナと韓国の反応を意図的に誘引する報道を行なった。

《2閣僚18日靖国参拝の構え　首相は外交重視、見送り》

何と、共同通信は「構え」という言葉を挿入してでも靖国参拝は悪いことだという印象操作で受け手の洗脳を行い、日本への悪意をここまで露わにしていた。と同時に、靖国参拝を歴史戦というイデオロギー闘争の武器とするシナ、韓国へ情報戦の初歩的戦術である情報ロンダリングの合図を行った。いったい、この種のメディアは何年同じことを繰り返しているのだろうか。

この共同電はご丁寧に記事中にこんなフレーズを入れていた。

《(首相の)参拝見送りにより、中韓両国との関係改善を含めた外交重視の姿勢を強調する構えだ。中韓両国は、東京裁判のA級戦犯が合祀される靖国神社への首相や閣僚の参拝に反対している。首相は安全保障関連法の成立強行が世論の反発を招いたことを受け、経済再生と外交面の成果をアピールし、来年夏の参院選に臨む方針だ》

だが、シナと韓国が《東京裁判のA級戦犯が合祀される靖国神社への首相や閣僚の参拝に反対している》のは両国の政治的な駆け引きで、本音は首相の閣僚の靖国参拝反対ではなく、神社そのものの否定、廃止である。また、《安全保障関連法の成立強行が世論の反発を招いた》のも事実かどうかは諸説あり、共同通信の願望が現れた調査結果に過ぎないのではないか。

そして、日本共産党の機関紙、赤旗が十月十七日のWEB版に奇妙な記事を掲載した。

《自衛隊が車内広告占拠　首都圏ＪＲ、私鉄に観艦式広報　乗客「そら恐ろしい」》という「そら恐ろしい」見出しで海上自衛隊が三年に一度開催する観艦式の広報用の社内吊りポスターを批判した。それ以上に、自衛官への人権侵害にもあたる恣意的な報道だ。しかも、中国共産党の嘘にまみれた軍事パレードを一度も批判しない日本共産党の本質を垣間見せる報道だった。

特殊な一政党の機関紙を取り上げる意味はあるのか、という読者の疑問もあるだろう。だが問題なのは、一般メディアのレベルが常識〈コモンセンス〉を失うことで限りなく劣化し、もはや赤旗レベルになっているということだ。

メディアだけでなく〈状況〉がそこまで堕落している。仮に一度でもわが国の政権担当をした民主党が、平気で共産党との連携を視野に収めた時点で日本全体が劣化したことを知らなければならない。

かつては〈常識〉の宝庫だった「文藝春秋」が、安保法反対運動の学生団体リーダーと言われる非常識な人物の無内容なインタビューを掲載することにも、堕落した〈状況〉を見て取れる。この「シールズ」なる団体、初めて名前を耳にしたときに、米国海軍から何か抗議でもないのかと思ったのは、海軍特殊部隊と同じ名前を名乗っているからだ。

金子勝というテレビ朝日に重用された経済学者が、横浜市の偽装マンション事件を《国民を騙す安倍政権の下で、日本の誠実な物作りの基礎が崩れている》とツイッターに書いているので驚いたが、中日新聞も十九日に成長基盤と書かれた地盤に達していないメゾンドABEというマンションが傾く一コマ風刺漫画「達していないか」を掲載した。被害者を嘲笑する漫画と受け取られても仕方がない。このように万時、常識が欠如している。

非常事態宣言を発令できない日本

十三日の金曜日、パリ。実に凄惨な同時多発テロが起き、オランド仏大統領は〈非常事態宣言〉を発令し、フランスは全土の国境を封鎖し、夜間外出禁止を勧告した。事件の全容が明らかになるとオランド大統領は、これはフランスに仕掛けられた〈戦争〉だと表明した。日本のメディアも事件の第一報は大きく伝えたが、日本時間の十一月十四日（※二〇一五年）朝の報道以降夜九時過ぎになるまで殆ど報道がなかったのである。

その間、この大事件を知りたい日本人は海外メディアの報道を主にインターネットで追うしかなった。したがって、平成二十七年（二〇一五）十一月十四日は、日本のメディア、とりわけ日本のテレビメディアが、改めて死んだ日と言っても過言ではない。それは翌十五日の日曜日でも同様だった。

もし、日本を舞台にこのような大事件や戦争が仕掛けられた場合、日本メディアの対応は違ったであろう。それは四年前の東日本大震災を思い出せば解る。しかし、今回のフランスへのＩＳＩＬの〈戦争行為〉を、事件当初に遠いヨーロッパで起きたテロとしてしか扱わなかった日本の地上波ＴＶの報道姿勢には疑問が残る。事件直後の情報こそ多くの日本人も欲していたからだ。

オランド大統領が発令した〈非常事態宣言〉もあまり日本のメディアに理解されていないのかもしれない。あるいは、知っていてもその意味を報じない。というのも、我が国には非常事態宣言を発令する法律も法体系も整っていないからだ。こういう事態になった時に日本では対処できる法律もない、という主権国家としての致命的欠陥をメディアは報じたくなかった。言い方を換えれば、メディアは〈非常事態宣言＝戒厳令〉というものがこの世にあるという情報を隠蔽したのである。

敗戦後七十年で、日本で非常事態宣言が布告されたことが一度だけある。ただしそれは、日本政府によってではなく占領軍ＧＨＱによって出されたものだ。昭和二十三年（一九四八）四月二十四日午後十一時に兵庫県軍政部によって発令された「阪神教育事件」と呼ばれる朝連（在日本朝鮮人連盟）と日本共産党によって引き起こされた大規模な暴力的なテロ行為に対するものだった。

四年後に日本は主権を回復し独立国家として国際社会に復帰を果たすが、日米安保条約には日本の内乱には駐留する米軍が対処することが定められていた。この半独立の日本を米国の属国状態に置く日米安保を改定したのが岸信介の、いわゆる六〇年安保だった。ところが不思議なことに、六〇年安保の日本を自立へ導いた最も重要な性格をこれまで報じたメディアは多くなく、むしろ逆の意味に捉えている人は今でも多い。というのも、朝日を筆頭にメディアは六〇年安保改定反対を煽りまくっていたからだ。

そんなメディアの病気は今でも継続している。まさに「死に至る病」である。来年の伊勢志摩サミットや四年後のラグビーワールドカップ、五年後の東京オリンピックを控える我が国にとって、パリ同時多発テロの脅威と深刻さは我が身の問題として捉えなければならないのは当然である。

早速、自民党が来年度国会での共謀罪制定に取り組む意向だが、実はそれ以前の問題として非常事態法の制定こそ急務である。独立国家としての致命的欠陥であるからだ。第一次日米安保、いわゆる〈吉田安保〉のままの方がいい、日本を米国の永久占領下に置きたい人たちにとって、非常事態法は危険なものになる。上野千鶴子がツイッターに《フランスに非常事態宣言。もしかしたら安倍首相はこれを待っているのじゃないの》と十一月十五日に書いたように、「阪神教育事件」と同じ構造で日本を攻撃したい〈テロリスト〉たちも反日勢力の危機を察知している。

しかし、非常事態法は集団的自衛権の限定行使が憲法違反で訴えられるように、訴訟の対象となる、すなわち、憲法改正で非常事態条項を書き加えることでしか、日本が危機を回避し平和をこの手で守り、独立国家として自立の道を歩んで行く方法はない。そうすれば、パリ、ニューヨーク、東京など世界各地でフランス人が団結の表明するために国歌を高らかに唄ったように、日本人も危機的状況で君が代を唄えるようになるのである。

安倍政権三周年と靖国爆破テロ

十二月二十六日（※二〇一五年）で安倍政権発足三周年になる。十二月十四日にインド訪問から帰国した安倍首相は、今年の驚異的な外交日程を終え年内最後の外交上のポイントを大幅に上乗せした。だが、それは三年前の十二月から、いや八年前の第一次安倍政権の辞任直前のインド訪問から続く、戦後体制という〈アンシャン・レジーム〉旧体制を転換する長い道のりの一里塚に過ぎない。

今年最後に気の利いたメディアなら、安倍政権三年を振り返るだろうが、少々前触れを。安倍首相がインドに到着した十二月十一日、インドの有力紙「Times of India」に安倍首相は短い論文を寄稿した。《インドと日本の関係は、世界で最も大きな可能性のある、自然のパートナーで、私はそれを現実に変えます》というタイトルで、八年前の首相退任直前に訪れたインド議会での演説と、三年前の首相再就任直後の英語論文「アジアの民主的安全保障ダイヤモンド」の内容をそのまま継承する素晴らしい内容となった。

日印関係は世界で最も可能性があることを主張し、日本とインドの関係を、仏教の起源から文明論的に、文化論的に語り、さらに経済の相互発展、連合国（国連）安保理改革の常任理事国入り、そして日印両海軍の軍事的な協力でインド洋と太平洋の平和と安定に寄与することなどを通し、日印関係の世界における重要さを訴えている。

首相自らのツイッターでも帰国した十三日に《「日印新時代」が始まりました。モディ首相との会談は、その幕開けとなる、歴史的な首脳会談となりました。日本とインドは、普遍的価値を共有する、歴史的な友好国です。限りない可能性が秘められた両国関係を発展させていきます》と呟いた。《歴史的な首脳会談》と自ら書くのは非常に珍しいことだが、もしかしたら、その重要性をなかなか日本のメディアが報じないことも想定していたのかも知れない。

消費増税や憲法改正への道のりをいかに整備するのか、また、シナや韓国が仕掛ける歴戦問題、さらに拉致問題解決への糸口が一向に見えないことなど課題は山積しているが、それでも戦後歴代内閣でも出色の成果を残している。そんな現政権をメディアがどう客観的に評価できるか、逆にメディアの力量が問われている。

さて、世界中で原理主義が跳梁跋扈《ちょうりょうばっこ》し、危険なテロを引き起こす。時代の大きな転換期とは言え、気持ちのいいものではない。日本でも各種世論調査で軒並みテロが起きる可能性が高いとの解答が七〇~八〇%の高い割合になっている。それだけ、十一月二十三日に起きた〈靖国爆破テロ〉はメディアが想像するより深刻に多くの国民に受け取られているはずである。

にもかかわらず、稚拙な報道が多いのはなぜなのか？　靖国は二年前の九月二十一日、秋分の日に韓国人の姜庸珉（カン・ヨンミン）による放火未遂テロが起きている。日本に入国後、犯人が揮発・引火性を有する液体を何らかの手段で入手、十一月二十三日に爆破テロがあった同じトイレに潜んでいたのを衛士に発見され、靖国神社内の拝殿にトルエンを撒くなどして取り押さえられた。まさに国際テロ未遂事件だった。

また、平成二十三年（二〇一一）十二月二十六日に、朝鮮系シナ国籍の人物が靖国神社で放火を試みたテロ事件が起きている。事件後に日本を出国した犯人の劉強は、翌平成二十四年（二〇一二）一月八日には今度は在韓国日本大使館に火炎瓶テロを行ない韓国官憲に逮捕され国外追放された。だが、韓国政府は日本の犯人引き渡し要求を無視してシナへ送還している。二年前に犯行に及んだ姜庸琂は「日本が歴史を歪曲したので腹が立ったので放火しようとした」と自白している。

靖国爆破テロの韓国人容疑者に市民運動家歴がなかった、という間抜けな十二月十日の朝日の記事がある。そもそも、活動歴がない普通の韓国人でも、誰もが反日テロリストに変貌する可能性がある韓国の特殊性がテロの原因である。今回だけでなく全国の寺社への器物破損行為は日常茶飯事である。何年か前に靖国境内の池に放尿する写真をこれ見よがしにネットに投稿した韓国人がいた。こんな人物を許す日本政府や追及できないメディアにこそ最も大きな原因があるのではないか。

その先の「慰安婦日韓合意」

昨年（※二〇一五年）末の「慰安婦日韓合意」。両国外相の共同記者会見で発表されたが、質疑応答も合意文書の作成もない極めて異例の二国間合意だった。慰安婦像の撤去をめぐり両国に隔たりがあり、韓国の強い反発も予想通りになった。米国のシナリオによって、日韓が慰安婦問題を国際政治の場で蒸し返さないという〈合意〉が成された事情がよく解る。

なぜなら、現在の日韓両国に〈合意〉のメリットがほとんどないからだ。韓国には慰安婦問題は内政、外交上の有効なカードであり、国内的には政府批判を反日ドーピングで鎮め、外交的には日本を牽制する武器として機能させていた。日本も国際的な情報戦の態勢を民間団体が整えつつあり、歩み寄る必要はなかった。

ところが、そんな事情を真正面から解説するメディアは極めて少ない。日韓の〈合意〉への反発のベクトルが真逆だったことを客観的に説明することができなかった。面白いのは、これまで安倍政権を悉く批判していた朝日が珍しく日韓合意を評価したことだ。しかも、何か奥歯に物が挟まるような吹っ切れない評価で、そんな中途半端な姿勢は、報道機関としての矛盾を自ら糊塗していたからだったことがその後明らかになった。

一月十三日にソウル東部地裁が元慰安婦の名誉を傷つけたとして、韓国世宗大学の朴裕河教授に損害賠償の支払いを命じた。朴裕河教授が書いた『帝国の慰安婦』が元慰安婦を貶めたと韓国で発行禁止になっているが、追い打ちをかける言論弾圧である。慰安婦と日本軍が「同志的関係」とした表現などを、韓国司法は元慰安婦の社会的評価を低め、人格権を侵害したと認定した。つまり、韓国では慰安婦は〈性奴隷〉でないと名誉棄損になる。

ところが、一月十四日の産経はこの判決を一面左肩トップで大きく背景に触れて論評を交えて報じたにもかかわらず、同書を子会社で翻訳出版している朝日新聞が、何と、第二社会面の三六面で事実関係を伝えるだけのベタ記事で済ませた。朝日は自らが出版している書籍が言論の自由がない韓国で危機的状況に陥ったのに、援護するどころかむしろ弾圧に加わっているかのような振る舞いを見せた。これでは、朝日が日韓合意を高く評価した意味が、皮肉なことに安倍政権にとって大きなダメージになるではないか。

さらに、二月十六日にジュネーブの連合国（国連）欧州本部で行われた女子差別撤廃委員会に日本政府代表として外務省の杉山晋輔審議官が出席し、慰安婦の「軍による強制連行」、「20万人」を明確に否定した。さらに「性奴隷」と呼ぶことは適切でないことも主張した。しかもそのような誤解が世界に広まったのは朝日の誤報が原因で、朝日も一昨年に原因となった記事を削除して謝罪したことも連合国（国連）の委員会で訴えた。

二月十七日の産経は一面トップで大きくジュネーブの出来事を伝えた。毎日、日経は共同電のみの扱い。読売はなぜか朝刊でなく夕刊で報じた。では、朝日はどうしたのか。驚くことに、それほど大きくない記事で事実関係を淡々と伝えながら、杉山審議官が述べた朝日の虚偽報道が理由になったという部分を無視し、一言も報じなかったのである。厚顔無恥とはこのことを指す。

二月七日、十日と都内で日韓合意に抗議する集会とシンポジウムが開かれたが、二月七日の集会は産経などで小さく報じられたものの、二月十日のシンポジウムは全メディアが黙殺した。しかも、朝日は英字新聞で二月八日付ＷＥＢ版で、《安倍支持者たちが、日韓合意を慰安婦で吹き飛ばす》という見出しで、《「慰安婦」という言葉は婉曲表現で、第二次世界大戦前と大戦中にセックスを日本の軍隊に提供することを強制された女性たちのことだ。その多くは、１９１０年から１９４５年まで日本が植民地支配をしていた朝鮮半島の出身であった》とほとんど嘘を書き連ねている。この期に及んで、こっそり英語版では〈慰安婦＝性奴隷〉説を海外向けに発信しているのである。

ところで、沖縄に真冬のミステリーがある。二月一日に共同通信が発表した《辺野古「支持」47％、不支持上回る》という世論調査の結果が、全国紙やテレビでほとんど報道されていない。自分たちの意向に沿って情報操作をするのだから、放送法に違反するTV局は電波停止という高市総務相の発言も納得できる。電波はメディアのおもちゃでなく国民の重要な資源であるからだ。

メディアの堕落と恐ろしい言論統制

今、日本のメディアが末期症状に陥っている。二〇〇二年日韓W杯と小泉訪朝・拉致被害者救出という南北それぞれの朝鮮半島を舞台にする重大な出来事があった時から、十四年間のメディアをつぶさに観測しているが、これほどの劣化はなかった。劣化と堕落で完全に機能不全になる一方で、そんなメディアの危機を誤魔化すために、恐ろしい情報統制が行われている。

安倍首相が二月十三日（※二〇一六年）に自民党大会で夏の参院選についてこう述べた。

「選挙のためなら何でもする、誰とでも組む、こんな勢力に負けるわけにはいかない」

これは当時の民主党と共産党の連携への牽制であることは言うまでもない。すると、日本テレビがCS局のニュースチャンネル「日テレNEWS24」を始め地上波の報道で、安倍首相の演説する姿にかぶせて《安倍首相〝選挙のためだったら何でもする〟LIVE都内》というテロップの見出しで報道した。演説の文脈を区切って報道したから誤解が生じたと、日本テレビはあとで視聴者からの抗議に対して目立たない時間に短い釈明をしたが、見出しが明らかに正反対の内容を伝えていたのである。

これはこの十年以上、TBSやテレ朝の十八番になっていたテロップによる情報操作で、正にテロップである。石原慎太郎氏の都知事時代の「日韓併合の歴史を一〇〇％正当化するつもりはない」という発言に「日韓併合の歴史を一〇〇％正当化するつもり」というテロップをつけたり、小泉首相の米議会での演説がキャンセルされたのは靖国参拝に原因があったとし、米上院議員の「日本の首相が靖国参拝へ行くべきでないと強く感じているわけではないが」という発言に「強く感じている」というテロップを「筑紫哲也NEWS23」でつけたのもTBSだった。

大阪市茨田北中の寺井校長が今年二月の朝礼で女性生徒に述べた内容が、現在恐ろしい言論弾圧を受けている。特にテレビ報道が最悪である。この日の寺井校長の朝礼の話は素晴らしい内容で、出産という崇高な行為を子供にも解るように説き、女性は二人以上子供を産むことが大切だと述べたのだが、その発言の一部だけを切り取り、まるで女性差別の発言であるかのような、真逆の情報操作をする。

朝の情報番組ではこんなテロップがつけられた。

《波紋「女性は2人以上産むことが大切」校長発言　全校集会で朝礼での発言　匿名の電話により大阪市教育委員会に発覚》

静かな美しい湖面に悪意を込めた邪悪な黒い石を投げ込んで、波紋を作ったのはこのテロップをつけたテレビ局の記者やディレクター、プロデューサーである。と同時に、渦中の寺井校長を処分するという報道まで飛び交っているが、それはメディアの願望を恣意的に報じたものに過ぎない。周辺を集材すると教育委員会はそんな返答はしていないからだ。

すなわち、メディアという暴力装置が、〈メディア圧力〉で寺井校長を罪人にしようとする恐ろしい情報統制と言論弾圧が行われているのである。寺井校長の罪人扱いインタビューを流す読売テレビの映像を見たが極めて悪質である。朝日系やTBS系も異様にこの問題に粘着している。

二人以上子供を産むのが大切で、女の幸せであるという言葉を抹殺しようという背景には、日本の少子化と国力減衰を目論む悪意が潜んでいるのは言うまでもない。そんなメディアに実にお似合いなのが、突然、学歴詐称問題で「週刊文春」のスクープで話題になったショーン・マクアードル川上という人物と、一昨年一世を風靡した難聴の作曲家と詐称していた佐村河内守の二人なのである。

ショーン川上氏の話題でネットに「どうやってこんなんが報ステのコメンテーターまで上り詰めたんや…」という書き込みがあったが、それは誤った認識だ。「こんなん」でなければ、地上波テレビに頻繁に登場することなどできないのである。

そう言えば、佐村河内氏を五年追ってNHKスペシャルを作った古賀淳也ディレクターは説明責任を果たしたのか？　本の印税はどうしたのか？　五年も一緒にいてあの詐術に気づかないとは、「筑紫哲也NEWS23」のディレクターだっただけのことはある。

被災者の信頼を失ったメディアの「現実」

四月十四日（※二〇一六年）の夜、熊本県を襲った震度七の大地震は甚大な被害をもたらした。しかもより威力のあるマグニチュード七・三の本震が、翌々日の未明に再び起こり、阿蘇地方を巻き込んで被害が拡大した。震度四以上の余震も続き、影響は大分県、長崎県にまで及んでいる。

ＮＨＫなど主要メディアがネット放送で特番を配信したのは五年前の東日本大震災以来で、被害状況の的確な伝達は初期報道ではおおむね評価される。だが、一方でテレビメディアが伝えない災害現場のリアルな声がネットを通して加速度的に広まるのはここ数年の特徴で、ポスト東日本大震災のメディア状況の大きな変化である。

中でもテレビ報道への批判が次第に大きくなり、十六日はこんなツイートが、スマホで撮られた渋滞で一ミリも動こうとしない長い車列の動画と一緒に投じられた。

《これまで炊き出し情報や給水活動情報を伝えて来なかったＮＨＫが「熊本地震　物資が届かない」↑あなた方が報道しないからツイッターやフェイスブックで周知せざるを得ないんでしょう。同じ崩壊映像を何十回も流さなくて良いからせめて熊本市ＨＰ給水情報～を伝えて下さい！》

刻一刻と変化する被災地状況、とりわけ被災者のライフラインに関する情報をＮＨＫに代表されるテレビ報道が伝えていないという訴えだ。せめてどの情報端末にアクセスすれば被災者が欲している情報が解るということを報道してくれという悲痛な訴えである。

さらにこんなツイートも投じられた。《熊本県上益城郡益城町で被災した者です‼ 放送局のヘリコプターの音で町内放送が全く聞こえません!!!! ヘリコプターの自粛を!!!! お願いします!!!! 拡散してください》

これもここ十年の自然災害報道で必ずネットに溢れ返る言葉である。自衛隊や消防庁の救助ヘリをさらに上空から俯瞰で撮影する報道ヘリは言うまでもなく危険だ。距離が近ければ下のヘリに影響を与えて事故を誘発する可能性もある。それよりも、報道ヘリの音が瓦礫に埋もれた被災者の救助を求める声も掻き消してしまう。救助隊を妨害するような事態を引き起こしていることをメディアは知ろうとしない。

そして十七日にはメディアを告発するようなツイートがツイッター上を駆け回る。以下のツイートと一緒に関西の民放局と思われる中継車の写真が投稿された。

《ガソリン入れるために朝早くからたくさんの人が並んでたのに横入りされて、母が「後ろに他の人もいるので並んで下さい」って言ったのにも関わらず無視して我先にとガソリンを入れてました。テレビ局だからいいんですか？ もう少し考えて欲しい》

被災者にしてみれば、テレビ局の中継車や新聞社の車など、自分たちの不幸をネタにする商売のために群がって来る闖入者としか思われない。いや、正確に言えば、思われなくなったの。もはやメディアは〈公共性〉をもった機関と認知されなくなったのだ。この現実を当のメディアはどこまで深刻に考えられるのであろうか。日本独特の記者クラブ制度が保証する〈メディア特権〉をもはや一般国民は認めない。それだけの価値を置かなくなったということだ。

韓国人ライターで日本留学や在住経験のある崔碩栄（チェ・ソギョン）氏が最初の地震の翌日にこんなツイートした。

《熊本地震対する韓国のニュースに韓国人の酷いコメントが溢れる。また数千、数百人が「いいね！」をクリックしそれに共感してる。いいね！が多い順でみても他人の不幸に微笑んでる。親韓派と言われる人たちは「韓国はそんな反日ではない」とよく言うが、彼らは韓国語文盲か、嘘つきかどっちかだろう》

台湾からは様々な地位の高官が日本を案ずる声や義援金のメッセージが多数届けられ、台湾市民の、日本を心配、応援する声がネット上に溢れ返った時に、韓国人ライターの崔氏は、恐らく表現者としても自国民が嘆かわしく悔しい想いで、このメッセージを日本人に向けて投じたのだろう。そんな現実を無視してきた日本メディアは、受け手の信頼をすでに失っている。

それでもメディアが隠すもの

舛添都知事が激しいバッシングに曝されている。最初は海外出張の経費が並外れていたことから東京都に批判が殺到した。やがて「週刊文春」も都知事就任前に政治資金を私的に流用していた疑いを大きく報じ、地上波テレビ各局も揃って後追い報道をした。しかし、この舛添都知事報道に大きな不思議がある。

それは、海外出張経費と政治資金規正法に触れる疑いを報じる前に、なぜか、もっと大きな問題である民団への都有地貸与が全く報じられていないことだ。舛添都知事が韓国を訪問し朴槿恵大統領と会談した際に、都心の一等地である九段の都有地を、彼個人の一存で韓国人学校に貸与すると決めていたのである。

その後、日本・民進党の山尾政調会長が例の「保育園落ちた日本死ね!!!」というヤラセの疑いがあるブログの一節を国会で取り上げたことで、新宿区がこの都有地を保育園用地にしたいと都に申し出ていたことまで明らかになったのに、ほとんどのメディアは黙殺している。産経のみが舛添都知事の都有地の韓国人学校への貸与問題を一連の舛添疑惑の一つとして報じたが、他のメディアは何をやっているのか。

外添都知事と韓国との特別な関係に触れるのを避けているか、韓国のネガティブ情報をできるだけ隠そうとしていると、受け手に疑われても仕方がない。しかも、問題はさらにある。このままでは韓国で開催が危ぶまれている平昌冬季五輪への東京都の支援と、それに抱き合わせての東京五輪への韓国の関与を、舛添都知事が勝手に推進してしまう可能性も否定できないからである。メディアは最も大きな問題に触れないようにしている。

熊本地震後の世論調査で、軒並み安倍内閣の支持率が上昇しているが、この問題もなるべく取り扱わないようにされている。支持率向上は地震への対応だけでなく、今月二十六日からのG7サミットで来日するオバマ米大統領が広島を安倍首相と訪問することが背景にあることは想像に難くない。安倍政権の外交安全保障政策がやっと国民にも理解されて来たからだ。

実は、すでに四月九日に内閣府が発表した「社会意識に関する世論調査」で多くの国民が安倍政権の外交を高く評価していた。《日本が良い方向に向かっている分野を複数回答で聞いたところ、「外交」が13・4％で、前回調査（平成27年1月）に比べ3・8ポイント増加した。「防衛」も10・3％と前回比で2・4ポイント増え、いずれも質問を始めた平成10年以来最高となった》（産経WEB版四月九日）。にもかかわらず、ほとんどのメディアはそれを報じず、例えば朝日は《「景気、悪化している」29・5％　内閣府世論調査》（四月九日付）、毎日も《内閣府調査　社会満足度：若者ほど低く》（四月九日付）とそれぞれネガティブな見出しで報じていた。

とても同じ世論調査の結果とは思えない報道ぶりで、朝日、毎日、中日、北海道新聞、沖縄二紙などの読者は情報が遮断される。普通、多くの人は見出しを見るだけだからだ。

ところで、朝日は五月十五日の社説《「1億総活躍」社会　消費増税の支えが必要だ》で、《税率10％への消費増税を、予定通り2017年4月に実施するのか、先送りするのか。安倍首相がいつ、どう判断するかに関心が集まっている》とし、《増税はもともと15年10月の予定だったが、首相は一昨年秋、先送りを決めた。経済指標を見れば、現状が「リーマン級」「大震災並み」と言えないのは明らかである。過去最高を更新してきた企業収益に陰りが見え、熊本地震も起きたが、長期的な視点に立って消費増税は予定通り実施するべきだ。（中略）首相に求められるのは、将来を見すえ、社会や経済の構造を変えていく政策判断である。目先の選挙を意識し、有権者の歓心を買おうとするかのような対応は、政策をゆがめ、国民にツケを残すだけだ》と、朝日らしからぬ増税のススメ。

増税すると民進党と共産党が選挙に勝つと朝日は本気で思っているようだ。日本の安全保障上の危機もほとんど隠蔽する朝日、毎日系メディアが、熊本地震報道で米軍輸送機オスプレイの活躍を非難したことを、被災者だけでなく多くの国民は注意すべきである。

舛添問題と尖閣問題

舛添都知事が辞任した。東大教授時代に国際政治の若手論客としてテレビ朝日の「朝まで生テレビ」にレギュラー出演をするようになってから知名度が上がり、都知事選挙にも立候補、国会議員になった〈テレビの申し子〉だった。そんな舛添氏が最後は執拗なテレビ報道で辞任を余儀なくされたのは余りに皮肉である。

出張経費や国会議員時代の政治資金問題だけが取り上げられたが、最も責められるべきは、韓国朴槿惠大統領との会談で、政府の外交方針と整合性のないまま一存で取り決めた都有地の韓国人学校貸与である。しかし、テレビ報道は重大なことを伝えないまま、テレビの寵児が〈テレビスクラム〉の生贄となった。

だが、当時、メディアが舛添問題より大きく取り上げなければならない、日本の危機に直結する大きな問題があった。六月八日午後九時半から九日にかけて、人民解放軍海軍のミサイルフリゲート艦が尖閣諸島の接続水域に接近していた。

ちょうどその日に、沖縄本島と宮古島の間を抜けて西太平洋へ出入りする沖縄の南東海域で、日印米三カ国海軍の合同演習が始まる予定だった。その日に合わせて、シナは意図的に尖閣の接続水域に初めて人民解放軍のミサイル艦を進入させたのである。そんな背景の説明も日本の一般メディアは苦手である。軍事と安全保障が外交に直結するという常識すら無視しているからだ。

さすがに六月十日の全国紙は全ての社説でこの問題を取り上げたが、朝日だけはまるで中国共産党に寄り添うように無視をした。そして一晩寝かせた翌六月十一日にやっと掲載した《尖閣に中国艦　日中の信頼醸成を急げ》という社説は、哄笑を誘う以外なかった。竹島を譲ってしまったらどうだ、と書いた故若宮主筆のポリシーは継承された。

《肝要なのは、危機をあおるのではなく、目の前の危機をどう管理するかだ。海上保安庁や自衛隊が警戒を強めることは必要だが、それだけで不測の事態を回避することは難しい。政治、外交、軍事、経済、文化など幅広い分野で、重層的な対話の回路を広げていく必要がある。留学生など市民レベルの交流も、もっと増やしたい。対話のなかで、お互いの意

図を理解し、誤解による危機の拡大を防ぐ。求められるのは、日中双方による地道な信頼醸成の取り組みである》

およそ独立国家としての安全保障や外交とは無縁な『カエルの楽園』のデイブレイクそのものの演説である。一カ月前のG7伊勢志摩サミット後のオバマ大統領の広島訪問に先立つ五月二十四日、天声人語はこう書いた。

《たしかに米国は原爆の「加害」を直視してこなかった。しかし向き合わせる努力を、日本はどこまで真剣にしてきただろう。日米安保体制にあっても、原爆投下の意味を理解させようとしたか▼米軍の加害を問うなら、旧日本軍の加害から目を背けるわけにはいかない》

まるで危ない薬でも飲んだかのように論理が飛んでいる。《米軍の加害を問うなら》原爆慰霊碑の主語が曖昧な「過ちは繰り返しませぬから」を書き換えるか、同じ場所に昭和二十年（一九四五）八月十日、長崎に人類史上二回目の核攻撃が行われた翌日に、日本政府が永世中立国スイス在住の加瀬公使を通して米国政府にあてた米国の戦争犯罪を告発する抗議文を刻みつけるべきではないのか。この抗議文は昭和二十年八月十一日の朝日の一面に掲載されているではないか。

そもそも、第二次安倍政権発足以来、三年半にわたって推進された外交戦略があったからこそ、オバマ大統領の広島訪問も実現できたのである。当然、その中で「特定秘密保護法案」と集団的自衛権を一部行使する「平和安保法制」が重要なファクターとなっている。

さて、舛添問題に話を戻すと、都知事選に向けて、早速G7のプロパガンダが始まった。舛添辞任が発表された六月十六日、G7朝日とTBSの夕方のニュースが、同じ女性の街頭インタビューを放送した。「都知事は蓮舫さんがいい」と彼女は言っていたのだ。

朝日新聞と赤旗が敗戦した夏

まず七月三十一日（※二〇一六年）に投開票が行われた都知事選に触れなければならない。というのも、今回の都知事選はこれまでのメディアの役割を、大きく変えたものになったからである。選挙結果で明らかになったのは、有権者の情報リテラシーの変化と、デジタル・ディバイドの鮮明化である。既存メディア、特にテレビがネットに敗北した選挙として、日本の選挙報道の歴史の転換点となるであろう。

既存メディアでなく、インターネットへの様々な端末からのアクセスを、有権者は判断の材料にした。その情報の素材の多くは既存メディアの新聞、テレビだが、それらの情報を並列にフラットに置いて比較検討が可能になり、さらにツイッターやフェイスブックというSNSがそれらの素材に〈受け手〉の解説が加えられたコンテンツとして流通していた。

猪瀬元都知事の内田自民党東京都連幹事長への批判がネットメディアで公開され、樺山元都議を自殺に追い込んだ疑惑や様々な利権構造を示唆する記事が既存メディアと異なった場所から発信され、小池百合子候補が大方の予想を裏切って選挙戦序盤からリードした。

また、小池候補のリードを視聴者が地上波に比べて圧倒的に少ないBSフジの報道番組「プライムニュース」が加速させた事実がある。主要三候補を揃えた討論で、反町理キャスターが地上波では決して訊かない外国人地方参政権について質問し、三人が答えた映像がネット上に広範に広まった。鳥越氏は「十年くらい住んだら権利があってもいい」、増田氏は「東京都民に訊きます」と言い、明確に「必要ありません」と返答できたのは小池氏ただ一人だった。さらに、離島に外国人が集まれば、住民投票でも安全保障上の懸念になることを彼女はつけ加えた。

この様子は地上波テレビや新聞でしか情報を取らない有権者は知り得ないが、ネットで広く拡散された。その証拠に私のフェイスブックに投稿したこの場面の動画は、選挙戦序盤の七月十七日時点で四十五万回以上の再生数だった。恐らくこの時点で、既存メディアが描いていた〈自公与党・増田vs.野党共闘・鳥越〉という構図は完全に崩壊していた。

都知事選の結果を報じた八月一日の赤旗は、一面トップに《鳥越氏が大健闘　野党と市民の共闘発展》と大きく掲載した。百歩譲って、鳥越氏が健闘したかどうかは別問題としても、誰が当選したかを大きく報じられないのは、全体主義政党の機関紙たるゆえんである。小見出しに小さく《当選は小池百合子氏》とあるのだが、プロパガンダの見本のような紙面は、ただ笑ってすまされるだけの問題ではなかった。

というのも政党機関紙でもない朝日が、八月十四日の一面トップに《SEALDs、15日解散　若者たちが残したものは》という記事を掲載した。シールズとは、共産党の民青に代わる学生組織としての機能も果たし、若い世代への宣伝機関として反日サヨクメディアに持ち上げられた団体である。

この記事の見出し、《若者たちが残したものは》に客観的に答えれば、この団体が決して〈若者たち〉の代表ではなかったという事実しかない。昨年からの反日へイトメディアによる絶望的に低レベルな安保法案反対デモの広報部隊として、それらメディアに持ち上げられた団体が何一つ成果を残せないまま消滅するだけのことに、朝日は無意味な言葉の羅列で何を訴求したかったのであろうか。赤旗の都知事選結果を伝える記事と同じ構図ではないか。

朝日や赤旗にとって、もはや彼らの社論や党派性を伝えてくれる存在が、この団体しかないのなら、あまりに悲惨で目を覆いたくなる。よく考えれば、参院選挙でも四野党共闘のシンボルとして祀《まつ》り上げられ、民進党の結成大会にはゲストとしてシールズ代表だった奥田氏が招かれていた。そして、朝日は八月十七日付の社説で《シールズ解散　個人の連帯これからも》という社説を掲載した。琉球新報も同じような社説を掲載したのだが、恐らく人民日報も秘かに同じタイトルの社説を掲載したかったはずである。

「蓮舫」二重国籍隠蔽事件と奇妙なメディア

小池百合子都知事が誕生した時と同じ現象が起きている。既存メディアがほとんど機能せず、ネットが既存メディアに成り代わって問題を提起し、印刷媒体がＷＥＢメディアの後追い報道をする。さらにネット掲示板や個人ブログで情報が集積され、それらの集積された情報が徐々に拡がった。

今回ＴＶはただの追認報道で、地上波テレビのほとんどは蓮舫氏が民進党代表に選出された九月十五日の時点で追認もできない状況だった。つまり、実際に何が起きているのかを、受け手がテレビ報道にしか接していないと全く解らない、そんな情報鎖国の難民になっている。

蓮舫氏に現在、「国籍法違反」「旅券法違反」「公職選挙法違反」の嫌疑があることをどれだけのメディアが報じたのだろうか。ＮＨＫのＮＷ９やテレ朝系報道ステーションは問題点に何も触れられず、野党第一党の新代表の抱負をにこやかに訊いていたのである。焦点の二重国籍問題も些細に扱い、蓮舫氏の一方的な釈明をただ垂れ流すだけだった。メディアの役目を全く果たせていないお粗末な状況を露呈した。というより、メディアの資格がない。

二重国籍問題は八月上旬の時点で、元通産官僚で滋賀大学教授の評論家、八幡和郎氏がブログの集積サイト「アゴラ」で一石を投じたのが始まりだった。その後、「アゴラ」を運営する元ＮＨＫの評論家、池田信夫氏が八幡氏の記事をフォローし、お互いに追加記事を二十本以上寄稿し、情報の精度を高めて行った。八幡氏が最初の記事を寄稿した時点で夕刊フジが大きく取り上げたことは賞讃できる。産経本紙も報道を開始し、民主党代表選立候補者の記者会見で質問をしたのは産経だけだった。

重要なのは、そんな流れに並行してSNSで情報を共有した多くの人々が、さらに蓮舫氏の二重国籍隠蔽の真相を追及できたことである。そういう背景があったから、他メディアも報じ始めたが、ほとんどが当たり障りのないものだった。中には神奈川新聞のように真っ向から二重国籍を追及する動きを差別問題にすり替えて、疑義を呈するコラムを掲載した恥ずかしいメディアも登場した。

九月十五日（※二〇一六年）に米国の調査会社ギャラップが、毎年行っている米国のマスメディアの信頼度の調査結果を発表した。それによれば、昨年四〇%だった信頼が今年は一気に三八%に急落した。欧米のメディアへの信頼度は概して低く、他の調査ではもっと評価が低い。テレビ、新聞とも信頼されていない。したがって昨年の四〇%という数字に驚いたのだが、日本できちんとこのような調査が第三者機関によって定期的に行われていないのは問題である。私が知るデータでは、日本人は概してメディアへの信頼度が高く、新聞、テレビへの信頼はそれぞれ七〇%、六〇%以上という結果になっている。

そんな状況だから、蓮舫氏が「国籍法違反」「旅券法違反」「公職選挙法違反」の三つの罪に問われる可能性があることをほとんどの人は知り得ない。知らせるべき重要なことをメディアの判断で報じない。情報を隠蔽する。かつて民主党政権時代に、ペルーの日系人のフジモリ元大統領の二重国籍が辻元清美議員によって追及されたが、その時は大きく報道されていた。フジモリ氏を自民党議員も含めた保守系の人々が保護していたからである。

だが、当時の報道でフジモリ氏の二重国籍を追及することが「差別」であるとか、「グローバル世界の理念」に反する、などと言って批判したメディアはなかった。今回、もし蓮舫氏が自民党議員だったら、連日テレビが朝から夜まで騒ぎまくり、新聞も交えてのメディアによるリンチ状態になっていたことは想像に難くない。

そんなメディアの危険性を改めて教えてくれたことが、蓮舫氏の二重国籍隠蔽事件の良かったことである。「脱法ハーフ」という言葉もネットから生まれたのもなかなか洒落た副産物である。

朝日新聞とテレビ報道のファイアーウォール

九月以降、民進党蓮舫代表の二重国籍問題の報道が日本のメディアの問題点を抉り出している。特定のメディアが全く報じないようになり、情報格差が拡がっている。日本の言語空間が完全に二分されている。冷戦時代はベルリンにはベルリンの壁があり、東ドイツの東ベルリンの市民は、西ベルリン市民の情報を共有することはできなかった。

現在、日本には〈東京の壁〉が存在している。ベルリンの壁は物理的に情報とモノと人を遮断する共産主義の防波堤だったが、〈東京の壁〉は情報を遮断するファイアーウォールになっている。まるで中国共産党が金楯と呼ばれるサイバー空間の壁で情報統制をしているのと同じだ。

十月十五日（※二〇一六年）に蓮舫代表は記者団に囲まれ、「日本国籍の選択宣言をした」と答えた。それが十月七日だという。つまり、これまで彼女が二か月にわたって説明して来た内容は全て嘘だったのだ。国籍法違反の疑いの他、経歴詐称による公選法違反の疑いまで現実味を帯びる。翌十六日に産経は《蓮舫氏　国籍法違反疑いも　台湾籍離脱不受理だった》という見出しで写真付きで三面肩に四段抜きの記事を掲載した。野党第一党の代表の国籍問題なのだから当然の扱いだ。

ところが朝日は、第四面の首相動静欄横のベタ記事で、《日本国籍の選択宣言》という見出しのわずか十三行の記事で済ませている。一五六文字である。この朝日の記事だけでなく、テレビのニュースはほとんど報道しない。それらのメディアは国籍というものを軽視しているのでなく、実は非常に敏感になっている。だからこそ細心の注意を払って可能な限り報道することを避けるのである。

刑事事件の報道も、例えば今年の七月二十九日に大阪のマンションで大麻を栽培し販売していた男が検挙された事件で朝日はいわゆる「通名」、通称の日本名で報道し、本名の韓国人名で報道しない。十月六日に《高齢者のキャッシュカード詐欺容疑　百貨店従業員名乗る》という報道があったが、ここでも詐欺事件の暴力団組員の本名は報道されない。毎日でも報道しているにも拘わらずだ。

朝日はいったい、何のために、誰のために、このような偽装報道を行なっているのだろうか？　刑事事件の報道で外国人が容疑者の場合、韓国人はほぼ一〇〇％本名で報道されず、通名の日本名で報道されるのは、日本人に罪をなすりつけ、日本人の犯罪を増やす以外にどんな目的があるのだろうか？

一方、十月十七日にテレビニュースで、東京で「落書き禁止」の看板を設置する話題を紹介した。「落書きは犯罪」というメッセージが書かれているのだが、日本語と英語の表記のみである。犯罪を警告する表示なら、ハングル文字と簡体字（文革漢字）のシナ語こそふさわしい。英語圏の外国人に対する「差別」ではないか、というメールが私に届いた。

このメールの送り主は、ポリティカル・コレクトネスが必要以上の猛威をふるうと米国のようになってしまう危険性を皮肉ったのだ。男女別のトイレはＬＧＢＴ差別だという仰天するような判決が米国だけでなく、日本でも出て来るかも知れない。

そうかと思えば、毎日新聞は十月十五日に《差別と戦争、危うい関係　在日の詩人・金時鐘さん》という記事でこの〈詩人〉のインタビューを掲載した。

《「侍ジャパン」などと言うでしょ。名字を認められ、切り捨て御免を許された特権階級が侍です。だから明治維新後に名字をもらい、徴兵されて兵隊になった農民は「侍にしてもらった」と感激し、あっという間に忠君愛国の政治体制がつくられた。「侍」を喜々として使う風潮に、かつての農民たちの姿を見ずにいられません》

呆れるほど教条主義的な、つまり時代遅れのサヨク思想全開の論理だ。金氏が何を想おうと自由であるが、少なくとも日本文化の中で武士道がどのような役割を果たしたのか、そして今も活きているのか、そんな考察の余地もない。これを反日ファシズムという。

蓮舫二重国籍とトランプ大統領誕生

すでに七月（※二〇一六年）の都知事選報道から顕著になっていた。それは、メディアが世の中で起きている事実や実態を伝えられないという大問題である。世の中の出来事を客観的に伝えるのがメディアの役割なのだから、もはや完全に機能不全を起こしている。民進党蓮舫代表の二重国籍問題は九月以降、特定のメディアが全く報じないようになり、情報格差が拡がった。日本の言語空間が完全に二分されたと言えるのだが、メディアが全く違った世界を見てそれを伝えているかのようである。

十月十五日に蓮舫代表は記者団に「日本国籍の選択宣言をした」と答え、国籍の選択をしたのが十月七日だと言った。それも現時点で嘘の可能性が高いが、その時点で、それまで八月から説明してきた内容は全て嘘だと判明した。国籍法違反、経歴詐称による公選法違反の嫌疑が深まったのに、産経以外のメディアは追及をしない。

十月十六日に産経は《蓮舫氏　国籍法違反疑いも　台湾籍離脱不受理だった》という記事を写真付きで三面肩に四段抜きで報じた。腐っても野党第一党の代表の国籍問題なのだから当然である。

ところが朝日は、第四面の首相動静欄の横のベタ記事で《日本国籍の選択宣言》という見出しでわずか十三行の記事で済ませている。一五六文字、ツイッターの百四十字に毛が生えたようなものだ。朝日だけでなく、テレビニュースはほとんど報道しない。それらのメディアは国籍というものを軽視しているのではなく、実は、非常に敏感になっているのではないだろうか。だからこそ、細心の注意を払って可能な限り報道することを避けるのである。

さて、米大統領選でトランプ候補が勝利し、日米のメディアが全て予想を外したことが話題になった。日米とも同じ現象が見られたが、日本のメディアは米国より深刻だ。主流メディアを「メイン・ストリーム・メディア」、MSMと米国で呼ぶようになったのはイラク戦争の頃からだが、米国でそんな言葉が誕生したのは、主流メディア（MSM）に対抗する手段が確立しつつあったからだ。

さらにこの十年で、インターネットの急速な技術発展とデバイスの拡がりと多様化が、さらに情報革命に拍車をかけていた。そんな情報環境で米国民はCNNや三大ネットのABC、CBS、NBCが伝える情報と全く異なった情報を得ることができた。米国のメディアは新聞も含め、政治主張を明白にするが、MSMのテレビや二百紙以上ある新聞で、トランプ支持を打ち出したのは、たったの一紙に過ぎなかった。

影響力のあるメディアで唯一例外だったのは、CNNと同じケーブル局のニュース専門チャンネルFOXだった。FOXはややトランプ寄りというスタンスで報道に臨んでいたからだ。つまり、既存メディアの九〇%がヒラリー支持、ヒラリーに偏った報道をしていた。その時点で米国のMSMは、蓮舫報道の日本メディアのように、この世の中で何が起きているかを伝えることをあらかじめ放棄していたのである。

だが、米国民はこの十年以上で培っていたメディアの読み方、メディア・リテラシーを駆使した。たとえば、元国務長官補でトム・クランシーとの共著もある作家のスティーブ・ピチェニックがYouTubeで発信した動画は、数百万の再生になっていた。彼は「ヒラリーが米国を乗っ取る」と訴えていたのである。ウォール街と多国籍企業のために政治を行う潤沢な政治資金のヒラリーは、ヘッジファンドから四九八〇万ドルの選挙資金を得ていたが、トランプはわずか一万九千ドルだった。

日本メディアは米国のMSMの報道をそのまま伝える、コピペ報道しかできず、そんな情報は一切日本には伝わっていなかった。投票日の特別番組で、各局の慌てぶりと混乱は画面からでも手に取るように解った。TBSはまるで葬儀会場から中継をしているような状態だった。トランプ大統領誕生の原因は、米国人が米国にまだ正義と民主主義が残っていることを証明したことにある。犯罪者をホワイトハウスに送るな、という明確な意思をMSM以外のメディアから情報を得た米国民が共有していたのだ。

映画「海賊とよばれた男」の原作者隠し

十二月十日（※二〇一六年）に「海賊とよばれた男」が封切られた。観客動員も好調でかなりの興行成績が見込まれそうだ。今年は日本映画の当たり年だったが、奇妙なことが起きている。それは、「海賊とよばれた男」は、二年前の年間邦画興行収入一位になった「永遠の0」と同じ山崎貴監督と岡田准一主演というコンビで、東宝も力を入れてプロモーションを行なっていたが、原作者の百田尚樹がほとんど報じられていないことである。

十二月十一日、封切り翌日の日テレ系「バンキシャ」でも、日テレがこの作品を製作したこともあり、山崎監督はゲストコメンテーターとして出演していたが、原作者に言及されることは一切なかった。百田尚樹の原作は、平成二十五年（二〇一三）に第十回本屋大賞を受賞、文庫化され、何と四百万部のベストセラーになっているにも拘わらずだ。

出版不況の時代に驚異的な読者を獲得した小説なのに、原作者への言及がないばかりか、原作者のインタビュー、監督や主演俳優とのコンビでのインタビューも一般メディアで全くないのは非常に不思議だ。

いったい、何が起きているのであろうか。実は、TBSテレビが今年四月に本屋大賞受賞作を「あさチャン」で紹介した時に、過去の受賞作リストから、驚くべきことに平成二十五年（二〇一三）受賞作の『海賊とよばれた男』が削除されていたのである。どう考えても意図的に〈百田尚樹〉という名前を消したのである。

いったい、メディアの〈何〉が、百田氏の名前を消そうとするのだろうか。今年のベストセラー小説になった百田氏の『カエルの楽園』も、新聞で書評が掲載されたのは産経新聞だけで、他の全国紙と地方紙は黙殺している。二十万部を超えるベストセラーになったにも拘わらず、この小説の存在を可能な限り知らせたくないと考える人々が、メディアの情報回路を操作している。それ以外に理由は考えられない。

だとしたら、我が国がここまで恐ろしい社会になっていることに、多くの人が気づかないことが、ますますこの恐ろしさを増幅させているのではないか。言論・表現の自由が保障されている国に住んでいると誰もが全く疑わない内に、巧妙で陰湿な言論統制のシステムが出来上がっている。まるでGHQの見えない言論統制が継続しているかのようだ。

私たちの国が、旧ソ連や中国共産党が統治するシナ、朝鮮労働党が支配する北朝鮮であるなら、およそ表現者を自任する者であれば、言論の自由のために戦うモチベーションを保持できる。ところが、現在の日本に張り巡らされた言論弾圧と、表現や言葉の自由を奪うシステムは不可視な闇の中の存在であり、表現者が戦う相手の正体を見究められないいま、真綿で首を絞められるように徐々に自由を奪われていく。全体主義の姿・カタチが見えないのである。

その一方で、国家権力、つまり安倍政権が報道の自由を奪っているという主張が多くのメディアで広範に報道され、連合国（国連）の人権理事会特別報告者、デビッド・ケイ氏が来日し四月に記者会見を行った。前後して国際NGO「国境のなき記者団」が毎年発表する報道の自由度ランキングで日本が七十二位であり、前年より十一位下がったことも発表された。だが、それらは仕組まれた演出に過ぎなかった。

しかも、それに先立つ三月に田原総一朗を中心に、岸井成格、鳥越俊太郎、金平茂紀、大谷昭宏、青木理が揃って海外特派員協会で報道への圧力について記者会見を行った。もっとも会見では田原が「安倍政権の圧力というよりジャーナリスト側が堕落している」と本音を吐露し、鳥越らと仲間割れするかのような一幕もあった。

実は、このメンバーは十四年前に北朝鮮から五人の拉致被害者を奪還した後、五人を北朝鮮へ返せと主張していた人々だ。と同時に彼らに連なる〈何〉かが、現在、百田尚樹の名前を消そうとしているのだと推察できる。電通のTBS担当の営業七名の内、四名が韓国人だと聞いた。スポンサーも韓国系企業だ。こんな構造では客観的な韓国批判など報道できるわけがない。それも見えてきた全体主義の一部である。

メディアに黙殺される安倍外交四年の成果

トランプ新大統領との日米首脳会談の報道をみると、どうもメディアの姿勢がおかしい。まず、訪米前に貿易問題や為替問題での対日圧力を全てのメディアが懸念材料としていた。それがものの見事に外れたが、その検証が全くなされていない。むしろ自らの報道をなかったものにして、的外れな上げ足取りに終始した。

そもそも会談の日程が決まった時点で、英国メイ首相に続いて安倍首相が二人目の首脳会談の相手になったことを、客観的に分析する報道はなかった。日本が米国にとって英国に次いで最重要な同盟国になったことを素直に評価できないのである。しかも、そうなったのは、朝日、毎日や、地上波テレビが総力を挙げて批判してきたこの四年間の安倍政権の安全保障政策があったからだ。

それは、第二次大戦後の世界秩序が大きく転換していることを物語っているが、日本の左傾メディアには理解する頭がない。もっとも、それは欧米メディアも同じで、第二次安倍政権が誕生した四年前から、欧米主要メディアはいくらかの警戒感を以て安倍政権に対応した。

ところが、昨年（※二〇一六年）十二月に大統領当選後のトランプ氏と安倍首相のニューヨークでの初会談前に、就任当初から一年間は安倍首相に懐疑的だった、シンクタンク、アメリカン・エンタープライズ公共政策研究所（AEI）上級研究員のマイケル・オースリンが、こんな記事を米国の外交・軍事専門誌「ナショナル・インタレスト」（国益）に寄稿していた。

《トランプが安倍首相に会う前に知っておくべき5つの事柄》という題名で、一九六〇年代の岸信介以来、安倍は最も成功した総理大臣であり、彼からアジア情勢のことを教えてもらうべきだと書いていたのだ。オースリンはこの論文で《一九六〇年代から》としたが、戦前からの長いスパンでも、安倍首相への客観的評価は変わらないのではないか。

海外メディアの安倍叩きのどんな小さな記事でもあれば、共同通信は欣喜雀躍として針小棒大に伝え、朝日、毎日、NHK、テレビ朝日、TBSはこぞって報道する。むしろ、それらのメディアが日本から安倍叩きの材料をニュースとして仕上げて、それを海外メディアが報道したものを、米国では、英国でも、フランスでも、シナでも、韓国でも、安倍が批判されている、という〈情報ロンダリング〉が行われてきた。

だが、このように安倍首相を素直に客観的に評価した記事を日本メディアが伝えることはほとんどない。悪評の〈情報ロンダリング〉だけが拡大再生産される。

ところが最近ではそれもなかなか通用しなくなっている。実際、十年前の安倍首相の訪米直前に、「慰安婦は狭義の意味で強制連行されたのではない」と官邸のぶら下がりで記者団に答えると、二時間後にはニューヨークタイムズ、APなどが「安倍は歴史を否定した」と報じていた。恐ろしい日本へイトのフェイクニュースが、在日や日本人と欧米の反日ジャーナリストの〈情報ロンダリング〉で乱造されていたのである。

時代は変わった。歴史問題なると人民日報やCCTV顔負けの反日捏造歴史観で日本を叩く英国公共放送ＢＢＣがこんな報道をした。

《日本の安倍首相、トランプとの外交的ホール・イン・ワン！》という見出しで、安倍首相がトランプ大統領に外交が何であるかを指南したとまで伝えている。実際、日米会談の内容を細かく分析すれば、日本が一本取ったというカタチである。

世界をリードする日本国総理大臣などという存在は、少なくとも戦後は一人もいなかった。戦前の日本にはいたかもしれないが、安倍首相は歴史上稀に見る存在になった。今年のＧ７サミットでも、間違いなく安倍首相がサミット全体をリードするだろう。ところが、日本ではそんな報道は産経を除けば皆無に近い。

二月十四日に厚労省が保育所でも国旗国歌を教える方針であると報道された。共同は「押し付け懸念」と奇妙な記事を配信したが、朝日の女性記者がツイッターで《こわいこわいこわい》とＲＴしている。時代に取り残されることの無惨さが悲哀すら感じさせる。

朴槿恵大統領弾劾と森友学園騒動

韓国の朴槿恵大統領が憲法裁判所で罷免された。予想通り、昨年来韓国中を熱狂の渦に巻き込んだ弾劾デモとメディア攻撃の前で、韓国憲政史上初の大統領弾劾が成立した。韓国では朴大統領支持派と弾劾派の激しい対立があり、混乱の中で三名が亡くなった。

一方、ネットを中心に朴大統領を罷免に追い込んだデモ行為をノーベル平和賞に、という声も挙がっていて、大真面目に議論されている。また、韓国の民主主義の勝利であるという言説も左傾メディアを中心に大きな支持を集めている。

この混乱を報じる日本メディアは、ただ韓国の報道をなぞるだけで、客観的な論評は非常に少ない。いや、それよりまともな報道がないと言っていい。というのも、日本メディアは二月（※二〇一七年）中旬から一カ月以上狂ったように大阪の〈森友学園問題〉を報じているからである。どうもこの報道の仕方、報道によって醸成される空気が、朴槿恵大統領の弾劾報道と似通っている。

朴大統領弾劾の契機となったのは、昨年十月に韓国のテレビ局ＪＣＴＶが大統領の古くからの親友、崔順実氏のタブレットに国家機密の漏洩があったと報じたことだった。ところがそのタブレットが贋物であるという報道もあり、何が事実であるかが曖昧なまま、韓国の気分と感情だけが大統領弾劾運動を領導してきた。だが、これまでの韓国の歴史を振り返れば、間違いなく朴槿恵大統領は罷免されると思っていた。予想通りだ。

少し似ているのは、八年前に日本で民主党政権が誕生した時の空気である。古くを遡ればロッキード事件の田中角栄逮捕もそうだった。八年前にメディアが醸成した〈空気〉は、明らかに民主党政権の実現を期待していた。十年前の七月の参院選前に国会で年金問題が大袈裟に報じられ、当時の第一次安倍政権の瑕疵でなかった年金問題や閣僚の辞任が七月の参院選の結果となり、安倍政権の足を引っ張った。

そして、その二年後の八年前。中川昭一財務大臣記者会見酩酊事件や「総理はいつもホテルのバーを利用する」などという麻生内閣への信じられない攻撃が続き、全てのメディアは連日、根拠もないのに「政権交代」というスローガンを囃し立て、増幅した。中川大臣の酩酊会見には様々な工作が仕掛けられたという情報も、メディアは一切口をつぐんだ。そして衆院解散前から「民主党政権の誕生は、日本で最初の民主主義の実現」などという空疎なデマがふりまかれていた。当時、日本の民主主義はメディアに蹂躙され、デモクラシーでなく、メディアクラシーだったと言える。今の流行の言葉で云えば、〈フェイクニュース〉の洪水だった。だが、そんな第四権力としてのメディアの情報統制が八年前の総選挙で見事に壊滅したのである。メディアクラシーへの我が国の民衆の抵抗が、五年前の第二次安倍政権を誕生させたのは言うまでもないことだ。

トランプ大統領がニューヨークタイムズ、CNNという米民主党の宣伝機関のようなメディアと選挙戦から戦い、大統領就任後もメディアとの戦いが続いている状況と、安倍政権VS.メディアの対立は、実にパラレルなのである。

森友学園騒動は、まさに〈空気〉を醸成させるために、メディアが仕組んだメディアスクラムと、無知で差別的な教育内容批判が異なったレベルで混ざり合って増幅された。それが少なくとも一カ月以上も続いている。問題は非常に単純で、森友学園が開校する予定だった小学校の許認可に政治の関与があったのかどうか、国有地の払い下げ価格が適正であったかどうか、それだけが問われればいい。

ところが、森友学園の幼稚園が「教育勅語」を暗唱させている、「安倍総理頑張れ!」という言葉を園児たちに叫ばせている、と全く異なった次元の話が意図的に混淆《こんこう》されて、まさに日本を憎悪する〈ヘイト報道〉が展開されている。「教育勅語」や現職総理への応援メッセージには何の罪もなく、事実とすれば申請の手続きに罪があった。ましてや稲田防衛大臣が十年前に弁護士として裁判に関わったことに問題があるわけがない。それを問題視するために圧倒的な報道の物量で受け手への印象操作を行っている。

その代わりに、本来報道されるべき朝鮮半島や尖閣の危機情報が隠蔽されている。

朝鮮半島とメディアの危機

戦争や大災害など危機的状況が訪れた時、本来メディアは力を発揮しなければならない。まさに〈媒体〉として様々な事実を伝え、事象の的確な分析の〈媒介〉となる。

ところが、四月六日（※二〇一七年）に米国がシリアを巡航ミサイル、トマホークで攻撃を行なった前後から、多くの日本メディアがそんな機能を果たしたとは言えない。むしろ、伝える事実は断片的になり、それどころか、メディアにあるまじき情報操作、印象操作で受け手を洗脳することが恒常的に行われている。

北朝鮮は米国のシリア攻撃前日の四月五日に、ミサイル発射実験を行なった。ちょうどフロリダで米中首脳会談が開かれた時だ。北朝鮮の独裁者、金正恩はそれに併せて〈祝砲〉を放った。ちょうど前々日の四月三日に、防衛省は自衛隊機のスクランブル発進が過去最高の回数になり、冷戦期を上回るものになったと発表している。

こうやって、つい最近を振り返るだけでも、日本が置かれている軍事的な厳しい状況が理解できる。だが、自衛隊機のスクランブル発進が過去最高になったことを伝えるＮＨＫ

のＮＷ９は一般視聴者が見過ごしてしまう悪質な印象操作を行った。

ニュース原稿そのものに問題があったのでなく、画面の上半分に五星紅旗がはためく中にシナの戦闘機がオーバーラップして現れ、画面下半分に日の丸が翻り空自戦闘機が飛ぶ……。そんな映像が流れた。二カ国の国旗を映像で表示する場合、普通は左右に国旗を並べるが上下に並べたわけだ。四月十三日の参院内閣委員会で、自民党の有村治子参院議員が「ＮＨＫはどこの国の公共放送か」と批判したことに、岸信夫外務副大臣は国旗を上下に表示するのは「下の国旗は下位、服従、敵への降参などを意味し、外交儀礼上、適切ではなく、あってはならない」と答弁した。

この質疑を報じた産経は、ＮＨＫ広報の「上空を飛行する中国機に対し、スクランブルをかける自衛隊機のイメージをわかりやすく示すため、両国の国旗と機体の画像を使って放送した。国の上下関係を示す意図はなかった」という釈明を伝えている。

だが常識的に考えれば、これはＮＨＫのポカではなく、意図的な情報操作である。「そんなこと、大した問題ではない」と思う人も多いかも知れない。しかし、だからこそ、大した問題なのである。映像と音によって意識下に刷り込まれる作用は自覚できないからである。ＮＨＫは過去にもドキュメンタリー番組やニュース番組で枚挙にいとまがないほど情報操作、改竄《かいざん》、さらに放送法で禁止されているサブリミナル効果まで用いて、視聴者の深層心理に影響を及ぼす洗脳映像を作っている。それだけで一冊の本ができるほどだ。そんな前科があるから、四月三日のＮＷ９にも深い嫌疑が向けられる。

話を戻そう。朴槿恵大統領の罷免・逮捕、金正男暗殺事件、米中首脳会談、北朝鮮のミサイル発射、米国のシリア攻撃、米空母打撃群の北朝鮮沖展開、という一連の流れは偶然、連続して起きた出来事ではなく、全てに因果関係がある。シリアで本当にサリンが使用されたのなら、北朝鮮製の化学兵器である可能性が高い。昨年九月の時点でＵＰＩ通信はシリア政府軍に北朝鮮人民軍の兵士が加わっていると報じた。事実なら重大な出来事だが、日本メディアは一切報じなかった。

十年前の二〇〇七年九月六日、イスラエル空軍戦闘機はシリア領空に侵攻し建設中だった核施設を破壊したが、その時に北朝鮮技術者も死んだ。北朝鮮政府は「われわれは、イスラエルのシリア領空侵犯行為を強く糾弾し、国の安全と地域の平和を守るためのシリア人民の正義の偉業に全面的な支持と連帯を表明する」と抗議声明を出している。

そんな歴史的背景を考えれば、東アジア情勢のリアルな深刻さをメディアは報道できるはずだ。ところが三月二十四日に日本学術会議が総会で時代錯誤の軍事研究反対の声明を出したり、北朝鮮の核・ミサイルの「緊迫した状況の中で、私たちは地対空ミサイルで迎撃する立場を取るのか。むしろ戦争の危機を拡大する可能性がある」と女性研究者が述べるなど現実から目を逸らす。このような珍現象は習近平がトランプに一方的にあしらわれてシリア攻撃と北朝鮮攻撃を黙認させた現実を報道できないメディアが醸成するものだ。

改憲議論を阻害し、時計の針を巻き戻すもの

五月三日（※二〇一七年）の憲法記念日に安倍首相が前代未聞の声明を発信した。憲法改正を目指す有識者らでつくる「民間憲法臨調」が開いた公開フォーラムに、安倍首相は歴史的なビデオメッセージを寄せた。九条に自衛隊を明記する新憲法を二〇二〇年に施行する、という自民党総裁の声明である。

だが考えてみれば、このメッセージが前代未聞であることが異常である。憲法改正の内容や新憲法の施行時期を、これまで施行以来七十年間も国会議員が議論してこなかったことが、そもそも〈常識〉では考えられないではないか。つまり、それほど〈非常識〉な世界に我々は生存している。憲法をまるで不磨の大典のように扱うことが異常なのだ。憲法

などは、聖書でもコーランでもない。般若心経でもない。

現憲法施行後、憲法改正を政治目標にして就任した総理大臣が第一次安倍政権も含めて安倍晋三しかいないということは、安倍の存在は歴史的ではあるが、いくら改憲が難しい硬性憲法とは言え、占領軍が作った憲法をそのまま戴く、敗戦国の恥ずかしい七十年の歴史である。

いわゆる護憲派と呼ばれる政党やメディアは正直言って不意打ちを喰らった形となり、当惑と驚きでまともな反論を出せていない。というのも、今回の〈安倍改憲声明〉は、国民や政治家に憲法を考えることを加速させ、改憲議論を喚起させることが狙いであり、実によく練られたものだからだ。

護憲派の九条原理主義者にとって、九条を残して自衛隊を明記するというスキームはもう論理的に反論できないものとなる。反論するには感情論しか残されないのである。朝日新聞は早速五月四日に《憲法70年　9条の理想を使いこなす》というまるで朝日が大好きな立憲主義から掛け離れた超絶論理で解釈改憲のススメを社説で煽るしかなかった。

翌五月五日には《憲法70年「第2の政治改革」構想を》、五月九日は《憲法70年　9条改憲論の危うさ》、五月十日《憲法70年　教育をだしにするな》、五月十一日《憲法70年首相は身勝手が過ぎる》、五月十五日《憲法70年　地方自治を成熟させる》と。ほぼ連日にわたって感情論の護憲論で狂乱状態の様相を呈している。そして五月十六日には《憲法70年　国民分断する首相方針》という社説を掲載した。この分では5月中の社説の三分の二は〈安倍改憲声明〉への奇妙な感情的な反論で埋め尽くされるであろう。

また、五月十六日付朝刊一面左肩では、改憲への強い懸念を訴える世論調査の結果を掲載した。だが《改憲「時期こだわらず」52％　9条改正「必要」41％「不要」44％》という世論調査の記事も、見出しだけでなく中身を見れば、憲法の《改正する必要はない》は26％なのである。九条に関しては、電話による調査なので感情的な誘導は十分可能である。

さらに見逃せないのは、メディアが伝えるように〈安倍改憲声明〉が九条の一項、二項をそのまま残し三項に自衛隊を明記するのであれば、多くの改正派にとってもそれは容認できない内容になっていることだ。改正派の多くは、九条二項だけを改正すればいいと考えているので、一、二項をそのままにして三項で自衛隊を書き加えるのは、これまで通りの神学論争を生んでしまう危険性があることに気付いている人も多い。

ところが五月三日の〈安倍改憲声明〉には一、二項を改訂しないという文言はない。安倍首相は《九条一項、二項を残しつつ、自衛隊を明文で書き込む》と述べただけである。

《残しつつ》という言葉には「文言を改訂して残す」ことも含まれている。だからこそ、議論が益々喚起される。手前味噌で恐縮だが昨年上梓した『日本人に憲法は要らない』も、聖職者と化した歪で滑稽な日本の憲法学者たちへの告発であり、英国のように憲法なんて必要ないという認識から、視野の広い憲法論議が生まれるはずである。

朝日は自ら行った世論調査を巧妙に隠しているが、昨年九月七日掲載の東大との共同世論調査では、改憲派が圧倒し、それも変えるなら九条という意見が最も多かったのである。

森友問題、誰が最も腹黒いのか？

ＮＨＫの世論調査によれば、平成二十九年（二〇一八）、安倍内閣の支持率は一月に四六％あったものが四月には四十％台を割り、三八％に落ちた。朝日新聞やテレビばかりを読んだり視たりする人は、やっぱり安倍首相が最も腹黒かった、それがわかったから支持率が落ちたのだと考えるだろう。

世論調査の仕組みの怪しさについてはここでは触れないが、世論調査が「世論操作」であることは論を待たず、そこに出てくる数字はあてにはならない。さらにその数字によって記事を書き、情報を恣意的に誘導していくのがメディアというものだ。

しかし、今回、私は朝日新聞を褒めようと思っている。いつも文句ばかりつけている、批判ばかりしていると私は思われているが、褒めるときは褒める。今回だけは、朝日新聞はいいことをした。

三月二日、朝日新聞は、次のように第一面でスクープした。

《「森友文書、財務省が書き換えか　「特例」など文言消える」

学校法人・森友学園（大阪市）との国有地取引の際に財務省が作成した決裁文書について、契約当時の文書の内容と、昨年2月の問題発覚後に国会議員らに開示した文書の内容に違いがあることがわかった。学園側との交渉についての記載や、「特例」などの文言が複数箇所でなくなったり、変わったりしている。複数の関係者によると、問題発覚後に書き換えられた疑いがあるという》

なぜ、私が褒めるかというと、この記事がねつ造やフェイクではなかったからである。戦後七十年以上が過ぎ、朝日新聞の第一面のスクープが捏造やフェイクではなかったのは、私の知る限り、これが初めてだ。

振り返ってみよう。平成四年（一九九二）一月十二日、朝日新聞は朝刊一面で「慰安所軍関与示す資料」というヘッドラインの記事をスクープとして掲載した。その記事は、朝日新聞が恣意的な偏向報道という批判に対して平成二十六年（二〇一四）八月五日付で説明している通り「防衛庁防衛研究所図書館所蔵の公文書に、旧日本軍が戦時中、慰安所の設置や慰安婦の募集を監督、統制していたことや、現地の部隊が慰安所を設置するよう命じたことを示す文書があった」という内容である。

真っ赤なウソである。慰安婦は性奴隷であり軍政策による強制があったと主張する吉見義明という中央大教授が軍の関与を示す文書が見つかったと触れ回り、それに朝日新聞が乗った、というのが実際だ。出てきた文書は、関与と言えば関与に間違いないが、「悪質な業者が不統制に募集して強制連行しないよう軍が関与していた」ことを示す内容だった。それを吉見教授と朝日新聞は「旧日本軍が募集・統制、慰安所の設置を命令していた」ことを示す文書だと誘導したのである。

朝日新聞の代表的な完全捏造のひとつに、遡って一九五〇年の九月二十七日の朝刊スクープ「宝塚山中に伊藤律氏」というのがある。伊藤律は、当時レッドパージで団体等規正令違反により逮捕状が出され、地下に潜伏中だった日本共産党幹部だ。単独インタビューに成功したという内容だったが記者による完全なねつ造で、朝日新聞は謝罪、現在この記事は縮小版から姿を消している。

最も悪質な捏造は、一九八九年四月二十日付夕刊一面の連載企画「写'89『地球は何色?』」の、いわゆる「朝日新聞珊瑚記事捏造事件」だろう。朝日新聞社のカメラマンが、沖縄県西表島でダイビングを行い、自作自演で珊瑚に傷をつけて落書きし、その写真をもとに記事をフェイクした。悪質なのは、言うに事を欠いて、次のように記事が作成されていたからである。

「日本人は、落書きにかけては今や世界に冠たる民族かもしれない。だけどこれは、将来の人たちが見たら、八〇年代日本人の記念碑になるに違いない。百年単位で育ってきたものを、瞬時に傷つけて恥じない、精神の貧しさの、すさんだ心の……」

日本を貶めることを目的とした捏造となっていて、まさに典型的な朝日新聞記事である、と言えるだろう。

平成三十年（二〇一八）三月の「森友文書、財務省が書き換えか」は、へたな鉄砲も、ということではまったくないけれども、確かに事実だった。だから私は褒めるのだが、しかし、その後は相変わらずの朝日新聞である。黒幕は安倍首相ないし首相夫人であるという具合に疑惑をバブル化させ、森友バブルで政権攻撃に世論を誘導した。

野党も当然、それに乗っかり、国会は空転した。いったい日本の国会とは何なのか、何をやっているのか、というきわめて常識的な意見に対しても、まったく耳を貸さない。

バカバカしい問題をたっぷり時間をかけてもてあそび、国家機能を麻痺させるのは、それは野党にとっては党利党略のためであり、自分たちのイデオロギーから自らを外れないようにして保身するためである。メディアも政治家も、それでしばらくは食えることになり、バカを見るのは一般国民だけである。

森友問題において、本当の黒幕、つまり最も腹黒いのはもちろん財務省である。改竄された文書の資料もすぐには提出せず、徒に混乱を続けようとしているのは、明らかに財務省の意図だ。

いままで強大な力をもっていた旧大蔵省の権益構造が今、がらがらと音をたてて崩れようとしている最中だからそうするのである。財務省人事を官邸が主導するという計画をはじめ、本来の民主主義体制にあるべき当たり前のことに近づくのを許さない勢力が歴然と存在する。

財務官僚がデータを出すのを遅らせたり、答弁をどっちつかずにしているのは安倍首相への攻撃である。官僚主導の力をとりもどすための戦争が行われている。

目的は当然、消費増税だ（二〇一九年十月一日をもって消費税十％は実現した）。現状であれば消費増税が潰される可能性があるとふんで、安倍首相を攻撃し、いわゆる支持率を操作している。

財務省と安倍首相との間の戦争と、安倍政権を倒したいという朝日新聞を筆頭としたメディアの一方的な嫌がらせが連合している。そこに、おとなしくしていればいいものをパヨクや反日左翼がここぞとばかりに乗っかっているという構造である。そこで、今起こっているこの本質が語られることはない。

戦前、軍部を煽ったメディアたち、つまり対米戦争へ向かう流れをつくった朝日新聞、および毎日新聞が今また同じことをやっているのである。

台湾を国と表現したアメリカ、それを報道しない日本のメディア

令和元年（二〇一九）六月一日、アメリカの国防総省が「2019年インド太平洋戦略報告書」を発表した。この報告書でたいへん重要なことをひとつだけ取り上げる。アメリカが「台湾」を「国」として見なした、ということである。

そして、朝日新聞をはじめとする主要メディアは、このポイントをまったく報じることがなかった。おざなりな「多国間協力の枠組みをつくるものだがトランプ米大統領の米国第一主義との間には深刻な矛盾がある」などといった分析でトランプ大統領、ひいては安倍首相を腐そうとするばかりだ。

「2019年インド太平洋戦略報告書」は全五十五ページ、序論、本論四節、結論の六部

分からなるが、その三十八ページ目に「強化されるべきパートナーシップ」というタイトルの章がある。ここでアメリカの国防総省はパートナーシップを強化する「四つの民主主義の国家」として次のように記述した。

「インド太平洋地域の民主主義の社会が成立している地域において、シンガポール、台湾、ニュージーランド、モンゴルは信頼でき、有能で、米国の自然なパートナーである」

つまり、「台湾」を「国家」と表現している。

これは、台湾を国家承認する、ということに他ならない。昭和五十四年（一九七九）に米中国交正常化がなされて以来の大変化である。約四十年前の国交正常化以来、アメリカが中国共産党の支配するチャイナに対して保持し続けていたレジームを変える、ということだ。アメリカは、経済支援によって中国の民主化を望んできた、しかしもうその考え方は完全に変える、ということである。つまり、中国共産党体制を潰す、ということだ。

実は前年、アメリカはすでに事実上の宣戦布告をチャイナに対して行っていた。平成三十年（二〇一八）十月四日、アメリカのペンス副大統領が米シンクタンク・ハドソン研究所で次のような内容を含むスピーチを行っている。

「中国政府は政治経済および軍事的手段およびプロパガンダを駆使し、アメリカ国内での中国の利益を得るための攻勢を仕掛けている。強力に、アメリカ国内における政策や政治活動に影響を与えて干渉している」

「かつてアメリカは中国を受容して世界貿易機関（WTO）に招き入れた。経済のみならず政治的にも自由を尊重する国家となることを期待した。しかし期待が裏切られるどころか、中国政府はアメリカの知的財産を簒奪するよう、自国の安全保障機関に対して指示している」

明けて二〇一九年、ペンス副大統領は十月二十四日のシンクタンク・ウィルソンセンターでのスピーチでも同様の中国批判を行い、台湾については次のように述べた。

「台湾は中華における民主と自由の灯台である。アメリカは、さらに多くの軍事支援によって台湾を支えるだろう。香港もまた数百万の市民が自由と民主主義を求めてデモを行っている。アメリカは香港の市民のためにメッセージを発し続けるだろう」

そして、ペンス副大統領は、「それでもトランプ大統領は、米中貿易協議が合意を見ることを希望している」と付け加えた。これは、合意を見なければその時には、という最後通牒でなくて何であろうか。

米中経済戦争は、新聞やテレビが漫然と報じているような、ビジネスやトレードの問題、中国のファーウェイは果たして通信規格5Gプラットフォーム覇権戦争に勝つのか勝たないのかなどといった問題ではない。アメリカが、中国共産党の独裁体制を変えるという国会意思を示した、という問題である。台湾を国として表現したことは、端的にそれを示している。

「2019年インド太平洋戦略報告書」によってアメリカが台湾を事実上国家承認したということを、東亜日報をはじめ韓国のメディアは盛んに報道した。当然である。東アジアにおけるアメリカの同盟国というポジションを台湾に奪われかねないからである。しかし、日本ではほとんど報道されない。日本国内に、中国共産党の危機的状況をよほど一般化されたくない人々が多数いるからだろう。

そもそも、「インド太平洋戦略」は、安倍首相の安全保障構想をベースとしている。第二次安倍政権が発足した翌日の平成二十四年（二〇一二）十二月二十七日、プラハに本拠地を置く国際NPO団体「プロジェクトシンジケート」のウェブサイトに安倍首相の「Asia's Democratic Security Diamond　アジアの民主主義セキュリティダイヤモンド」という英語論文が掲載された。私が『21世紀の「脱亜論」中国・韓国との訣別』（祥伝社、二〇一五年）で詳しく解説した通り、「オーストラリア、インド、日本、米国ハワイによって、インド洋地域から西太平洋に広がる海洋権益を保護するダイアモンドを形成する」構想だ。

この論文もまた、一部をのぞいてほとんどのメディアが無視するという日本マスコミの異常な状況を浮き彫りにもした論文である。

「2019年インド太平洋戦略報告書」とつき合わせてみればわかるが、アメリカの戦略は、安倍首相のこの「ダイヤモンド」構想を元にした外交努力があって成り立ったものだということがわかるだろう。今、日本こそが世界の新しい秩序を動かしているとみることさえ可能である。

令和元年（二〇一九）六月に大阪で開催されたG20サミットは歴史的な成功をおさめたと言っていいだろう。しかし、さらに注目したいのは、その前年に開催されたASEAN首脳会議である。公表された議長声明には、中国と一部加盟国が領有権を争う南シナ海問題について「懸念に留意する」との表現が盛り込まれていた。ASEANが、インド太平洋を重視すると声明したのは初めてのことである。

ASEANはまた、令和元年（二〇一九）十一月に日米中露を交えた東アジアサミット（EAS）をタイで開催したが、それに先立つアメリカとASEANとの首脳級会議でアメリカのオブライエン大統領補佐官が次のようにチャイナを批判している。

「中国はＡＳＥＡＮ諸国が行う沖合の資源開発を阻止するために威嚇しており、二兆五千億ドル（約二七〇兆円）の資源へのアクセスを止めている」

アメリカが約四十年間のレジームを大転換させて「国」と呼んだ台湾は、アメリカの「インド太平洋戦略」、および日本の「自由で開かれたインド太平洋」構想の影の主役になっていくことだろう。そして、「インド太平洋」なる概念は、六月のＧ20サミットにおけるトランプ米大統領、安倍首相、インドのモディ首相の笑顔のスリーショット写真に端的に象徴されている。しかし、包囲網を敷かれた側を気遣ってか、朝日新聞をはじめとする日本の主要メディアは、事の本質には触れようとはしない。

薄気味悪いメディアの全体主義

日本のメディアの状況は薄気味悪い。何者かによって日本のメディアが情報統制されている、という状況が見えるからだ。

たとえば、政権が揺らいだり、政権の存続が危機に陥ったりした場合、政府はどうするだろうか。普通の国の政府であれば、外に敵をつくり、国民の目をそらせるのが常識である。韓国、北朝鮮、チャイナは言うに及ばず、アメリカ、ロシア、イギリスも、どの国の政府もそうする。

なぜそれができるかと言えば、政権がメディアに対して大きな力をもっているからできるのである。

政権に対立するメディアをちゃんと要している健全な情報環境を有する国もあるにはあるが、そういった国においても、政権の意向通りに情報を流すメディアは必ず存在している。全体主義的色彩の強い国であればあるほど、当然、政権の意向から離れた情報は得にくくなる。

そういったバランスのなかで、一般民衆はメディアリテラシーを育み、正しい情報をみつけていく。それが世界の常識であり、国家権力とメディアの対立関係、お互いの対峙の仕方は、敵対度合いの強さの大小はあるが、どこの国でもそういう仕組になっている。

日本の場合は、どうだろうか。メディアは、支持率の動きをもって、政権が揺らいできた、などと言う。政権が揺らいできたのであれば、普通の国であれば、外に敵をつくって国民の眼をそらす。しかし、そういった情報回路は、日本には全くない。

政権がゆらいでくると、ますます、政権を批判する情報ばかりがあふれてくる。政権を擁護するなどというレベルではない、常識的であたりまえの情報が報道されなくなってしまう。奇妙である。薄気味悪い。

私は、これはなぜか、についてひとつの答えを持っている。つまり、政権に権力がないということである。政権に権力がないから、国は情報を操作することができない。メディアがすでに侵略されており、政権の権力下に入ってこないのだ。

トランプ大統領が中間選挙の応援演説中に、「ディープステート」という言葉を使い、民主主義に敵対するとして、選挙で選ばれてもいないのに権力を持つ勢力を批判した。ディープステートとは、深いところに存在する体制、表の国家とは別の国家、といった意味だが、日本にも同様にディープステートが存在しているとしか考えられず、その傾向は強まる一方だと言えるだろう。

政権に権力がないということは、国家権力が弱体化している、ということに他ならない。たとえば、平成三十年（二〇一八）二月十八日、大阪で起こったある事件を朝日新聞が次のように報道した。

《「刃物で暴れる男『撃つなら撃て』　警官発砲し負傷　大阪」

18日正午前、大阪市都島区東野田町2丁目の交差点付近で、大阪府警の警察官が、職務質問中に男が刃物を持って暴れ出したなどとして発砲した。府警への取材でわかった。大阪市消防局によると、男は20代で、右足を負傷して病院に運ばれた。命に別条はないという。

府警が詳しい状況を調べているが、直後の説明では、男が刃物を取り出し向かってきたため、都島署員が後ずさりしながら複数回警告。それでも向かってきたため、署員が発砲したとしている》

この見出しをみれば、何が報道したいのかよくわかる。警官が発砲すること自体を、それが必要だったかそうでなかったかに関わらず、前提として異常としているのである。

平成二十年（二〇〇八）の秋葉原の無差別殺人事件といったテロまがいの大量殺人事件でなくても、刃物を持って暴れる男がいれば死傷者が出る可能性は当然ある。したがって、選択肢として発砲はもちろんある。

平成十三年（二〇〇一）に、世田谷署の警察官が、出動現場で刃渡り三十センチの大型刃物で刺殺されて殉職するという事件が起きたことがある。警察官は、周囲の人々を退避させて威嚇射撃をし、結果的には犯人と組み合うことになり、致命傷を負いながら命と引き換えにぎりぎり最後の一発で犯人を制圧した。拳銃を携帯しながら、警官が刃物で刺されて死んでしまうという、他の国では到底考えられない事件が日本では起こる。

そして、こういった状態を助長させる勢力が朝日新聞をはじめとする左翼新聞だと言っていい。警官が発砲したことで犯人が負傷した、と怒るのである。報道機関を名乗っているが、これは、国家権力を疲弊させて国力を弱める目的を持った反日宣伝組織と言っていいだろう。

国際政治専門の研究家がネットで、北朝鮮の工作員が日本に大量に入り込んでいて有事の時に危険、特に大阪が危険、という話をすれば、朝日新聞系のネットメディアが間髪をいれずに非難をしてくる。北朝鮮のスパイなどはあたりまえの事実であって、たとえば阪神大震災の際などは、ビルの瓦礫の中から在日組織が隠し持っていたであろう迫撃砲弾が見つかっている。メディアはすでに、自分が工作員であることを隠しもしない状態になっているとも言える。

また、朝日新聞の社説など読まなくてもいいが、万一、読んでしまった時には、その執筆者があきらかに頭がおかしいことに気がつくだろう。たとえば、文科省は現在、高校の指導要領に、竹島と尖閣諸島は日本固有の領土であると指導しなさい、と明記している。朝日新聞の社説は興奮して、勝手に決めつけるものではない、政府の見解を押し付けるものではない、と怒るのだ。

朝日新聞に言わせれば、竹島と尖閣諸島は日本固有の領土であるのは、自民党政府の見解らしい。朝日新聞はすでに、誰の顔を見ているのかは知らないが、赤旗のような主張を社説に書かないとやっていけない状態にあるらしい。

朝日新聞はまた、「政権批判や在日外国人の存在そのものを反日と決めつける状況は異常だ、日本の立場をひたすら強調することに危うさを覚える」とも主張する。私は、平成十四年（二〇〇四）に『「反日」の構造　中国、韓国、北朝鮮を煽っているのは誰か』（PHP研究所）を書き、同書の論説について少なくない支持を得た。十五年ほど前の話である。この書によって、「左翼」という概念は「反日」に変換することが可能になり、より本質を捉えられるようになったと自負している。朝日新聞は、反日という言葉を相対化して悪口程度の言葉に無力化しようとしている。

※第二章の初出は、「WiLL」の「メディア・スクランブル」（78ページ～185ページ）、「月刊Hanada」の「メディアの手口」（186ページ～221ページ）、222ページ以降は、本書のための書き下ろしです。

【第三章】

反日メディアが報じない事実と真実

十年後の「メディアの解体」

二〇〇二年の十一月頃、「メディアの解体」というタイトルの原稿を書いていた。私にとって初めての社会評論で平成十四年（二〇〇二）に起きた二つの、日本にとって非常に重要な出来事を論じたものだった。二つの重要な出来事とは、六月から七月にかけて日本と韓国の共同開催として行われた日韓ワールドカップ（以後W杯）と、金正日が日本人拉致を認めた九月十七日の小泉訪朝だった。

スポーツと政治、全く別次元のものが、朝鮮半島の分断された南北二つの国家と日本を舞台にして、それぞれが日本との関わりの中で行われた壮大な出来事だった。そういう意味で、この二つは非常に重要であり、それを同時に論じることができれば、日本の北東アジアでの立ち位置、政治状況、近隣アジア諸国との歴史認識問題、そして文化状況を鮮明に描けるのではないかという着想を持った。

なぜなら、日韓W杯と北朝鮮による日本人拉致という全く次元の異なる二つのものが、日本と朝鮮半島を舞台として泛《うか》び上がらせるものが、スポーツという文化と安全保障、国際政治という次元が異なるものであるゆえ、かえってより明確に〈日本〉を象徴する状況そのものであったからだ。

それまで主にF1やサッカーというスポーツをテーマにノンフィクションや文化論を書いてきたの

に、急に安全保障や歴史問題などの分野にコミットするようになったのも、対象のジャンル分けを特に意識的にシフトチェンジをしたわけではなかった。自然な流れでこの「メディアの解体」という原稿を書くことになった。というのも、その前年、二〇〇一年に東京でアフガン復興会議が開催されたときに、アフガニスタンにサッカーボールを贈ろうという企画を発案し、「2002clubアフガン・プロジェクト」のキャンペーンを私が編集長だったサッカー情報サイト「2020CLUB」で発信し、実現させたこともあったからだ。

この件はよく訊かれることがあり、講演会での質疑応答でよく、「書く対象をどんな意識で代えたのですか?」と質問されることがある。実際は、ほとんど無意識のうちに書く対象が自然に変化して行ったのである。自分が書きたいと思う対象がF1グランプリの世界からサッカーの世界に自然と変化して行ったように、日韓W杯のスポーツというソフトから日韓関係の歴史問題、そして拉致問題へと自然と変化して行った。意識的に、あるいは著述活動の営業用に、路線をエイッという感じで変えたものではなかった。

じつは、「メディアの解体」というタイトルも、脱稿後にごく自然に生まれた。それが今考えると非常に重要なことだった。なぜなら、日韓W杯の取材を通して、日本のメディアの歪な一面を否応なく知らされることになったからだ。そして、それはそのまま日韓W杯が終了した2カ月後の小泉訪朝で、日本の既存メディアが偏向どころか、歪曲、捏造、隠蔽のオンパレードであることを実証したことに直接繋がっていったのである。

当初、「メディアの解体」は文藝春秋のオピニオン雑誌「諸君！」に掲載される予定で編集部のM氏と何回かやり取りをしながら書き進められた。しかし、二〇〇二年も年の瀬を迎え、題材に日韓W杯が大きく含まれていたことからテーマが古くなり、拉致被害者五人の十月十五日の帰国を受けて拉致問題の情報が当時溢れ返っていたという状況もあり、結局、掲載は見送られてしまう。

オピニオン雑誌であっても商業メディアである以上、その判断を受け入れざるを得なかったのである。当惑した私だったが、拉致問題の取材で知己を得た救う会の西岡力氏（現会長）が当時救う会の母体であった現代コリア研究所が発行する朝鮮半島問題専門誌の「現代コリア」の編集長をしていたので、西岡氏に原稿を託すことにした。そのとき「現代コリア」の編集デスクは、現在評論家として健筆を揮《ふる》っている三浦小太郎氏が担当していた。そして、年が明けた二〇〇三年二月発行の「現代コリア」に「メディアの解体」が掲載されたのである。

長い時間をかけ現実となりつつある「メディアの解体」

なぜ、「メディアの解体」という原稿用紙四十枚ほどの評論の誕生の経緯をこのように縷《る》々《る》述べたかと言えば、私が二〇〇二年に着想を得た題材が、ちょうどそのまま何も解決されないで延々と〈オワコン〉にならないまま、今日まで題材としての命脈を保っているのは、まさに「メディアの解体」というテーマが益々重要になってきているからなのであり、その経緯をいささか詳細にお伝えしたかったからである。

別の言い方をすれば、二〇〇二年に着想を得た「メディアの解体」というコンセプトが、まさに時代そのものを表現していたからだ。長い時間を経て「メディアの解体」で描いたことが証明されてきたということでもある。

二〇〇二年に日韓W杯を取材しながら、日本の既存メディアに対して感じた違和感は、ピッチ上の出来事がそのままメディアで伝えられないという致命的欠陥に気づいたことだ。韓国のスタジアムで日本が敗れたニュースが伝わると、満員の観客が狂喜乱舞するのに、その光景は記事として伝えられることはなかった。

また、明らかな誤審が続き、韓国が勝ち進んで行ったときも、欧米メディアだけでなく、シナや台湾のメディアも韓国に有利な奇妙な判定について言及しているにもかかわらず、日本の実況中継では解説者もアナウンサーも不思議な判定に言及することはなかった。そして、テレビの朝の「特ダネ」という情報番組では、日韓共催の大会だから韓国を応援しようということで、何と韓国サポーターの応援コール、「テーハー・ミング！」（大韓民国の韓国語発音）の合唱のレクチャーまで行われるような有様だった。純粋にサッカーを愛していた日本人のサッカーファンが激怒することになったのである。

当時、なぜ、スポーツを〈スポーツそれ自体〉として伝えることができないのか、と非常に疑問に思ったのだが、政治と次元の異なるスポーツが、じつはメディアの情報回路の中で政治の介入を受けているのではないかという疑惑に変わり、それが確信になった頃には、私は横浜国際競技場の記者席からブラジル対ドイツの決勝を見ていた。

責任を取らないメディア

考えてみよう、単純なことだ。二〇〇二年に拉致被害者が帰国したあと、拉致被害者を北朝鮮に約束通り帰すかどうかでメディアの意見が対立したことがあった。そのとき、彼らを北へ帰すべきだ、その方が拉致は解決に向かうと主張していた筑紫哲也、鳥越俊太郎、大谷昭宏、田原総一朗などが、故人は別としていまだにメディア界で大きな位置を占めているではないか。誤った見解を述べていたジャーナリストやそれらの言説を誘導していたメディアは全く責任を取っていない。メディアにとってコンプライアンスなどというものは一切存在しないのである。

その原因が、構造的なものであり、そんなメディアの情報寡占が本来なら流通していなければならない情報を回路に流さず、隠蔽し続けていることを、多くのメディア情報の受け手たちが明確に自覚できるようになったのが、その後の流れなのである。その過程で人権擁護法案が政府自民党の与党案として国会に上程されそうになったり、皇室典範が改悪されそうになったりしていた。

そういう意味で、戦後体制を〈保守〉するメディアが、二〇〇九年に民主党政権を作り上げることに成功したのは極めて自然なことで、論理的結果だった。そんなことが分かっていたからこそ、民主党政権が誕生したときに大きな敗北感と挫折感に苛《さいな》まされたのである。二〇〇二年から二〇〇九年の8年、何をやって来たのか、という自分自身に対する失望は余りにも大きかった。だが、よくよく考えてみれば、既存メディアの情報回路を打ち破る手段を多くの受け手が共有できるようになったからこそ、この程度で済んでいるというプラス面もあることに気づいた。

でなければ、民主党政権が誕生したあと、外国人参政権法案や人権法案などが次々と国会で成立していたはずだった。

戦後体制を〈保守〉するメディアに対し、変革を求める人々の情報による反乱がすでに始まり、占領体制を永続化しながら日本という国家を溶解させ、解体する役割を担っている民主党は、もはや断末魔を迎えている。それこそが、じつは「メディアの解体」が現在進行形で進んでいることを証明してくれているのである。

「メディアの解体」が終わったあと、メディアは送り手と受け手がパラレルになり、フラットになるような情報回路の構築が行われなければならない。そこでは今まで以上に、インターネットが、メディア情報をリテレイトする「WEB3・0」として機能するような仕組みが生まれなければならない。

（「言志」四号　二〇一二年十一月二十日）

戦後体制の総本山ＮＨＫ

いま、自由なテーマでただちに単行本に取りかかってほしい、と出版社に言われたら？　私は躊躇うことなくＮＨＫをテーマにしたものに取り掛かるだろう。チャンネル桜が二〇〇九年から取り組んでいる「ＪＡＰＡＮデビュー」問題を始めとして、それだけ話題に事欠かない。もちろん、いい話題はあったとしても百に一つ、ほとんどが批判材料になる。せっかくだから、冒頭に一つだけ褒めておこう。

フォトジャーナリズムの原点と言えるロバート・キャパの「崩れ落ちる兵士」というスペイン内戦の写真がある。じつは、あの余りに有名な写真が、戦場のドキュメンタリー写真でなく、作為的に撮られたものだという仮説を実証したＮＨＫスペシャルが今年放送された。出来は良かった。なかなかの及第点で、これなら国民の受信料や税金で番組が制作されても文句は言えない。民放では絶対に作れない番組だったからだ。しかし、その番組にしても沢木耕太郎氏の原作があり、沢木氏の協力なしでは作れない番組だった。

じつは、そんな百に一つのいい番組の喰い足りなかった点、欠点が、ＮＨＫ問題の根幹に繋がるものだった。そういう意味でも、二〇一三年の二月三日に放送された「沢木耕太郎　推理ドキュメント運命の一枚～〝戦場〟写真　最大の謎に挑む～」をここで紹介する意味がある。

キャパの代名詞にもなっている、あの有名な写真はキャパの出世作だった。無名の24歳の若者を一気に世界のジャーナリズムの寵児に押し上げた。と同時に、スペイン内戦の苛酷な一面を世界に宣伝し、フランコ独裁政権が〈悪〉として世界に喧伝されて行った。

そんなフォトジャーナリズムの原点が、なんと、ヤラセだったという衝撃と意味は大きい。キャパはその後、デビュー作「崩れ落ちる兵士」を上回る写真を撮れなかったばかりか、ヤラセでない本物を撮るために第二次大戦のノルマンディー上陸作戦では危険な撮影に終始した。そして昭和二十九年（一九五四）、第一次インドシナ戦争を取材中に北ベトナムで地雷に触れて四十一歳の命を閉じてしまうのだ。

キャパの「崩れ落ちる兵士」がヤラセであったことは、反フランコ独裁政権の一種のプロパガンダであったことと同義である。キャパはハンガリー生まれのユダヤ人である。第二次大戦中に米国の市民権を獲得している。それでは、第二次大戦の迫害されるユダヤ人像というイメージにも、キャパの〈ヤラセ〉の影が忍び寄っていないのであろうか？

ロシア出身のユダヤ系米国人でカリフォルニア大学バークレー分校教授のユーリ・スレズキンは、

『ユダヤの世紀』（未訳）http://www.amazon.co.jp/The-Jewish-Century-Yuri-Slezkine/dp/0691127603/で二十世紀という近代化の時代は、まさにユダヤ人の世紀であったと述べている。ロシア革命も第二次大戦も、そしてイスラエル建国もネオコン誕生も全てユダヤ人が起こしたムーブメントと深く関わっていることを考えると、何かそういう動きとロバート・キャパというユダヤ人写真家の報道写真家としての粉飾されたデビューと、その後の悲劇がやはり関連しているのではないかと思わざるを得ない。この番組がそこまでテーマを沢木氏の問題意識以上に掘り下げていたなら、最高のドキュメンタリー番組になっていたはずである。しかし、それができないのがＮＨＫのＮＨＫたる所以である。

情報操作、プロパガンダの温床

よく講演や講義の際に、私はＮＨＫをこう言っている。六十代以上の世代にとってＮＨＫは政府寄りというイメージがある。また、信頼性だけは確かだと受け止められている。そんな気分は下の世代にも何となく受け継がれている。だからこそ、非常に危険な放送局であるといつも説明する。ＴＢＳやテレビ朝日なら、別にメディアリテラシー能力が格段ある人でなくても、ある程度のバイアスを想定するだろう。

しかし、ＮＨＫはむしろ、逆のバイアスで見られてしまい、つまり、親日的（※この言葉を日本のメディアに使用するのは本来ならあり得ないが）で、間違っても反日的でないと漠然と考えてしまうことが大変危険なのである。それが現在のＮＨＫを支配する〈トクアノミクス〉による情報操作、プロパガンダの温床になっているのである。

ＮＨＫスペシャルがキャパの衝撃のデビュー作をヤラセであることを沢木耕太郎氏の力を以て証明できても、もう一歩の掘り下げができず、〈常識〉を根本から驚かすことができない理由もそこにある。そんなＮＨＫ的〈常識〉とは、日本の戦後体制を監視し、維持して行く役割を逸脱しないことであり、わが国の戦後的〈常識〉のスタンダードなのである。

しかも、いま最も危険なことは、ＮＨＫの〈常識〉が私たちの生きてきた戦後空間の〈常識〉をさらに変質させ、新しい〈常識〉の枠の中にさらに私たちを押し込めようとしていることだ。その新しい〈常識〉とは、ＧＨＱによる被占領地日本を米国の自治領であるばかりか、特定アジアによる被占領地としての位置づけを新たに加えようとするベクトルに他ならない。

尖閣諸島を日本とシナによる共同管理にしようという意思は、日本列島そのものを米国とシナによる共同管理にしようという意思のアナロジーなのである。朝鮮半島は、その意思を補強する補助的な要素となり、米国とシナのパーツとして機能する。そんなベクトルをどこまでも目立たないようにしながら、静かに、注意深く、視聴者を洗脳しているのが現在のＮＨＫなのである。その日本管理の枠組みこそ、私が昨年から言っている〈トクアノミクス〉の本質なのである。特定アジアと米国による、日本封じ込めである。

つまりそれは、連合国（国連）による日本封じ込めに直接連関している。

具体的に言おう。二〇一二年九月八日から五週連続ＮＨＫが放送した吉田茂を描いた連続ドラマ「負けて、勝つ ～戦後を創った男・吉田茂～」は、ＮＨＫのそんな〈常識〉を日本人に刷り込むために用意周到に作られた番組だった。ＮＨＫは渡辺謙を吉田茂に起用して、まさに「戦後を創った男」に日本の戦後体制を永遠に継続させようとしたのである。

ところが、脚本の吉田茂も、ＧＨＱも、これまで私たちが知っている〈常識〉を逸脱はしなかった。もちろん、史実との整合性に疑問点はあったが、許容範囲ではあった。

問題は、ＮＨＫの新しい〈常識〉が皇室に及んだことなのである。

カリカチュアライズされた昭和天皇

多くの批判が湧き立ち、大問題になるだろうと思っていたのだが、幸か不幸か、このＮＨＫの近来最大の〈問題作〉は全く話題にならなかった。誰も見ていなかったことの証明になるのだが、それが幸か不幸か看過されたことだけは確かだった。断言するが、あの悪辣な「ＪＡＰＡＮデビュー」さえ可愛く思えてしまう内容だったのである。

問題は第一話から起きた。マッカーサーと会見することになった狂言師、大蔵千太郎演じる昭和天皇が、滑稽なメイクと演出でカリカチュアライズされ、会見前には冷汗を垂らしてワナワナ小刻みに震えていた。

この一瞬の脚本と演出に、どれだけの恣意的な悪意と歴史捏造が盛り込まれたかは、改めて説明するまでもないだろう。しかも、マッカーサーとの有名な言葉のやりとりも意図的に省かれている。NHKの当該番組WEBサイトのキャスティングページには《終戦後、マッカーサーを米国大使館に訪問する。その際に撮影した二人の写真は国民に深い衝撃を与えるが、会談での潔い態度にマッカーサーは深い尊敬の念を抱いた。牧野伸顕の婿である吉田茂へは信頼を寄せていた》と書かれているが、全くこのような演出はされていなかったのである。

しかも、最大の問題は最終回に起きた。吉田茂が死亡したニュースを昭和天皇が聴くシーンだ。なんと、昭和天皇がいらっしゃる部屋の窓は天井近くの〈常識〉ではあり得ない高い位置にこしらえられていたのである。これが、NHKの新しい〈常識〉である。このドラマは吉田茂をいかに描くかではなく、昭和天皇を徹底的に愚弄し、カリカチュアライズすることに本当の目的があったのである。

悪名高い「クローズアップ現代」のツイッターアカウントのアイコンを見ればいい。まるで日の丸が支配され、封じ込められているような意匠になっている。とにかく、あらゆる手段を用いてＮＨＫを解体しなければならないという、当たり前のテーマを最後に付記しておく。

（「言志」一〇号　二〇一三年五月二十日）

慰安婦・反日プロパガンダを撃退する方法
——情報発信機関の設置を急げ

橋下大阪市長の「慰安婦発言」が物議をかもしたのは、発言内容が恣意的に変化させられて世界に流されたからだ。この国際謀略に対抗し得る新しい情報発信機関を早急に設置すべきだ。

これは首相にも直接お伝えしたいが、安倍政権が直ちに取り組まなければならないことを具体的に提案する。国家安全保障会議（NSC）の創設が急ピッチで進められているが、NSCと同じようなポジションの日本政府の情報発信機関を早急に設置することだ。官邸の広報機関では絶望的に不十分であり、全く新しいスキームが必要とされているからだ。中国共産党は年間二兆円を海外広報に使い、韓国もアジア歴史財団に慰安婦を含めた歴史問題の情報発信の予算が年間数十億円ある。

日本は情報発信をカウンターインテリジェンスとして捉え、諜報活動と同位相で取り組まなければならない。じつは、私が副会長を務める一般社団法人アジア自由民主連帯協議会で、私と評論家の三浦小太郎氏で「アジア女性人権問題研究部会」というアジアの女性の人権問題を調査するプロジェクトを発足させる。この部会でアジアの慰安婦問題を客観的に歴史的に調査できれば、河野談話など自動的に消滅してしまうのである。日本人慰安婦の聴き取り調査も行ないたいので、もし本誌読者の方で情報があればお寄せ願いたい。

朝日の悪質な情報ロンダリング

大阪の橋下徹市長の発言が契機となり、慰安婦問題が世界的にも大騒ぎになったが、橋下市長が記者会見で語った言葉がどのように国内外に報道され、どのような反応を喚んだかを客観的に見れば、いかに馬鹿馬鹿しい騒ぎだったのかがよく分かる。じつは、慰安婦問題の本質はそこにある。特に国際的な規模で情報がロンダリングされる、一種の国際謀略に慰安婦問題の本質が横たわっている。

情報ロンダリングは二つのケースがある。一つはメディア間で情報が取り交わされる内に、自然と情報が変化して行くケースで、これは伝言ゲームでお分かりだろう。二つ目は、情報回路の中で恣意的に情報が変化させせられるケースで、しばしばプロパガンダに使われる悪質な情報ロンダリングである。

朝日新聞が二〇一三年五月十七日に報じた《米、橋下氏発言を非難「言語道断で侮辱的」》という記事で、朝日は二つ事実の改変、もしくは捏造を行った。これは、五月十六日の米国国務省の記者会見を伝える記事なのだが、橋下氏の訪米に「橋下氏のこうした発言を踏まえると、面会したいと思う人がいるかはわからない」と米国当局者が述べたという記述の信憑性がゼロなのである。実際の記者会見では、米国務省のサキ報道官は全くそのようなことを発言していない。

おまけに朝日はWEB版で《橋下氏発言を非難する米政府当局者のコメント（全文）》（http://www.asahi.com/international/update/0516/TKY201305160461.html?ref=com_rnavi_srank ※抹消）を掲載して報道官の言葉を引用したが、この言葉がサキ報道官から発せられた記録は米国務省の記者会見のページに存在しない。実際に会見の動画http://video.state.gov/en/video/2387449779001（※抹消）を見ても朝日に掲載された記者とのやり取りはないのである。

sex slave（性奴隷）を使いたい朝日

つまり架空の記者会見をデッチ上げて、橋下市長を貶める会見内容に粉飾していたのだ。

この会見で実際にやり取りがあった朝日の最後の質問は、大島隆特派員が米政府に「慰安婦と呼ぶのか、性奴隷と説明するのかどちらですか」と訊くシーンだ。

サキ報道官は「(米政府が）定義をするかどうか分からないし、従来通り慰安婦と説明します。あなた方（朝日）が細かく考えた性奴隷と言ってほしいんでしょ」と答えたのである。

もし報道官が「性奴隷という言葉で説明する」と答えていたら、朝日は一面トップで「米政府慰安婦を性奴隷と認定」などという大見出しが躍っていたであろう。しかし、期待通りの答えを引き出せなかったので、橋下市長に面会したいと思う人がいるかどうかはわからない、という架空の質疑内容を掲載したのではないだろうか。

そもそもこの騒ぎは、五月十三日に橋下市長が長い会見での話の中で「慰安婦、必要だった」と言った部分だけをメディアが大きく取り上げたことが発端だった。ほとんど河野談話と同じような内容を話した橋下氏が血祭りにあげられたのは皮肉と言うしかない。河野談話が命と思っているメディアが橋下批判を繰り広げたのは滑稽でもある。

しかし、滑稽でないのは、橋下市長が「慰安婦、必要だった」と言った「慰安婦」という言葉が、AP通信などでsex slave「性奴隷」に置き換えられ、「性奴隷、必要だった」と世界中に配信されたことである。朝日は「従軍慰安婦」という言葉がすでに歴史的に否定され使用できなくなったので、どうしても「性奴隷」という言葉を使いたいのだ。

このように、慰安婦問題は捏造の中から生まれ、捏造で増殖され、捏造と虚像に収斂する空騒ぎなのである。

（『日本の息吹』平成二〇一三年七月号）

米国が知らない韓国の反日原理主義
――李明博大統領とアーミテージレポートの狭間

「日王」は最大の侮辱

二〇一二年八月十日の韓国・李明博大統領の竹島不法入国は、あたかも〈特定アジア〉の対日戦争開戦を高らかに告げるファンファーレのようだった。この日から九月十一日〜十八日にかけて、中国全土に広がった反日暴動を経て、日本を取り巻く東アジア情勢が厳しさを増している。

中国の反日暴動は、中小都市を含む少なくとも百八都市・地域で行われ、二〇一二年でちょうど四十周年となる日中国交正常化以降、いや、一九〇〇年の義和団の乱・北清事変以来の日本とシナの歴史上でも最大の外国排斥暴動となった。

同年八月十五日の終戦記念日には、香港の活動家の操る漁船が尖閣諸島海域に侵入し、テレビクルーを含む十名の尖閣上陸を日本は許してしまう。前日の八月十四日には、韓国・李明博大統領が韓国教育大学のシンポジウムで、日王（韓国人が天皇を呼ぶときの蔑称）は《「韓国を訪問したいのなら、独立運動で亡くなった方に真の謝罪をするべきだ」と述べ、実現するには植民地時代の独立運動家への謝罪が必要との考えを示した》（八月十四日・時事）と報じられた。

この時事電は、主語を《「（天皇陛下は）韓国を訪問したいのなら」》としている。韓国の聯合通信も日本語版で、《「日本の天皇が韓国訪問を希望していると聞くが、まず独立運動の際に亡くなった方に心から謝罪してから訪韓すべき」と述べた》と報じていた。

だが、実際には李明博は「日王」と発言していた。にもかかわらず、日本メディアも韓国メディアの日本語版も正しく事実を伝えていない。まさか、時事通信は「天皇」の韓国語訳が「日王」であるという認識ではあるまい。

つまり、このような情報操作が日本メディアで日常的に行われているということであり、それが最も日本と近隣諸国の関係に悪影響を与える原因となっている。それは、ここまで事実を伝えると日本人の対韓感情が悪くなるという配慮から、メディアが勝手に情報を操作しているからだ。相手が何と言っているかを正しく把握することからコミュニケーションがはじまるのは、個人でも国家でも同じであろう。相手を正確に把握できなければ、話し合いの前提すら失われてしまうではないか。

韓国人が「天皇」を「日王」と呼ぶのは、小中華思想に基づいた日本人蔑視が根底にある。「皇帝」以上の「天皇」という尊称をシナの皇帝に使うのならまだしも、倭人と蔑む日本人が使用することを彼らの妄想的な自尊心が許さないからだ。つまり、日本人への差別意識に基づく、一種の執着がそうさせている。

じつは、今回の一連の中国の反日暴動にも、そのような華夷秩序による日本蔑視感情が根底にあることを見逃してはならない。中国人が「小日本」と言って日本を蔑むのは、文化人類学的、歴史的文脈から読み解かなければならない背景がある。

そもそも、天皇陛下の韓国ご訪問を日本側から持ちかけた事実がないばかりか、実際は、かねてから韓国側が天皇ご訪問を要請していたということも日本人に周知されていたので、この大統領発言は日本人の広汎な怒りを喚ぶことになった。竹島不法入国より「天皇謝罪発言」のほうが、遙かにインパクトが大きかったのである。

日本人の怒りの核心

ところが、この日の李明博発言には、もっと重要な言葉が隠されていた。大統領府の公式文書では《深い反省を》と表記されたが、李明博大統領は実際にはこう言った。

「(日王が)『痛惜の念』などという良く分からない単語を持ってくるだけなら、来る必要はない。韓国に来たいのであれば、独立運動家を回って跪いて謝るべきだ」

儒教の因習が色濃く残る韓国では、罪人が謝罪するときに跪かせるのが一般的で、足を縛って跪かせ、土下座させる刑罰も朝鮮半島にあった。つまり、李明博の発言は「日王」が足を縛って跪いて謝罪する姿までを連想させてしまうのである。この事実を韓国紙ソウル新聞がこう伝えていた。

《李大統領は現場で日王が「ひざまずいて」謝らなければならないという表現を使ったことが分かったが、その後、大統領府が公開した発言録からは抜けていたことが確認された。李大統領は日本の植民地問題については容赦できるが、忘れることはできず、追及すべきことは追及すべきだと声を高めた。「静かな外交」と言われた対日外交政策が強硬モードに変わったことが示唆される》（「ソウル新聞」八月十四日）

この事実は、八月十四日中にインターネットを通じて日本にも伝わっていた。私もちょうど八月十五日の靖国参拝後に「やまと新聞」の記者にインタビューを受けたので、李明博大統領の〈天皇謝罪発言〉の真相を話した。「やまと新聞」は国会内で発行されている国会両院記者会の新聞だが、最近はインターネットで情報発信も行っている。その動画サイト（http://www.youtube.com/watch?v=FJRYuYrjKEg&）で私の李明博発言のインタビューが配信されると、驚いたことに瞬く間にアクセスが十万ヒットを超えてしまい、十月中旬には再生回数が二十数万に及ぶ勢いである。

そのインタビュー動画がそれだけ多くの日本人の関心と怒りを喚んだのは、やはり天皇が日本人の核心に触れたからだろう。それは、一般メディアで報じられたかなり薄められた〈李明博発言〉でも多くの日本人が反発したことが証明している。李明博大統領は竹島上陸後に支持率が急上昇したこともあり、調子に乗って〈失言〉してしまった。

しかし、予想以上に日本の反発が激しいので、李明博は、天皇発言は誤って伝えられたと事態収拾を図っている。十月八日に韓国を訪問した麻生太郎元首相にも天皇の謝罪を要求したと伝えられたのは間違った情報だ、と弁明している。

面白いことに、日本人に最初に天皇謝罪発言の真実を伝えてくれたソウル新聞はその後、WEBサイトの記事を改竄してしまう。現在、当該ページ（http://www.seoul.co.kr/news/newsView.php?id=20120815003005）を読むと、見出しも含め、「跪いて謝罪」という言葉は一切、なくなっている。これが、彼らお得意の歴史改竄の一例である。数々の歴史文献などを都合のいいように改竄するのが特定アジア、中国、韓国、北朝鮮の特徴だが、そんな歴史的瞬間を目の当たりにできたのは僥倖だったのかもしれない。

反日原理主義のテロリズム

話はそれだけでは終わらない。李明博大統領の「日王土下座要求発言」を韓国は公式文書で削除したにもかかわらず、韓国の一流紙と言われる朝鮮日報が、政治部記者と論説委員それぞれ二人の常軌を逸したコラムを同時に八月二十日に掲載した。

　驚いたことに、この二つのコラムは大統領発言に後押しされたのか、臆面もなく歪曲された歴史認識に基づく反日感情剥き出しの〈思想〉を明らかにした。朝鮮日報は〈保守系〉の新聞として知られ、東アジアの安全保障関連の記事では日本の新聞より的確な指摘をすることがあるが、こと対日本という視点では、歴史認識が北朝鮮同様になってしまう。

　政治部の李河遠《イハウォン》記者は「天皇への謝罪要求、何が間違っているのか」というコラムで、《野田内閣が追加の「報復措置」に着手したのも、この天皇王批判が大きく作用している。しかし韓国の立場からすると、天皇批判に日本の政界がこれほどまでに敏感に反応する理由が理解できない》（傍点原文ママ）とし、こう続けた。

《韓国史から見ると、今上天皇の父親、昭和天皇は１９２６年の即位後、日本が朝鮮半島を統治した時代に※傍点【民族全体を迫害し、弾圧した人物で、太平洋戦争では韓国の若い男性を銃の盾とし、若い女性を日本軍の性的奴隷とした、まさに「特別A級戦犯」】だ。今なお韓国民族を苦しめる南北分断も、昭和天皇が統治していた日帝時代の統治が原因になっている
　その日本の王室に対し「韓国に来たければ、韓国の独立運動家が全てこの世を去る前に、心から謝罪せよ」と求めたわけだが、これはある意味当然の要求だ》（「朝鮮日報」八月二十日・傍点西村）

つまり、十月八日の李明博大統領の麻生元総理への〈弁明〉も真っ赤な嘘であることと、八月十四日の大統領〈日王土下座要求発言〉が韓国人の本音であることを、大統領発言の約一週間後に告白していたのである。

面白いことに、李河遠氏はこの歪曲史観に溢れる文章で《王室》という言葉も使用している。この記事では「天皇」という表記になっているが、「皇」という文字を忌み嫌い、この年のＮＨＫ大河ドラマ「平清盛」で登場人物に執拗に連呼させたように、「王」という言葉に固執する。前述したように、これは日本人を差別する朝鮮民族の〈極右民族主義〉に他ならないのである。

そして、李河遠氏はさらに滑稽な指摘を続ける。平成という元号は『史記』と『書経』から採った《「世の中と日本内外の平和を願う」という意味だ》と確認したうえで、《このように日本の王室が訴える平和を実現するには、まずは心から過ちを認め、これに対する批判を受け入れる勇気から持たなければならない。

西ドイツのブラント首相（当時）は１９７０年12月、ポーランドのワルシャワにあるユダヤ人犠牲者慰霊碑前で膝をついて謝罪した。日本もこの事実を思い起こすべきだ。天皇は決して神聖不可侵ではない。

今上天皇は手遅れになる前に、ブラント首相のように膝をついて謝罪する写真を歴史に残すべき

だ》と結んでいる。（同上・傍点西村）

敏感な読者はお気づきだろうが、八年前のこの騒動で韓国メディアが発信した〈天皇観〉は、令和元年（二〇一九）に日本人の感情を逆撫でした文喜相（ムン・ヒサン）韓国国会議長の「天皇謝罪発言」に繋がる同質のものだ。つまり、韓国人の変わらない、偽らざる〈天皇観〉なのである。

独りよがりの歴史観

前述した朝鮮日報の記事は、まるで反日工作員のアジビラと同じではないか。しかも、韓国が政府とメディアが一体となって李明博発言から隠蔽した《膝をついて謝罪》というキーワードが何度も顔を覗かせている。実際、二〇一二年五月下旬にNYタイムズに出稿され、同年十月にタイムズスクエアの看板広告となった「Do You Remember?」という韓国人が資金を出した意見広告のビジュアルには、李河遠の説明どおりの西独・ブラント首相の謝罪写真が使用されたのである。慰安婦や日本の朝鮮統治と全く無関係なナチスドイツのユダヤ人虐殺を、さも同等であるかのように妄想する独りよがりの歴史観に理性を壊されているのである。

一方、世代が李河遠より上の金泰翼《キムテイク》論説委員も、「旭日昇天旗」という奇妙なタイトルのコラムで日の丸の起源を説き、同時に輝かしい伝統のかつての海軍旗、現在の自衛艦旗である旭日旗を奇説で貶めた。

《旭日昇天旗は軍国主義の日本のシンボルだった。生きた人間を人体実験の対象にした731部隊、旧日本軍が罪のない中国人100人に対し、誰が早く首を切れるかを競い合った南京大虐殺の現場にも旭日昇天旗がはためいていた。

旧日本軍の性奴隷（従軍慰安婦）たちのやるせない思いが詰まり、私たちの父や祖父が強制的に連れて行かれ徴兵された現場にも旭日昇天旗は翻っていた。日本が敗戦後に心から過去を反省し、許しを請うなら、まず旭日昇天旗を永遠に地中に葬ることから始めるべきだった》（同上・傍点西村）

これほどまでに拙劣なコラムに、韓国の〝一流紙〟で遭遇するとは思えなかった。引用した傍点部分は完全な嘘であるが、もしかしたら韓国人は本当に信じ切っているのかもしれない。これは、本当に「朝鮮日報」なのだろうか。何度も疑って確かめたのだが、朝鮮労働新聞でもなければ、日本の反日極左過激派組織の機関紙でも、日本共産党の機関紙でもなかった。もしかしたら、いつの間にか全く別の「朝鮮日報」が、ウイルスによる遠隔操作によって出来上がっていたのかもしれない。

ここで明確にすべきなのは、すでに韓国では史実や歴史認識とは全く別の次元で、反日原理主義が根づいているという事実である。反日原理主義の行動原理は、同年、二〇一二年十月九日にイスラム原理主義過激派のタリバンが、パキスタンで女性の人権を訴えていた当時十四歳の少女、マララ・ユスフザイを虐殺しようと銃撃したテロルと本質的には同じものだ。彼女はその二年後にノーベル平和賞を受賞したが、〈反日という宗教〉の原理主義が、すでに情報テロリズムの形態を取って私たちに長期間このように襲いかかっているのである。

「日本は歴史に向き合え」

李明博元大統領の「日王土下座要求発言」のあった翌日の八月十五日に、米国の戦略国際問題研究所（CSIS）が、「アーミテージ&ナイ・レポート」を発表した。CSISは米国の有力なシンクタンクの一つで、アーミテージ・レポートがCSISから出されるのは二度目だった。当時のオバマ政権の駐日米国大使の呼び声もあったジョセフ・ナイとの共同執筆で、アーミテージ元国務省副長官が米国の対日基本戦略を述べていた。最初にアーミテージ・レポートが出されたのは二〇〇〇年で次が二〇〇七年であったが、明らかに二〇一二年の報告には質的転換があった。

九・一一テロ以前に出された最初の報告は、日米同盟の深化が謳われ、日本を太平洋の英国に位置づけようとする米国の極めて前向きな意図があった。二十一世紀を迎えた日本がこれに応えることができなかったツケがいま、大きなわが国の障害となっていることは言うまでもない。次の二〇〇七年の報告では台頭する中国というテーマがあり、日米がアジアを導かなければならないというコンセプトに貫かれていた。二〇一二年の報告では民主党政権下の日本で日米同盟に軋みが生じた状態で、米国の対日基本戦略が明らかにされていた。

二〇一二年の報告で明白になったのは、それまでにない日本のポテンシャル低下が米国に事実として受け止められていたことだった。震災後の「トモダチ作戦」を契機とした日米同盟の再確認、中国の〈核心的利益〉という中華覇権主義への警戒が述べられ、日本の力に米国が期待していたことには変わりはなかったが、極めて重要なシグナルも込められていた。

それは、アーミテージ・レポートに韓国がはじめて表立って登場したことである。日米両国は、中国の台頭とそのパートナーで核武装した北朝鮮の脅威に直面していると序論で述べられているが、米国は明瞭に〈日韓米の三カ国の連携〉の重要性を強調していた。

さらに、日韓の緊張緩和のために米国も外交努力をすべきだとしたうえで、日本に対しては韓国との歴史問題に向き合うよう求めていた。日米韓の関係強化が不可欠だという前提はあるが、アーミテージ・レポートで歴史問題に言及したのは異例だった。しかも、日本が韓国にもっと耳を傾けるべきという主張が強く打ち出されていた。もちろん、李明博は韓国寄りの〈アーミテージ・レポート〉の内容を知って竹島に不法入国したわけではない。ただ、民主党政権が誕生してからの三年間で日本が著しく国力を低下させたことは間違いなく、その間隙を衝いて韓国は対日外交をやすやすと国益のために展開できる環境になっていた。

経済・金融面でも米国の円高誘導に乗じ、韓国企業は日本の民主党政権三年間で日本の家電メーカーを追い詰めた。まるで、米国が歴史認識問題と為替レートの両方で日本に韓国への譲歩を迫っていたかのような状況であった。そんな背景もあり、反日リミッターが振り切れた形で、李明博は常軌を逸した対日攻撃に出たのではないだろうか。李明博が「日王土下座要求発言」と同時に言った「日本の影響力はかつてほどでなくなった」という発言にもそのような背景があった。

韓国人と変わらない歴史認識

知日派米国人として知られるリチャード・アーミテージでさえ、歴史認識では韓国寄りと言っていい。原因は、日本の外交力、パブリック・ディプロマシー（広報外交）、情報発信力が著しく拙劣で正しい歴史事実が伝えられていないからなのだが、それだけが原因ではない。むしろ、歴史事実を知ることが不愉快な米国人も多くいて、歴史事実を知っていても目を伏せて見ないふりをしているのは当時も令和の現在も同じだ。

知日派であろうと反日派であろうと米国にとっての第二次世界大戦前の日本は、軍国主義の人権蹂躙が横行した野蛮な国で永遠にあってほしい。でなければ、人体実験として実行した人類初の核攻撃と、焼夷弾による都市部への絨毯爆撃で、百万人に及ばんとする日本の民間人を虐殺した自らの戦争犯罪を覆い隠す、米国の対日戦争のレジテマシーが保たれないからだ。

アーミテージは日経新聞の春原剛編集委員（当時）のインタビューにこう答えていた。

《政治家は世論の支持率を上げるため、ナショナリズムを使う。北朝鮮がその刃を双方の喉元に向けているにもかかわらず、重要な民主国家の同盟相手が互いの刃を突き付け合っているのは不健全だ。我々は中国を平和的に（アジアの）大国として迎える努力を続けているが、この地域に強固な民主主義が達成された場合にのみ、実現可能だ。現状のように二つの民主国家がお互いににらみ合っていては、実現は到底おぼつかない。（中略）（慰安婦問題の）事実はただ一つ。それは悪いことであり、実際に起こった。そして、日本人の何人かが責任を負っている。それで話は終わりだ。

冷静な歴史を教えることから始めればいい。歴史はすでに起こったことであり、今さら変えられない。ただ、その大部分を過去のものとし、前を向くことは可能だ。我々はこの問題に対処しなければならない。（米国は）日韓両国による和解を望んでいる。両国には長期にわたる戦略的な目的を常に頭に置いてほしい》（日本経済新聞・二〇一二年八月二十五日付）

米国スーパーエリートの知日派でもこの程度の認識だ。では、歴史事実はどうなのか、何が《実際に起こった》のか、《責任を負っている》日本人は誰なのか、という追及がこの記事にはないので断言はできないが、知らないふりをしているかどうかを別にしても、アーミテージの歴史認識は韓国人とほとんど変わらないと言って過言ではない。このような状況を作り上げたのは、韓国の執拗なロビー活動なのかもしれない。ただ、そういった手段で、たとえば〈従軍慰安婦〉という虚構を仮想現実として構築してしまえば、その時点で韓国は情報戦に勝利する。したがって、そんな状況が韓国人の〈反日原理主義〉に基づく歴史観をリアルの世界で補強して、歴代大統領の奇矯な言動が生まれたのである。

アーミテージ・レポートへの返答を

では、韓国人の歪んだ歴史認識とは何だろう。それは、嘘を嘘と認めない彼らの文化から生まれたものだ。竹島も典型的な例で、韓国の古地図に竹島が描かれているものが一つもないこと。日韓併合前の一九〇五年の第二次日韓協約で竹島が奪われたと彼らはいつも主張するが、一八八九年に大韓帝国で発行された「大韓地誌」に記された韓国の領域外の東経一三一度五二分に実際の竹島が存在していること。この二つの事実だけで、「独島」の嘘は暴かれる。

日韓併合後、日本は朝鮮半島近代化のために、徹底してさながら中世の暗黒世界だった李朝の文化を一掃することに努めた。その結果、白丁と蔑まれていた被差別階級の人々を解放し、両班と呼ばれた非生産的な貴族階級の特権を廃止した。したがって、李氏朝鮮では文字として認められていなかったハングル文字を学校教育で使用して庶民の識字率を飛躍的に高め、教育の普及にも成功できた。ところが、そういった日本の近代化施策は、必然的に李朝文化を悉く破壊することになった。その結果、近代化に成功し、日本統治で衛生状態も飛躍的に向上、人口も三倍になったにもかかわらず、支配層の文化が破壊されたという怨嗟が歴史の襞のなかに沈殿し、恨と呼ばれるメンタリティを形成したのである。

韓国は日本を絶対視する。自分たちの独立を奪い、文化を弾圧した〈悪〉そのものとして朝鮮統治時代の日本を絶対視することで、〈宗教としての反日〉が生まれた。反日という宗教が、嘘を嘘と認めない〈マトリックス〉（仮想現実）としての反日の本質なのである。

したがって、現実とはまったくかけ離れた仮想現実の〝従軍慰安婦〟が、ソウルの日本大使館前にブロンズ像として出来上がることになる。そして、仮想現実はリアルを求めて過激化するので、反日という宗教から原理主義が生まれるのも当然だった。

韓国が、もし日本からより自由になれば、日本を絶対視せず、日本を相対化することで歴史認識も〈マトリックスとしての反日〉から離れられるだろう。ところが実際は、「反日反日」と攻撃しながら、じつはどんどん日本の懐に入って来る。日本人とすれば、そんなに煩わしいことはない。嫌いで憎むのであれば離れた場所から見ればいいのに、全く真逆に韓国は行動する。

客観的に韓国人が自分たちの歴史を見ることができれば、彼ら自身が自由になれる。日本を絶対視せずに客体化した瞬間だ。日本の統治時代をどう客観的に評価できるかで、彼らの歴史認識の全ては決まる。そうなってはじめて、韓国の反日原理主義も衰退し、アーミテージ・レポートにある日韓米の連携も可能になる。

八年前、二〇一二年のアーミテージ・レポートが有効性を持ち得ないことが、現在進行形で証明されている。できるだけ早い時期に、韓国を外して国益を考え抜いた日本人の名前を冠するレポートをアーミテージに返答しなければならない。韓国の反日原理主義運動はこのように永久に続いていくからである。


（「ＷｉＬＬ」２０１２年12月号に掲載された原稿を加筆修正）

朝日新聞の〝閉ざされた言語空間〟

統制下にあったメディア

いま、日本のメディアの異常性が改めて問われているのは、安倍政権が、朝日新聞や共同通信、そしてNHKなどが何をどう報道しているのか、また何を報道しないのか、というメディアの〈システム〉を浮き彫りにしてくれるからなのである。その状況は、日本の敗戦後と驚くほど近似性がある。

一九四五年の九月二日、日本は横須賀に停泊中の米戦艦ミズーリ上で降伏文書に調印した。マッカーサーはミズーリ艦上での調印式のために、わざわざ米国アナポリスの海軍兵学校から一八五三年に浦賀に来航したペリーの黒船艦隊の隊旗を取り寄せていた。旗だけでなく、マッカーサーは調印式に使用するペンまで当時のものを用意させた。しかも、戦艦ミズーリはペリー艦隊の旗艦サスケハナの投錨地と同じ位置に停泊していた。

日本の全権代表だった重光葵はマッカーサーが用意したペンのことは知らなかったが、前日から米国が用意するペンを使わないことを決めて、秘書官のペンで降伏文書に署名した。そんな重光の矜持は、同日発表されたバーンズ国務長官の「日本の精神的武装解除と教育改革に関する声明」を確認するものの、連合国軍総司令部（以後ＧＨＱ）が軍政を以て日本占領に臨もうとした軍政三布告を拒絶したことに表れている。

そして、降伏文書調印から九日後の九月十一日、ＧＨＱは「言論およびプレスの自由に関する覚書」を発表、日本メディアの検閲を開始した。徹底的な情報統制を開始したのである。九月十四日に同盟通信社を配信停止処分にし、九月十八日には朝日新聞を発行停止処分にする。矢継ぎ早の報道機関への弾圧である。そして翌九月十九日、ＧＨＱは「プレス・コードに関する覚書」を発表、この時点で大東亜戦争と八紘一宇という言葉の使用が禁止された。

九月二十九日には「新聞と言論の自由に関する新措置」指令を出し、昭和天皇のマッカーサー訪問時の写真を掲載した新聞を〈不敬〉で発禁にした日本政府の処分の取り消しを命じる。そして十月八日に、ＧＨＱは「自由の指令」を出し、内務大臣らの罷免、思想・言論規制法規の廃止、特高の廃止、政治犯の釈放などを命じた。重要なのは、この九月二十九日から十月八日にかけて、ＧＨＱは巧妙に報道の自由に関する概念のすり替えを行ったことだ。

つまり、ＧＨＱは「自由の指令」で、「いかなる政策ないし意見を表明しようとも」「決して日本政府から処罰されることがない」という特権的地位を日本のメディアに与え、占領下の日本政府に対して、大袈裟にいえば無制限の報道の自由を与えたに等しかったのだが、じつはメディアをＧＨＱの完全な統制下に置いたということなのである。

この時点で、日本のメディアは日本政府から自由になりながら、GHQの権力の下で偽装した〈自由〉を与えられ、連合国のための報道機関にすり替えられたのである。

そして、GHQは「自由の指令」を出した翌十月九日、朝日、毎日、読売、東京、日本産業経済の東京五紙に対し、新聞事前検閲を開始した。これほど滑稽なことがあるだろうか。

特殊で歪な言論空間

二〇一三年六月二日、朝日は朝刊でシンガポール発の小さなベタ記事を掲載した。

《■国防軍創設を「支持」

小野寺五典防衛相は1日、訪問先のシンガポールでインドネシアのプルノモ国防相と会談した。日本側の説明によると、自衛隊を憲法改正により国防軍にすることについて、プルノモ氏は「支持したい。その際には協力が広がるのではないか」と語った。国防軍創設は自民党が改憲草案に明記。中国の海洋進出に直面するインドネシアには、日本の軍事力が増せば中国への牽制《けんせい》

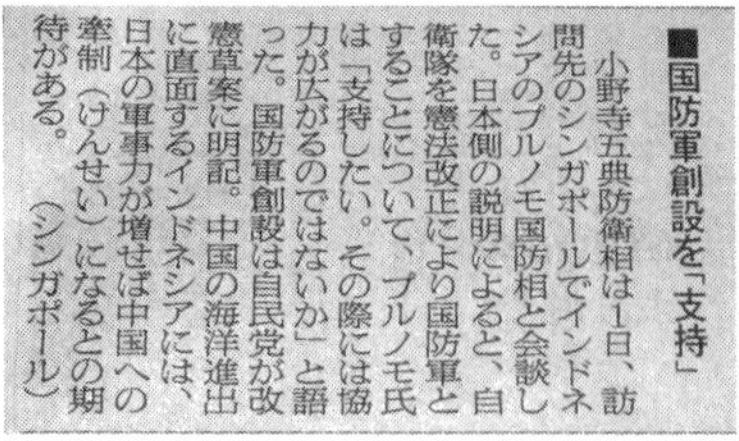
■国防軍創設を「支持」

小野寺五典防衛相は1日、訪問先のシンガポールでインドネシアのプルノモ国防相と会談した。日本側の説明によると、自衛隊を憲法改正により国防軍とすることについて、プルノモ氏は「支持したい。その際には協力が広がるのではないか」と語った。国防軍創設は自民党が改憲草案に明記。中国の海洋進出に直面するインドネシアには、日本の軍事力が増せば中国への牽制（けんせい）になるとの期待がある。（シンガポール）

日本の安全保障上重要なニュースがベタ記事に

になるとの期待がある。（シンガポール）》

驚くべきことに、この内容が見出しを入れて僅か十五行のベタ記事として掲載された。どう考えても、一面トップに大きく掲載される内容である。憲法改正と国防軍創設は、本来なら参院選の一番大きな争点になるべきものだった。

政治に特別な興味がない、特に積極的な護憲派でも改憲派でもない多くの一般国民にとって、この記事は貴重な情報なのである。一般国民の意識を大きく変える可能性がある情報だからこそ、朝日はこれだけ小さく、最小限度の報道でアリバイ作りを行った。

報道しないよりはベターだが、情報隠蔽と言ってもいいだろう。なぜなら、地上波TVの多くでは、朝日を基準にして情報番組などを制作するという時代錯誤な風潮が続いているからだ。このように日本には、特殊で歪な言論空間がシステムとして構築されているのである。

そもそも、改憲に関しては二〇一二年十二月に、フィリピンのデルロサリオ外相が「日本が再び軍を持つなら強く歓迎すると語った」と英紙フィナンシャル・タイムズがインタビューで大きく報じたのだが、日本メディアの扱いは大きくなかった。朝日、NHK、共同は報じていないはずである。もし、フィリピン外相が逆に「反対」と答えていたら、朝日は一面トップで報じたかもしれない。

より深刻な状況は、日本のメディアがフィリピン外相にその後、改憲問題で後追いのインタビューを行っていないことである。

朝日は報道しなければいけないことを報道しないだけでなく、報道してはいけないものを報道することも多い。それが、二〇一三年八月三日に電子版に掲載された「稲田行革相、終戦記念日に靖国参拝へ　官邸も了承」という記事である。

《稲田行革相、終戦記念日に靖国参拝へ　官邸も了承

安倍政権の稲田朋美行革相が、15日の終戦記念日に靖國神社に参拝する意向を固めた。自身が所属する議員グループ「伝統と創造の会」の一員として参拝する。現職閣僚が15日に靖國参拝することが明らかになるのは初めて。

稲田氏は終戦記念日の参拝について1日、首相官邸に打診し、了承を得た。首相は先月21日、「各閣僚はそれぞれの信念の中で判断してほしい」と述べ、閣僚の靖國参拝を制限しない方針を表明していた。（中略）終戦記念日に現職閣僚が参拝すれば、中韓がさらに批判を強める可能性がある。（中略）稲田氏は2日の記者会見では参拝を明言せず、「自分の国のために命を捧げた人に対し、感謝と敬意、追悼の意を表すことは主権国家として許されるべきだ」とだけ述べていた》

六十八年前から始まった検閲

この記事は全くの捏造である。稲田議員は終戦の日に靖國参拝を行ったが、事前に官邸の了解など取りつけていない。靖國を巡っては、とにかく無意味な情報を流して不必要なノイズを意図的に作るシステムが機能している。朝日の記事が、シナと韓国に拡散されることを見越しての国際的な情報操作なのである。

このような現在の歪んだ言論空間のシステムは、江藤淳が八〇年代にオピニオン誌『諸君！』（文藝春秋）連載で看破した『閉ざされた言語空間』そのものであり、それが今日までの〈失われた二十年〉を支えるシステムとして機能してきた。それはそのまま、六十八年前のGHQによる言論検閲に行きつく。

「自由の指令」の翌日に開始された事前検閲は、民間検閲支隊などによって地方紙も含めた新聞、雑誌などあらゆる出版物、さらに学術論文、ラジオ放送などのメディアに留まらず、個人の手紙、電報、電話、映画への苛酷な検閲まで含まれていた。

そんな経緯を考えれば、本来なら真っ先に大きく報道されなければならないフィリピン外相やインドネシア国防相の日本の改憲と国防軍を支持するという発言が、ほとんど報道されないという現状を説明する手掛かりになる。まさか、現在でもなくなったはずのGHQが日本のメディアの検閲を行っているのか？　そんなあり得ない疑問を抱く人がいても不思議はない。

六十八年前から始まった検閲では、連合国や占領軍の政策、東京裁判への批判は禁じられ、戦時中の連合軍の残虐行為、原爆の被害情報も報道禁止対象になった。さらに、占領軍兵士による殺人、強盗、強姦、買春の報道は全て封じられた。

また、注目すべきは、満州における日本人への人権侵害、残虐行為への批判、欧米の有色人種差別の報道も禁止対象となったことである。日本人が加害者であることは針小棒大に報じられたが、〈被害者としての日本人〉は絶対に報じられなかった。さらに東西冷戦の緊張、飢餓、空襲による虐殺や悲しみの表現など、報道や出版を許されない項目は広範囲に及んでいた。

なかでも、被害者としての日本人像が占領期に絶対に報道を許されないイメージになったことが、今日まで六十八年間も日本人を呪縛する言論空間を形成していることが最も重要なのである。

加害者としての日本人

朝日は二〇一三年八月十六日、「加害責任　歴史から目をそらすな」という社説を掲載した。終戦の日の全国戦没者追悼式の安倍首相の式辞に、《アジア諸国への加害責任への反省や哀悼の意を示す言葉が、すっぽりと抜け落ちたのだ。加害責任への言及は、93年の細川護熙首相（当時）から歴代の首相が踏襲してきた》と批判した。

朝日は自分で答えを出している。加害責任への言及が始まった平成五年（一九九三）から、まさに日本は〈失われた二十年〉を過ごして来たのではなかったのか。朝日の主張は、永久に日本に謝罪と賠償を要求し続ける韓国に代表される特定アジアの異常な反日原理そのものではないか。

いったい、何のために安倍内閣が成立したと思っているのだろうか。この時代の変化を読めない固定化した視座は、そのまま一九四五年に始まったＧＨＱの情報統制社会のものになる。八月十五日の夕刊でも、朝日は一面トップで大きく「首相式辞、加害責任に触れず」と謳っていた。

この日、共同通信が戦没者追悼式の最初に報じた短信はこうだった。

《安倍首相、アジアへの加害責任明言せず　安倍首相は全国戦没者追悼式の式辞でアジア諸国への加害責任と反省について明言しなかった。2013/08/15 12:03【共同通信】》

驚くべきことに、これが最初の短信なのである。翻訳された共同電は直ちにシナと韓国の反応を呼び、安倍首相を非難する材料として情報がロンダリングされた。結局、占領期初期の検閲で重要視された〈加害者としての日本人〉を報道しろという原則が現存しているのである。一九四五年にＧＨＱによって解体された同盟通信は、共同通信と時事通信として存続している。

静かなベストセラーを無視

二〇一三年八月十六日、朝日は《「はだしのゲン」小中校で閲覧制限　松江市教委「描写が過激」》という記事を掲載した。記事はこう続く。

《広島での被爆体験を描いた、漫画家の故中沢啓治さんの代表作「はだしのゲン」（全10巻）が、昨年12月から松江市内の市立小中学校の図書館で子どもたちが自由に見ることができない閉架の状態になっていることが分かった。市教育委員会が作品中の暴力描写が過激だとして、各校に閲覧の制限を求めた》

「はだしのゲン」は原爆の悲惨さを伝える漫画として有名だが、内容は随所に反日的描写があり、原爆体験の悲惨さを伝える漫画を装った反日プロパガンダとしての側面が非常に大きい。

描かれるのはシナなどで現地人を惨殺する日本兵ばかりで、おまけに「殺人罪で永久に刑務所に入らんといけん奴はこの日本にはいっぱいいっぱいおるよ」「まずは最高の殺人者天皇じゃ　あいつの戦争命令でどれだけ多くの日本人　アジア諸国の人間が殺されたか」という、まるでGHQに潜んでいたコミンテルンの影響を受けた共産主義者そのものの主張を、ゲンの友達の戦争孤児に言わせている。

文科省の学習指導要領は、第2章・第2節社会の3の（2）に、《天皇についての理解と敬愛の念を深めるようにすること》と謳っている。たしかに教材として相応しくない。松江市教育委員会の処置は極めて適切だと思う。むしろ、全国に広めるべきではないのか。

一方、敗戦後の混乱期に朝鮮半島から命からがら引き揚げた幼い姉妹の実話に基づいたノンフィクション『竹林はるか遠く―日本人少女ヨーコの戦争体験記』（ヨーコ・カワシマ・ワトキンズ著・監訳・ハート出版）が静かなベストセラーになっているのに、朝日、NHK、共同は全く報道しない。なぜなら、ソ連兵や朝鮮人による日本人女性への強姦、日本人への暴行が描かれているからである。ヨーコ・カワシマ・ワトキンズ氏は、戦後間もなくして米国人と結婚し渡米、米国在住であるが、本書は英語で書かれて一九八六年に米国の中学校の教材となり、数々の賞を受賞した作品である。

しかも韓国人の強姦が描かれているので、在米韓国人から「捏造だ」とクレームが入り、組織的な妨害により、いくつかの都市で副教材から外されるという言論弾圧の被害も受けている。韓国でも翻訳版が発売されたが、直ちに発禁となった。ところが日本のメディアは、まるでGHQの情報統制下そのままに、この書籍の存在すら報道しないのである。

報道ステーションによる悲劇の隠蔽

原爆で付け加えれば、二〇一三年八月六日と九日の広島と長崎の式典で、安倍首相は米軍の原爆投下を「その非道を、後の世に、また世界に、伝え続ける務めがあります」と述べた。米国に対して、

「非道」という言葉で強く非難した総理大臣は戦後初めてである。画期的なこの安倍発言を注視し、きちんと解説できたのは産経新聞だけだった。普段から反米で鳴らしている朝日や毎日はどうしたのだろうか。ここにも、GHQの情報統制の残滓が見える。

また、八月十三日にはテレビ朝日系の「報道ステーション」で、元従軍看護婦の証言が取り上げられた。一人は終戦翌年に召集され、「望まぬ妊娠」をした引き揚げ女性らの中絶手術を手伝わされたと、その悲惨さを訴えた。

ところが、これでは当時の事情にそれほど詳しくない現在の一般的な視聴者にはほとんど真実が伝わらない。「望まぬ妊娠」というナレーションでは抽象的だ。ソ連兵や朝鮮人に強姦され、望まぬ妊娠をした多くの日本人女性の悲劇を、テレビ朝日は隠蔽しようとしたと言われても仕方がないだろう。その証拠に、その逆ならこれまで厭というほど具体的な証言がテレビで放送されてきたからである。

このように、「報道ステーション」が多くの日本人女性がソ連兵や朝鮮人に強姦されたことを放送で明言できないのは、日本人は加害者でなければならないという洗脳によるものだ。もちろん、それはGHQの情報統制がもたらしたものである。日本人は被害者であってはならない、という妄想的観念の肥大が、今年の戦没者追悼式の安倍首相の式辞批判にも繋がっている。

多くの日本人は、いまだに先の戦争について学校で「日本＝加害者」としか教わらなかったので、原爆や空襲被害も「戦争を仕掛けた日本が悪い」と錯覚している。こんなに恐ろしい情報統制の下で、いったいどうやったら戦後レジームという旧体制から脱却し、日本を真の独立国家とすることができるのであろうか。

「哀悼の意」を報道しない

一方、現在の在日米軍の話題になると、日本のメディアは一気に反米に針が振れる。二〇一三年八月五日に沖縄県米軍キャンプ・ハンセン（宜野座村）内でヘリが墜落した時は、上を下への大騒ぎで一方的に米軍を非難する。東日本大震災でも「トモダチ作戦」で活躍した部隊の同機種のヘリが救難訓練中の事故にもかかわらずだ。しかも事故でスミス軍曹の命が失われているのに、その報道は皆無だった。

小野寺防衛大臣が記者の質問に答え、冒頭に「亡くなった兵士の方に哀悼の意を表します」と述べているのに、ほとんどのメディアはその言葉を意図的に報道しない。沖縄に巣喰う琉球新報と沖縄タイムスという特殊なメディアの影響を受けるのだろう。

八月十三日、朝日は《沖縄国際大ヘリ墜落から9年　オスプレイ配備に怒りの声》という記事でオスプレイ配備と五日の事故を報じたが、航空専門誌で世界の名機と評価されるオスプレイMV22は安全性も高いので、事故を防ぐためにも一刻も早いオスプレイ配備が必要なのである。自衛隊もオスプレイの導入を決定したことが、八月十八日に報じられた。

ＧＨＱの情報統制は、戦後連合国によって再び植民地化されたアジア各地で起きた独立闘争の報道も禁じていた。それも未だに継続中だ。八月十七日がインドネシアの独立記念日であることを、どれだけの人が知っているのか。

しかも、独立宣言の署名の日付が「17.08.05」と記されていたことは、ほとんどの日本人が知らないだろう。この日付年号05は、皇紀二六〇五年の意味だ。日本の敗戦後、日本軍によって組織され、育成されたインドネシア独立義勇軍の一員として、スカルノとハッタはどうしても日本本土に連合国軍が上陸する前に独立宣言を発表したかったのである。

《我らインドネシア人民はここにインドネシアの独立を宣言する。

権力及びその他の委譲に関する事柄は、完全且つ出来るだけ迅速に行われる。

インドネシア独立宣言文草稿

ジャカルタ、05年8月17日

インドネシア人民の名において

スカルノ／ハッタ》

このような歴史的事実が、戦後に生を受けた日本人に教えられていれば、冒頭紹介したインドネシア国防相の発言が、たとえ現状の小さな報道であっても重大な意味があることが理解できるはずである。

そして、朝日の今年八月十五日の「戦後68年と近隣外交―内向き思考を抜け出そう」という社説が、いかに恥ずかしく、軽蔑すべきものであるかを多くの人が共感できるはずだ。

〈太平洋戦争〉という記号

《その日までの日本は、アジアで広大な領域とさまざまな民族を支配する帝国だった。掲げた看板は「大東亜共栄圏」。日本が欧米からアジアを解放すると唱え、太平洋戦争を「大東亜戦争」と呼んだ。

ところが敗戦とともに、日本は、その東亜圏との関係を断ち切ってしまった》

朝日によれば、日本人は〈太平洋戦争〉を〈大東亜戦争〉と呼んだということになる。何度も目をこすって、頬を抓りながら読み直した。ところが、何度読んでも《太平洋戦争を「大東亜戦争」と呼んだ》と書いてある。この社説は、このディテールだけで他を読む意味もなくなる。論評するに値する価値もなくなるからだ。翌日に訂正謝罪告知があったという話も知らない。明らかに、朝日の論説委員は錯乱している。

日本と米英との戦争を日本は〈大東亜戦争〉と呼び、米国は〈太平洋戦争〉と呼んだ。それは動かし難い歴史的事実ではないか。にもかかわらず、なぜ朝日はここまで倒錯したのであろうか。

これまで述べてきたように、なぜ日本のメディアが六十八年前のGHQの言論統制や検閲に囚われているのか、不思議に思う読者もいるはずだ。しかし実際、朝日新聞はこのように、社説で歴史的事実を無視してでも〈太平洋戦争〉という記号がアプリオリなものになっている。

その答えは簡単で、GHQによる新聞、ラジオ、雑誌の事前検閲は昭和二十三年（一九四八）七月までに廃止され、以後は事後検閲になったからである。事後検閲になったということは、メディアが事前にGHQの検閲を受けなくても発禁処分を受けない報道をできるシステムが、二年九カ月の間に構築されたということである。

占領後も残る検閲システム

そしてGHQがなくなり、日本が占領から解かれた昭和二十七年（一九五二）四月二十八日以降も、〈不在のGHQ〉による事後検閲システムが、メディアのなかに強固に構成されたということである。

調達庁の資料では、六年八カ月の占領期間中、米兵に殺された日本人は二千五百三十六人にのぼり、傷害を負った者は三千十二人である。警察資料では、米兵が日本人女性を襲った事件は二万件報告されている。しかし、これらの犯罪は一切報じられることはなかった。

そんな情報統制の下で、〈大東亜戦争〉という言葉を禁止したGHQが編纂した『太平洋戦争史』が昭和二十一年（一九四六）に発行され、『太平洋戦争史』を劇化したラジオ番組『眞相はかうだ』を十週間、NHKラジオは放送した。GHQ民間情報教育局は、放送と同時に聴取者からの質問を集めて『質問箱』という番組を作成させ、歴史洗脳を徹底させたのである。GHQが、学校教育でのラジオ放送と校内放送を奨励したのは言うまでもない。

二〇一三年の八月十五日の靖國神社参拝者は十七万五千人に及んだ。前年より一万四千人も多く、小泉首相が参拝していたあとでは最多の参拝者となった。これは、そんな戦後の情報統制システムに気づいた国民が、そこから逃れたいという欲求の表れではないだろうか。二〇一三年の終戦記念日も、猛暑のせいはあったかもしれないが、参拝者は若い世代と女性が多い。

一九四五年の九月二日、ミズーリで降伏文書に調印した重光葵は、官邸に戻ってからこんな歌を残している。

願わくば御国の末の栄え行き吾名さげすむ人の多きを

（「ＷｉＬＬ」２０１３年10月号「総力大特集　朝日新聞は絶滅危惧種だ‼」）

韓国化する中国――今こそ「21世紀の脱亜論」を

テロでできた時代の裂け目

時代の大きな変化の真っ只中にいる人間は、その変化をなかなか読み取れない。九・一一の米国同時多発テロに始まった今世紀の動きが、まさにその状況である。

当時から、北東アジアの情勢がちょうど百年以上前の状況に酷似するかのように、日本、韓国、北朝鮮、シナの立ち位置と関係が変化し、現在の状況に収斂していった。つまり、日清戦争、日露戦争と続くアジア激動の時代の以前に還って行ったのである。日清戦争は明治二十七年（一八九四）の出来事だった。

北東アジア情勢が百二十年前の状況に還って行く大きな要因は、二十一世紀最初の年の九・一一から十年前のソ連崩壊による東西冷戦終結にあった。第二次世界大戦後の米ソ二大強国による世界支配の構造と均衡が冷戦終結でほころびを見せ、世界的規模で地政学的可変性が大きくなっていった。

それを象徴したのが二つのテロだった。二〇〇一年九月十一日の米国への同時多発テロと、翌二〇〇二年九月十七日の小泉訪朝で北朝鮮の独裁者、金正日が認めた〈拉致〉である。

それはまた、冷戦に勝利し、ソビエト社会主義共和国連邦を崩壊させた米国が、静かに力を衰退させていく過程の象徴であり、世界で唯一、冷戦構造が残っていた北東アジアで、不可視なまま半世紀近くも深く日本へ浸潤していた拉致という苛酷な侵略テロが、時代の裂け目から姿を現した瞬間だった。

韓国はすでに、九〇年代から〈河野談話〉という外交的武器を日本の政権与党であった自民党と国内の反日勢力の力を得てやすやすと手にし、金泳三政権では日本統治時代の象徴であった朝鮮総督府を粉々に破壊、尖塔部分のみを残して地中に埋葬するかのようにしていたのである。

朝鮮半島より十五年長い五十年の日本統治を受けた台湾が、日本統治時代の台湾総督府の建物を大切に保存し、現在も歴史的建造物でありながら、台湾の行政を司る台湾総統府として使用しているのとはあまりに対照的である。

この決定的な韓国と台湾の差異が、日本の今後の進路に大きくかかわってくる。

国防長官の盧武鉉評

長いレンジで俯瞰すれば、二〇一三年、韓国では抗日の独立闘争があったとされている三一記念日の三月一日に、朴槿惠大統領が「千年経っても恨みは消えない」と発言したのは、何も唐突なことではなかった。それは、取り立てて朴槿恵大統領個人の資質や人間性による発言ではない。

その証拠に、韓国は金泳三の後を継ぐ金大中、そして盧武鉉という親北左傾政権の十年を経て保守派の李明博政権が誕生しても、かえって二〇一二年の八月十日に竹島不法上陸と天皇陛下土下座謝罪要求という、日韓関係を決定的に冷却させる愚行を行ってきたからである。

二〇一四年の一月十四日に米国で発売されたゲイツ元米国防長官の六百十八ページに及ぶ大著の回顧録、『Duty』(任務)はオバマ大統領を激しく批判した内容で話題になっているが、韓国の盧武鉉元大統領について、"President Roh Moo-Hyun was anti-American and probably a little crazy"《盧武鉉大統領は反米的で、おそらく頭がちょっとおかしい》(416P)と書かれている。

米国の元政府高官が、同盟国の元国家元首をこのような表現で誹謗するのは極めて異例なことで、ゲイツ氏はオバマ政権とは距離を置いているものの、韓国という奇怪な国家の一面をやっと米国の一部も認識するようになったということである。

ところが、ゲイツ元国防長官が認識し得た韓国の〈奇怪さ〉が、オバマ政権と米国の多くの識者やジャーナリズムに共有されていないのが最大の問題なのである。その理由は後述する。

韓国の朴槿恵大統領が就任以来、この一年間で成し得た〈成果〉は日本非難だけと言っていいだろう。米国で、シナで、英国で、ドイツで、フランスで、スイスで、インドで、そして連合国(国連)

で、彼女が赴くおよそ全ての外交の場で日本を非難することだけに終始し、「告げ口外交」と世界中から揶揄される有り様である。

〈告げ口外交〉にうんざり

しかも、アベノミクスによる円高是正が進み、韓国通貨ウォンは上昇を続けている。民主党政権時代の日本の異常な円高が韓国経済を支えていたという背景があるので、韓国経済はいつ破綻してもおかしくないような状況に陥っている。

だが、朴政権は何一つ有効な経済政策を立てられない状態である。

二〇一四年一月に、韓国外交部の尹炳世長官が訪米してケリー国務長官と会談を行ったが、米国は韓国の〈告げ口外交〉に釘を刺していた。

会談で尹炳世長官は昨年末の安倍首相の靖國参拝を念頭に置き、《日本の一連の右傾化行動が北東アジアの安定を妨げている》（「聯合通信」一月八日）とケリー長官に指摘したのだが、米国務省は尹炳世長官との共同記者会見で、記者の質問を一切受けつけないという異例の措置をとった。韓国メディアから日本非難を引き出す質問が山のように繰り出されることを、米国は分かっていたからである。

朴槿惠大統領が推進する韓国の〈告げ口外交〉が米国にうんざりされ、封じられた瞬間だった。

ところが、そのような恥辱的な事態になっても、客観的に物事を把握できない韓国人は、米国が何を韓国に望んでいるのかさえ理解できない。これは末期的な状況である。

二月になっても韓国の迷走は止まらず、二月十三日に韓国を訪問したケリー国務長官が「過去より現在が重要だ」と日韓関係の修復を強い口調で促して韓国を叱責したにもかかわらず、次のような独り善がりの解釈が大手を振っている。

ケリー国務長官は、《韓日の過去にまつわる葛藤に対して「過去より現在が重要だ」として、韓日関係の改善を促した。これに対し、尹炳世外交部長官は「日本政治指導者の歴史退行的な言動が継続する限り、信頼構築が難しい」として反論した。韓日の過去にまつわる葛藤を巡り韓―米間の認識差が明らかになった》（ハンギョレ新聞電子版二月十四日）

これに留まらず、聯合通信はこう配信した。

《来韓したケリー米国務長官は13日、ソウルで「過去よりも今が重要」としながら、韓日関係改善に向け本格的に取り組んでいくとの考えを表明した。そのため、米国は基本的には日本に対し改善を促していくというのが一般的な見方だ》（「米の働き掛けで改善なるか　今後の韓日関係に注目」2014/02/14 14:02）

ケリー国務長官が訪韓して釘を刺しているのに、《米国は基本的には日本に対し改善を促していくというのが一般的な見方》になってしまう韓国人の精神性は到底理解できない。

しかも、この聯合電は《米国は韓国に対しても関係改善を求めてくるとみられる。米国の強い要求を受けた韓日は、これを無視することはできないため一時的に交流が再開する可能性もあると》客観的な視点を見せるものの、《韓国政府関係者は14日、「現在の状況は日本が自ら招いた事態」としながら、関係改善のためには先に日本が誠意ある態度をみせることが必要だと強調した》（同上）と結ばれている。

このように、ケリー国務長官の韓国への叱責に対して、韓国政府は《「現在の状況は日本が自ら招いた事態」としながら、関係改善のためには先に日本が誠意ある態度をみせることが必要だ》としか解釈できないのである。精神錯乱か、意図的に米国の意思を無視しているのかどちらかだろう。

米韓同盟の破壊

大統領が反日を叫べば政権支持率が上がる韓国でも、実は二〇一三年十一月頃からは、一部の国内メディアで朴槿惠大統領の対日姿勢が非難されるほどになっていたが、結局、二〇一三年十二月二十六日の安倍首相の靖國参拝を絶好の〈証拠〉として、これまで述べたように、日本を非難、無視する姿勢には微塵の変化も見せようとしていない。

そして、ついに二月十六日に、追い打ちを掛けるように韓国大統領府関係者が「日韓首脳会談に関連した、いかなる話し合いも行われていない」と韓国記者団に述べたことが、時事通信によって伝えられた。

《同関係者は「首脳会談実現には、独島（竹島）、慰安婦、歴史教科書など両国間で進展させなければならないさまざまな問題がある」と強調。核安保サミットで首脳会談を行うには時間が足りない上、こうした懸案で日本の態度に変化が見られないと指摘した》（時事通信二月十六日（日）十四時三十分配信）

米国のケリー国務長官は韓国訪問後、北京に飛び、韓国の次は習近平に南シナ海や東シナ海で挑発的な態度を取らないように釘を刺した。

米国は北東アジアから東南アジア全域にわたる東アジアの安全保障情勢が、ここまで危機的な事態になるのが分かっていたかどうかは別として、つまり、それは無能を意味するのだが、オバマ政権の「アジアン・ピボット」と呼ばれるアジア回帰の外交政策が掛け声だけのものであり、実効的な行動をほとんど行ってこなかったという悪夢のような現実が暴露されたのである。

韓国はシナより先に、この期に及んで、米国の「過去より現在が重要だ」という日韓関係修復の要請に背を向けたのである。つまり、韓国の〈意思〉や〈意図〉がどうであろうと、客観的に韓国が取っている行動は「おそらく頭がちょっとおかしい」（ゲイツ元国防長官）行動と〈奇怪さ〉に満ちた米韓同盟の破壊である。

しかもそれは、シナに擦り寄りながら、あわよくば北朝鮮の核兵器を手に入れようとする小中華思想としか思われないし、明らかに日本への敵対行為である。

韓国の問題は、異常な反日原理主義だけにあるのではない。金大中、盧武鉉と十年続いた親北左翼政権を見るまでもなく、労働運動やメディア、官界にはかなり北朝鮮の工作が行き届いている。

韓国への北朝鮮勢力の浸透

さらに問題なのは、法曹界への北朝鮮勢力の浸透である。李明博大統領時代に、ソウルの日本大使館前に慰安婦像が民間団体によって設置されたが、韓国政府はウィーン条約違反の疑いのある、そんな動きを阻止することさえできなかった。

その背景には、韓国が法治国家ではなく人治国家であるという前近代的な大きな理由があるが、三年前の夏に韓国の最高裁によって、日本政府に慰安婦の賠償金を韓国政府が請求しないことが憲法違反であるという、耳を疑うような判決が出されたことにある。

つまり、韓国政府が日本に慰安婦の賠償を求めないと憲法違反になるのである。もともと、慰安婦問題に反日日本人と一緒に火を付けた女子挺身隊対策問題協議会は、北朝鮮の工作機関と関係があった。

日本と韓国の離反を進めたいのは、言うまでもなく北朝鮮とシナである。日本と韓国の反目によって、軍事的にも安全保障上からも国益に適うからである。

そのうえ、二〇一三年九月末に内乱陰謀容疑などで親北野党、統合進歩党議員の李石基被告が逮捕された。北朝鮮による朝鮮戦争の休戦協定白紙化宣言を受け、秘密会合を五月に招集し、石油施設などへの同時攻撃を扇動したとされる。このように、韓国は右からも左からも、さらに敵国である北朝鮮からも大きな圧力を受けているのである。

一方、北朝鮮もますます混迷の色合いを深めている。金正恩の後見者とされ、事実上の北朝鮮ナンバー2だった張成沢の処刑が二〇一三年十二月十三日に伝えられると、世界中に衝撃が走った。

しかし十二月三日の時点で、米紙ワシントンポストは「金正恩の叔父、権力を奪われたのはほぼ確実」(Kim Jong Un's uncle 'very likely' removed from power)という見出しで、大きな政変が平壌の奥の院で起きたことを伝えていた。この時点で、私はフェイスブックにこう書いていた。

《北朝鮮に吹き荒れる粛清の嵐。今年になって公開処刑も増えている。益々中世の色を濃くする金氏朝鮮。金正恩の側近、張成沢が失脚したと各メディアが伝えるが、処刑された可能性もあるだろう。

金正恩も危ないのかも知れません。張成沢の朝鮮金氏王朝からの削除は、少なくともシナとの関係悪化だけは想定できる。軍部暴発の可能性が高まっているのも確かです》

この時点で世界中に張成沢が失脚した情報が流れていたので、機関銃による処刑を朝鮮労働党が十日後に公表したことのほうが驚きである。十二月三日の時点で、張成沢の粛清は十分に予測できたからである。いま、このコメントに追記できるのは、北朝鮮が猛烈に米国との直接交渉を望んでいる可能性があるということだ。金正恩がこれで独裁体制を確固たるものにしたという説が一般的だが、はたしてそうだろうか?

二〇一三年、いきなり尖閣諸島上空を含む東シナ海に防空識別圏の設定をしたシナも、バブル経済の崩壊を目の前にして危険な状態になっている。二〇一四年に入ってから、南シナ海でフィリピンの漁船に損害を与える威嚇行為まで行い、一触即発。日本とはすでに、二〇一二年から海軍の艦船によるミサイル照準の照射まで行った。

米艦隊への傍若無人な挑発

シナ海軍は二〇一四年一月二十六日に南沙諸島の先、南シナ海の南端でインドネシアの沿岸部と言っていい曽母暗礁(英語名・ジェームズ礁)の公海上で、無意味で周辺諸国への恫喝にしかならない実弾射撃を行っている。

　また、二月七日に西太平洋の公海上で実弾射撃訓練を行い、二月八日にはベトナムが実効支配している南沙諸島で、シナ国旗がついたブイを海上へ投入し、ベトナム海軍が慌てて回収したという一幕もあった。まさに、米太平洋艦隊のプレゼンスを嘲笑うかのような傍若無人な挑発を続けているのである。

　一方、軍事上の威圧とは別に、シナは情報戦でも非常に攻撃的な作戦を展開している。安倍首相の靖國参拝をテーマにして、狂ったように外交官を動員して反日プロパガンダ記事を米国、英国、フランス、ドイツ、イスラエルなどの各国メディアに掲載し、広報外交の側面からも一斉に対日攻撃の狼煙を上げている。

　小泉首相が靖國参拝を行っていた平成十八年（二〇〇六）、香港出身のシナ系在米ジャーナリストの廖建明氏が産経新聞に、「真の狙いは日本の服従」という中国共産党の靖國参拝非難を分析する論文を寄せていた。《中国政府が提起する靖国問題というのは基本的には加工された問題である》とし、こう続ける。

《では小泉首相あるいはその後継の首相が対中関係を良好にするという目的で（略）中国側の要求に従って、以下の言動を取った場合を想像してみよう。まず第一は首相が靖国にもう決して参拝しないと言明することだ。第二には首相が日中間で摩擦が起きるたびに過去の戦争での侵略を謝罪する。第三は中国が不快だとする歴史教科書はすべて禁止することである。

さて日本が中国にこうした土下座同様の行動をとれば、中国は過去をすべて水に流し、日本を決定的に許すだろうか。答えはノーである。中国は間違いなく「日本は十分に悔いてはいない」と主張するだろう》（「産経新聞」平成十八年六月十四日付、首都圏十五版）

このように、日本が取るべき〝最良の選択〟をすでに香港出身のジャーナリスト、廖建明氏が出していたのである。廖氏はこの論文で、日本の連合国（国連）常任理事国入りに永久に反対するシナの基本的姿勢にも言及していた。

韓国化するシナ

《日本が国連安保理の常任メンバーになることにも依然、反対する。中国の潜水艦はなお日本の領海に侵入してくる。そして日本が中国に十分、追従していないとみなされたときには、昨年春（注：平成十七年の反日暴動）のように反日デモはいつでも起きてくる》（同前）

これは、二〇一三年暮れからの中国共産党機関紙「人民日報」が安倍首相を口を汚く罵っている論説にも当然繋がっているが、基本的に廖建明氏が寄稿した二〇〇六年当時と何一つ変わっていないシナの対日戦略なのである。

二〇一三年来、人民日報は、わが国を第二次世界大戦後の世界秩序を破壊しようとしている悪の帝国であると誹謗中傷している。二〇一四年に入って、ポツダム宣言とカイロ宣言受諾の精神に戻れと言う。しかし、それは論理のすり替えで、シナが日本の首相や閣僚が靖國参拝をすることがヒトラーやナチスを敬う行為と同じだと言うのは、失笑を禁じ得ない。

現在、世界で最もナチスに近い国家社会主義的な政体で、中華帝国主義の野蛮な策動を一党独裁で進めているのが中国共産党に他ならないからである。

ここで面白いことに気づく読者もいるだろう。シナがかなりヒステリックに、いささか無理をして靖國参拝を攻撃しているからだ。しかもそれは、韓国の安倍政権攻撃とほとんど同じレベルまで堕ちている。朴槿惠政権も人民日報と同じように、戦後秩序を破壊する日本、という硬直した時代遅れの視座に留まっている。

言葉を換えれば、シナが韓国化して冷戦崩壊後の世界のパラダイムシフトが視界に入らないまま、米ソ冷戦時代の枠組みのなかでしか世界戦略を考えることができなくなっているのである。

韓国に至っては、米国の同盟国でありながら、日本の集団的自衛権行使や憲法九条改正を「日本の右傾化」としか捉えられない。米国に対して、日本の集団的自衛権行使は「日本の右傾化を促進する」と異を唱えてしまうほど、韓国は世界情勢を客観的に見通す能力を持ち得ない。これは致命的である。ネズミの実験に使用される回転式運動量測定装置を回転踏み車と呼ぶが、韓国は日本の反日左派やサヨクと同じ思考回路のなかで、永久に回転踏み車の実験に供されるネズミのようである。

日清戦争前と酷似した状況

ここで、冒頭に触れた《時代の大きな変化の真っ只中にいる人間は、その変化をなかなか読み取れない》という言葉に立ち還ってみる必要がある。世界でただ一つ、冷戦構造が残っている現在の北東アジアが、百年以上前の日清戦争前と状況が酷似しているという認識が、いまの日本を取り巻く反日原理主義を打開する大きなヒントとなり、重要な意味を持ち得るからである。

日清戦争の一番の意味は何だったのか？　それは、当時の中華帝国主義である〈華夷秩序〉を日本が破壊したことである。その結果、当時のシナを統治していた清王朝から朝鮮は独立を果たし得た。シナの半永久的な属国であった朝鮮が独立できたのである。

しかし、それでも自立できない朝鮮のために日本はロシア、米国、そして西欧の脅威に曝されながら、結果的に大博打であった日露戦争という国難に対処せざるを得なくなった。

ロシアと清と日本と米国の間でただただオロオロし、右往左往し、日本との信義を裏切り続けた大韓帝国に日本が呻吟した経緯こそ、現在の二十一世紀の日本人が直面する大韓民国の姿ではないのか。

その十年少し前、明治十八年（一八八五）三月十六日の「時事新報」に「脱亜論」が掲載された。「脱亜論」は現在、明治の思想巨人、福沢諭吉の代表的な外交論の一つとされ、広く知られている。脱亜とはもちろん、アジアを脱するという意味に他ならない。

「脱亜論」は新聞「時事新報」に無署名で掲載された社説およびそのタイトルであり、無署名なので福沢諭吉自身の筆によるものという証拠はない。ただ、「時事新報」の事実上の論説主幹が創刊者である福沢諭吉だったので、少なくとも「脱亜論」のコンセプト自体は、福沢の思想に即していたと見て間違いない。

《我れは心に於て亜細亜東方の悪友を謝絶するものなり》とその社説は結ぶ。《悪友》とは、当時の清および朝鮮のことである。もはや、お分かりいただけるだろう。事の核心は百三十年前から何ら変わるところはないまま、むしろ二十一世紀の現在に至っても近代化できないシナ、韓国、北朝鮮に囲まれているわが国にとって、一種の宿命ではないだろうか。

明治政府の脅威ロシア

当時の日本を取り巻く国際情勢は、一体どのようなものだっただろうか。

明治政府の最大の脅威はロシア帝国だった。時の皇帝は、第十三代アレキサンドル三世。ちなみに一八八五年は、トルストイの『イワンのばか』が発刊された年である。ドストエフスキーは一八八〇年に『カラマーゾフの兄弟』を発表し、翌年に没している。

時の明治政府の朝鮮への対応および清への対応は、すべてロシア帝国対策だったと言うことができる。清がロシアに飲み込まれ、朝鮮半島がその手に落ちれば、日本は喉元に強大な軍事帝国の匕首を突きつけられることになるからだ。清と朝鮮には、毅然としてロシアに対峙してもらう必要があった。ロシア帝国の極東進出の意思は、アレキサンドル三世の勅諭によって建設されたシベリア鉄道が特にその強固さを物語る。同盟関係を結びつつあったフランスから資本を得て、ロシア帝国政府がシベリア鉄道を起工するのは「脱亜論」から六年後の一八九一年。極東の終点を日本から僅か八百キロのウラジオストクに決めて、西の起点チェリャビンスクとともに、始点終点の両端から着工、一応の完成を一九〇一年に済ませ、日露戦争の最中の一九〇四年に全線を開通させることになる。総距離は九千キロを超えて、現在も世界最長の鉄道である。

このような情勢を強く踏まえて、当時の朝鮮および清と日本の関係は分析される必要がある。シベリア鉄道をもってロシア帝国の脅威は深刻化するが、その脅威自体、日本は徳川幕府の時代にすでに実感している。ロシア軍艦が対馬を占領した文久元年（一八六一）のポサドニック号事件がそれで、不凍港の獲得を国益とするロシアは対馬芋崎の租借を幕府に求めた。その二年前に、ロシアは樺太全土の領有を主張するために江戸に乗り込んできてさえいた。

朝鮮半島から対馬を経由して列島本島に至るルートは、明治以前の日本の歴史上、最大の侵略危機であった元寇において蒙古が使用したルートでもあった。

維新後の明治初期に西郷隆盛らによって提唱された征韓論は、対ロシアの文脈のなかでこそ意義をもって考えられるべきである。西郷隆盛の主君にあたる薩摩藩藩主・島津斉彬は、《清国の崩壊を予想し、西欧の日本植民地化を恐れ、朝鮮を確かな国力を持つ国に仕立て、ロシア、イギリス等の南下を食い止めるべき征韓論をすでに述べていた》（『大東亜戦争肯定論』林房雄）からである。

「脱亜論」は脱・中華圏

「脱亜論」は当時、反響を呼ばなかったらしい。反響を呼ばなかったのは当然だろう。つまり〈脱亜〉は、明治にあっては輿論においても当然に近い考え方だったに違いない。当然の話であり、簡単に言えば、みんな「もう、いやになった」のである。

歴史の事実関係から見ても、「脱亜論」はアジア蔑視・日本優越を謳った思想ではない。故坂本多加雄氏は、平成九年（一九九七）刊の著書『新しい福沢諭吉』（講談社）のなかで、《「脱亜論」は、日本が西洋諸国と同等の優位の立場でアジア諸国に臨むような状況を前提にしているのではなく、むしろ逆に、朝鮮の一件に対する深い失望と、強大な清国への憂慮の念に駆られて記された文章ではないか》と言及している。

坂本氏が述べた《朝鮮の一件》とは、明治十七年（一八八四）の甲申政変を指す。冊封体制志向・事大派のアンチである開化派のクーデター敗退の事件である。

開化派・独立党の金玉均をはじめとする維新陣の計画は、朝鮮国王を戴く立憲君主国を樹立し、近代化については その協力を日本に仰ごうとするものだった。開化派の筆頭、金玉均は明治維新を理想として、朝鮮の独立を願っていたのである。

清仏戦争の最中という機を捉えてクーデターは実行に移され、開化派は新政権を建てることに成功するが、閔妃が国王と自身の救出を秘密裡に清国に要請、袁世凱の軍隊一千五百人の前に維新軍は敗退する。一八八五年に結ばれた天津条約は、この事件を契機としている。条約中の朝鮮派兵の際の事前通告義務の条項が、のちの日清戦争に深く関連したことはよく知られている。

清仏戦争に敗れてインドシナを手放した清にとって朝鮮冊封は譲ることのできない国益となり、朝鮮側もそれに寄り添う結果となった。わが国は、いよいよ最悪と言っていい事態に直面することとなったのである。以上が、「脱亜論」が発表された明治十八年（一八八五）を取り巻く情勢である。

脱特アで開かれたアジアへ

ここでいま、私たちに問われているのは、「二十一世紀の脱亜論」なのである。幸い、安倍政権は、政権発足の翌日、平成二十四年十二月二十七日に発表した「アジアの民主的安全保障ダイヤモンド」の構想どおりに外交を展開している。

それは、不用意にシナと朝鮮半島に近づかない外交であり、〈脱特定アジア〉という新しい、まさに「二十一世紀の脱亜論」を実践している。〈脱特定アジア〉は換言すれば、脱華夷秩序、脱中華圏であり、日本のアジア新思考外交と呼べる。それは台湾、フィリピンからベトナム、インドネシア、カンボジア、ラオスを抜けて、ミャンマーからインドへ至る、開かれた明るい南アジアへ向かう、アジアとの関係をかつてなく強化する「二十一世紀の脱亜論」なのである。

李明博、朴槿惠と続いた韓国保守政権は、見事なまでに軸足を大陸に移し始めた。東西冷戦が終結して二十四年が経過したいま、日本の〈いわゆる保守派〉もいい加減に時代の変化と国際関係の新しいフェーズに気づかなければならない。

実は、そんな時代の変化の予兆は二〇〇二年からの十年の日韓関係のなかからいくつも見つけられる。多くの日本人が、脱戦後レジームの視点で日韓関係の歴史を読み解く作法を身につけていたのに、一向に政治家がそれに気づかず、東西冷戦の枠組みの思考パターンから脱していない。

古来、朝鮮が歴史的にそうであったように、韓国は日韓条約で国交樹立後は日本に事大し続けたが、九〇年代の金永三政権からその軸足を移行し始め、盧武鉉政権の混乱後は完全にシナへ顔を向け、朴槿惠政権でシナへの事大が明確になった。

つまり、一八九五年の日清戦争後に日本が華夷秩序を破壊して朝鮮をシナの冊封から逃れさせて独立させたにもかかわらず、現在の韓国は二十一世紀になって新たな中国共産党が支配するシナによる冊封を受けようと決断したのである。

課題は米国への発信

不思議なことに、そのような事情や歴史の詳細に不案内であっても、多くの日本人は直感で時代の流れを理解している。日本が朝鮮と台湾を統治していたかつての総督府に対する心情の差こそが、良い悪いでなく、親和性でも日本と韓国、台湾の差になるのである。親和性のある民族、その国と関係が深まるのは極めて自然なことである。

残された課題は、米国への日本の発信力である。

二〇一二年暮れから、誕生したばかりの第二次安倍政権を、一部欧米メディアが口汚く非難し始めた。まず、安倍晋三氏が首相に就任した翌日の十二月二十七日、NYタイムズがWEB版に、マーテイン・ファクラー東京支局長の「日本は、性奴隷謝罪を修正するだろうと示唆」（原題「Japan Hints It May Revise an Apology on Sex Slaves」http://www.nytimes.com/2012/12/28/world/asia/japan-might-revise-apology-on-wartime-sex-slaves.html）という記事を掲載した。

この記事はNYタイムズ本紙に二十八日に掲載されたが、非常に粗雑で、日本では歴史学の分野から一笑に付されるようなことが平気で書き連ねられている。

冒頭から、《新しく成立した日本の保守政権が、第二次世界大戦中に女性たちを性奴隷制度に強制したことに対する約二十年前の公式謝罪を修正しようとするかもしれないと、当局者のトップが（西村注・官房長官）木曜日に示唆したことが、おそらく韓国と他の日本軍国主義の元犠牲者を憤慨させるだろう》と、間違いだらけの記述で印象操作を行っている。

第一にファクラーは、日本人が黙っているので欧米でいい気になって濫用される《性奴隷》という言葉を使用する。いくら米国人が黒人に一九六〇年代後半になるまで選挙権を与えないという奴隷制度に親しんでいた歴史があったとしても、基本的に奴隷制度のなかった日本に〈奴隷〉という言葉を当て嵌めることはできない。しかも、戦地娼婦であった慰安婦の実体とかけ離れた印象を与える。

したがって、《約二十年前の公式謝罪》、つまり〈河野談話〉が女性たちを《性奴隷制度に強制したことに対する》《公式謝罪》とする記事の前提も誤謬になる。〈河野談話〉にはそんな文言は一言も書かれていないからだ。

さらに記事は、《率直な国家主義者である新首相、安倍晋三が一九九三年の謝罪を支持するかどうかについて、菅義偉官房長官は明言することを記者会見で拒否しました》と続く。

〈国家主義者〉という言葉は、第一次安倍政権の時からしばしば安倍首相に使用される接頭語だが、石原慎太郎氏にもよくつけられる言葉である。

「河野談話」の完全撤廃を

しかし前述したように、ゲイツ元国防長官がその回顧録『Duty』で認識し得た韓国の〈奇怪さ〉が、オバマ政権や米国のジャーナリズムに共有されていけば、逆に安全保障上の理由から、米国は日本の〈右傾化〉を拒否することができなくなる。そのためにも、これからは日本も本格的な情報戦の戦力、装備を整えなければならない。それは、第二次安倍内閣で誕生し、機能し始めた国家安全保障会議と同じ位相を持つ情報発信機関の設置となるであろう。

ところで、米国上院が慰安婦問題の決議を通したとの二〇一四年一月十六日の朝鮮日報の報道があった。

朝鮮日報が正しければ、《米下院に続き、上院でも「米国務長官は日本政府が二〇〇七年の慰安婦決議を順守するよう促さなければならない」という内容を盛り込んだ法案が可決された。米上院は16日午後の全体会議で上記内容が盛り込まれた「2014会計年度包括的歳出法案」を表決、通過させた》(「朝鮮日報」一月十六日付)ということになる。

ここに来て私たちがいますぐ取り組まなければならないものが、「河野談話」の完全撤廃であることが明確になった。安倍政権の次のターゲットがこれで可視化したのである。

(「WiLL」2014年4月号「総力大特集　新聞、TVはなぜ中・韓を批判しないのか」)

中国の覇権主義に勝つ
――チベットの悲劇は、日本の近未来

チベットで今、焼身抗議と呼ばれる抵抗運動が急増している。敬虔な仏教徒であるチベット人は自殺という言葉は使わない。二〇〇九年から始まった焼身は、前年まで数件だったが二〇一二年に急増した。北京で次世代の共産党指導者を決める党大会が開かれたこともあり、十一月だけで二十八名が焼身した。

年齢も十五歳の少年から四十代の壮年まで幅広く、十八歳の尼僧も含む女性も多い。欧米メディアは積極的に報道するが、日本の報道はなぜか散発的で、全体像は決して伝えられていない。二〇一二年十一月末時点で、二〇〇九年以降、チベット内地で九十一人が焼身し、その内七十七人が死亡。チベット外でもインドで二人、十一月十五日にはフランスのチベット寺院で英国人のチベット僧も焼身抗議で死亡した。

安否未確認が少なくないのは、公安が家族が来る前に焼身者を強制的に運んでしまうからだ。留置場で満足な治療も施されることなく、むしろ瀕死の状態のチベット人に虐待を加えているので、ほと

んどの人は死亡していると想像できる。

チベット内地と書いたが、正確には現在のチベット自治区でなく、隣接する青海省、甘粛省、四川省での焼身抗議が多い。チベット人がその地域も含めて内地と呼ぶのは、元々チベット人が居住していた〈本当のチベット〉だからだ。チベット自治区は共産党が勝手に引いた区割りに過ぎない。だから、パンダはシナの動物でなく、チベットの動物なのだ。

なぜチベット人が命を捨ててまで中国共産党への抵抗運動を続けているのか。それは、現在進行形の侵略行為と虐殺がチベット人に行われているからだ。

チベット自治区以外の焼身が多いのはインターネット回線も比較的自由に使え、海外に自分たちの窮状を訴えることができるというのではないかという、微かな望みにかけているからだ。そんな悲劇的な状況が日本で報道されないのは明らかに異常だ。二〇一二年、十一月十三日に来日中のダライ・ラマ法王が国会内の施設で、チベットを支援する百三十名の超党派の議員の前で講演を行った。本来ならテレビは大きく扱うべきなのに、なんとＮＨＫは、ノーベル平和賞受賞のこの講演に一切触れなかったのである。

そこにチベットの悲劇の本質があるが、実は日本が置かれている状況と非常によく似ている。

チベット悲劇は、日本の近未来

ダライ・ラマ法王の「文化的虐殺」とは、言葉と宗教の自由を徹底的に奪うことだ。学校でチベット語の使用を禁じ、ラマ法王の写真を持っているだけで検挙される。五人以上が集まって話をするだけで公安当局に検挙され、行方不明になる。とても文明世界と程遠い圧制だ。チベット自治区だけでなく隣接する元々チベットだった青海省、甘粛省、四川省でも同様に行われる。つまり、チベット自治区の区割りが、いかにいい加減なものであるかを中国共産党が証明している。

チベットが武力で侵略されたのは一九五九年だった。四九年に中国共産党が政権を樹立すると、すぐチベットへ圧力をかけ始めた。毛沢東が若きダライ・ラマ法王を北京に招聘し懐柔を試みるが法王は脅しには乗らなかった。そして、人民解放軍の大部隊がチベットに侵攻した五九年、法王は命からがらインドへ逃れたのである。

その後、チベットでゲリラ部隊も組織されたが、圧倒的な人民解放軍の前で無力だった。そして、今に至るまで大きな虐殺をともなう大弾圧は八九年が最後になったが、現在は「文化的虐殺」が行われている。法王はいつも「われわれは独立ではなく高度な自治を求めている」と言うが、実際は最低限の自治さえ実現されていないのだ。

そんな絶望的な状況で、すでに八十名に及ぶ焼身抗議の抵抗運動は止まる気配がない。二〇一二年、十一月二十八日には、亡命チベット人たち四百人が首都ニューデリーの中心部をデモ行進し、「チベットに自由を」と叫び、シナの国旗に火を放ってシナに抗議したことを、NHKも報じている。

日本でも何の根拠もないのに、自主規制で使えない言葉が増えているのは危険信号だ。法王の国会講演を実現させた国会議員たちが発表したアピール文にこんな一節がある。「中国政府はチベットの人々に対して、苛烈な人権蹂躙を行っております。中国政府は、チベット人の政治・宗教・文化・経済活動の自由を厳しく制限し、これに異議を唱えるチベット人に拷問を含む過酷な処罰を課しています。こうした中国政府の人権弾圧に対し、チベット人による抗議の焼身自殺が相次いでいます。（中略）こうした状況をわれわれは決して看過することはできません」。

ここには日本の今後の向かうべき外交が示されている。

台湾との友好は日本の生命線

東日本大震災で、台湾が巨額の援助を日本に行ったことを、日本人は決して忘れてはいけない。震災当日の三月十一日に、台湾政府は三十万台湾ドル（八十四万円）の義援金を送ることを表明し、翌十二日には被害の甚大さを見て即座に一億台湾ドル（約二億八千万円）に増額した。しかも台湾は十一日から救助隊も出動可能な状態で待機させたのだ。一週間後には馬英九総統も出演する特別チャリティー番組が二日にわたって放送され、台湾人の募金がまたたく間に約二十四億三千万円にまでなった。

しかもそれでは終らない。台湾人の義援金は四月一日に百億円を突破し米国の義援金を上回り、五月には二百億円を突破した。台湾の人口は二千三百万人で米国の十分の一、平均所得が年約二万ドル（約百六十万円）であることを考慮すれば、突出した親日ぶりを見せた。また、世界中に店舗があるセブンイレブンの小銭を寄付する募金でも、店舗が一番多い米国・カナダの北米六千六百三十六店舗で約六千五百三十四万円だったのに対し、台湾は四千七百五十三店舗で約三億三百六十八万円が募金された。最低だった韓国の三千四百四店舗・約七十四万円と比較するまでもない。

だが、問題は金額の大小でなく、なぜ、それだけ台湾が親日であるかということだ。震災当日に組織され、十四日に日本に到着した救助隊は日本政府の待機要請により、各国の救助隊が日本入りする中、丸二日間の待機を余儀なくされた。こんなに失礼なことはない。しかも菅直人首相が四月下旬に、世界の新聞に義援金のお礼の広告を出した時も台湾の新聞は無視したのだ。いくら民主党政権がシナにベッタリの政権だったとしても、人間として許されないことを行った。台湾人の善意を踏みにじったのである。

そんな時に、木坂麻衣子さん（二十八歳・デザイナー）が思い立ち、ツイッターで台湾へお礼の広告を出そうという「謝謝台湾計画」を発表した。すると多くの共感をよび瞬く間に募金は一千万を超え、台湾の主要二紙に「ありがとう、台湾」という民間人による広告が掲載された。「せめてお礼でも言おうよ、という気持ちで考えたんですが、あれだけ短期間で賛同してくれる募金してくれて本当によかった」と木坂さんは当時を振り返る。

国民党政権でシナ寄りになったと言われる台湾だが、台湾人は大陸の武力侵攻はもちろん、経済進出を警戒する。そんな台湾と軍事関係を含む強固な二国間協定を築くことが急務だ。

重要なシルクロードと日本の繋がり

二〇一二年一二月六日、東京で「アジアの民主化を促進する東京集会」が開催された。日印国交樹立六十周年を記念して、という副題が示すように今年は日本とインドが国交を樹立してから六十年を迎えた。しかし、尖閣問題でほとんどの記念行事が中止になった日中正常化四十年ばかり取り上げられ、日印国交樹立六十周年が報道されないのは異常な事態だ。

集会には中国の圧政に苦しむ周辺諸国から多数が参加したが、世界ウイグル会議副総裁のイリハム・マハムティ氏の言葉が胸をうった。「今こそ中国に警戒をする時です。日本には新しいアジアのリーダーとして頑張ってほしい」と訴え、「華人の支配下にあるアジアを独立させ、もっと平和なアジアを築くことに日本の力を期待する」と続けた。

二〇一二年五月、中国の様々な圧力や嫌がらせに屈することなく「世界ウイグル会議総会」が東京で開催され大成功を収めた。この時、ノーベル平和賞候補のラビア・カーディル総裁も来日し、世界中から集まったウイグル人と靖国神社に昇殿参拝も行った。これは画期的な出来事だった。カーディル女史は「世界中どこの国でも英霊を追悼し讃える場所があり、どこも神聖な場所です。日本人が靖国神社を大切にしていることは素晴らしいが、ウイグルにはこのような場所がありません」と悲しそうに私に語ってくれた。

現在、新疆ウイグル自治区と呼ばれる広範な地域はかつて二回東トルキスタン共和国として独立したことがあった。戦前の日本が日露戦争の勝利で間接的に東トルキスタン独立をサポートしただけでなく、満洲事変以降もモンゴル、ウイグル、チベットと漢民族の周辺民族と緊密な連携を取っていたのだ。

カーディル総裁は中国共産党から「テロリスト」とレッテル貼りをされ、五月の東京総会に来日できるかも危ぶまれた。世界ウイグル会議東京総会を妨害するために、支援する国会議員へも様々な圧力がかけられた。イリハム氏は五月の東京での総会を振り返りこう言った。「東京で開催できたことが欧州在住ウイグル人たちを物凄く勇気づけたんです。中国に最も近いアジアで行われた初めての大会だったし、日本が助けてくれることを期待を寄せています」。

中国の核実験の実験場とされ、この四十年間余で二百万人が虐殺されているウイグルを、シルクロードの起点として再生できるのは日本だけかもしれない。

沖縄侵略に着手した中国

二〇一二年八月に米軍普天間基地の辺野古移転に賛成する辺野古市民の集会があった。辺野古区民の多くが普天間移設に賛成しているのに、その声はメディアでは報道されない。また、十一月の天皇皇后両陛下の沖縄行幸でも、七千人の県民が提灯行列を行い、ご訪問先の施設周辺でも日の丸の小旗を振る県民が多数で迎えたが、そのような光景はいっさい沖縄のメディアやNHKなど全国メディアでも報じられることはなかった。いったい何が起きているのであろうか？　九月からオスプレイ配備反対デモが大きく報じられたが、その集会に中国国旗の五星紅旗がデザインされたウチワを持つ参加者も多数いた。オスプレイは世界の名機として専門誌に登場するほどの性能で、行動半径が六百キロもあり、中国が最も警戒する配備計画なのだ。

九月の国連総会で中国は尖閣は日清戦争以前は中国領で、第二次大戦終結のポツダム宣言を受諾した日本の領土ではないというデマ宣伝を行った。ところが日清戦争以前から尖閣が沖縄に属していたという歴史的文献が発見され、中国の言う根拠がことごとく崩れている。実は、中国はそれを織り込み済みで、沖縄はもともと中国のものだという〈学説〉を今度は正当化しようとしている。その証拠に、複数の人民解放軍の将官が琉球は中国のものと今年に入って共産党系のＴＶで「解説」しているのだ。しかも、今年の反日デモで一部に「琉球返還」というスローガンも掲げられていた。

十一月末に米上院が尖閣防衛義務を再確認する追加条項を盛り込んだ修正案を全会一致で可決した。わざわざこのような対応を米議会が取ったのは、日米安保は米議会の承認で発動されるからだ。同盟国がこのように先手を打っているのに、日本の動きは生ぬるい。すでに報道されているように、中国の新しい旅券（パスポート）に、南シナ海や台湾などを「自国領」とするデザインが盛り込まれ、関係する国や地域から一斉に抗議の声が上がっている。しかし、これまた日本政府の対応は不気味なほど無反応だ。

十二月九日にはベトナムの中国大使館前で西沙諸島への中国の侵略に抗議するデモが行われ多数が検挙された。十二月六日のアジアの民主化を促進する集会に出席していたベトナム革新党のアウン・ミン・ユン氏はこう言った。「共産主義のベトナムでデモをやれば厳しい弾圧が待っている。それでも私たちはやらざるを得ないのです」。中国と激しく対立するベトナムでも、反中国への政治活動は厳しい規制がある。

それに比べて日本はあまりにも呑気ではないだろうか？

（「夕刊フジ」）

朴槿恵前大統領と反日原理主義の病理

平成二十四年（二〇一二）の第二次安倍政権発足以来、選挙で問われるのはアベノミクスへの信任だと言われていた時期があった。もし、世論調査が言うように、いつも選挙の第一の争点が〈景気回復〉と〈雇用〉であるならば、経済問題が日本にとって最重要な課題ということになる。しかし、本当にそうなのか？

じつは、アベノミクスにはこの疑問に答え、日本の政治報道の矛盾を衝く秘密が隠されていた。それは、アベノミクスが単なる経済政策にとどまらず、日本の外交・安全保障を貫く新しい国家戦略に裏打ちされたものだったからだ。したがって、アベノミクスのそんな本質が選挙で問われたのであれば、日本人もやっと戦後七十年を超えたところで、歴史に関わり、時代を動かし出したと言えただろう。だが、残念ながら、日本のメディアがリアルな現実に関与せず、現実逃避の旧時代の観念に囚われているので、多くの日本人は日本に突きつけられている危機の本質や自分たちの置かれている立場に気づかなかった。

にもかかわらず、時代の動きを鋭敏に察知する人々は、安倍政権誕生以降の韓国の動きを見て、何か今まで自分たちの知らなかった〈現実〉が動いていて、時代が新しいフェイズに入ったことを直感的に嗅ぎつけているはずである。

韓国の旅行業界が日本人観光客の激減に悲鳴を上げ、韓国政府に泣きついたことがある。その傾向は民主党政権だった平成二十四年の夏から顕著であり、三〇%以上も日本人観光客が減ったことで倒産する旅行業者も続出していた。その傾向が強まったのは、李明博前大統領が島根県の竹島に不法上陸をして、天皇陛下に土下座を要求する発言をした一連の行動があったからなのは明らかである。

翌二〇一三年に就任した朴槿惠大統領（当時）に至っては、米国やドイツなど世界中で根拠のない感情的な日本非難を繰り返し呆れられている。二〇一三年六月下旬のシナ訪問では、アジアで初めての憲政国家成立に尽力した、アジアの偉人でもある伊藤博文を暗殺したテロリストの石碑を、暗殺現場の旧満洲（黒竜江省）のハルビン駅に建てたいという要請を習近平主席に行って協力をあおぐ愚挙まで行った。これは、米国テキサス州ダラスにケネディ大統領の暗殺犯、オズワルドの銅像を建てるのと同じだと言ってもいいだろう。

朝日が平成二十五年（二〇一三）七月十二日に、大島隆ワシントン特派員の《アジア各国の対日感情、評価真っ二つ　米調査機関調べ》という記事を載せたが、真っ二つなのは朝日の頭であることを自ら証明してくれた。同年の別の調査では、アジア太平洋地域の八カ国で韓国と中国だけが異常な反日国家であり、日本の印象は、マレーシア、インドネシア、フィリピン、オーストラリアで約八割が「よい」と答え、韓国では七七％、中国で九〇％が「悪い」と答えていた。

中国に急接近する朴槿惠政権

朴槿惠政権誕生後の韓国は、予想されていたことだが、いたずらに日韓関係に緊張をもたらし、侮日政策をあからさまに推進している。じつは、通貨危機と経済不安におののく韓国は、二〇一二年九月末に韓国銀行の金仲秀総裁が中韓通貨交換の常設化に言及したほど、中国への急速な接近を願っている。

二〇一三年になっても、五年ぶりに総理大臣に復帰したばかりの安倍総理の親書を携えた特使への非礼に始まり、三一記念日での「千年たっても恨みは消えない発言」、米国議会での日本非難演説、さらに、慰安婦問題に関する官民挙げての異常な反日ストーカー行為の上に、朴槿惠政権はわざわざ意味ありげに北朝鮮問題での「韓米中の連携」という日本パッシング（無視）政策を何度も表明し、反日国家ぶりを内外にアピールし続けていたのである。

北朝鮮の出先機関と揶揄される現在の文在寅政権でなくても、李明博、朴槿惠と続いた韓国保守政権は、見事なまでに軸足を大陸に移し始めていた。東西冷戦が終結して以降、日本のいわゆる保守派もいい加減に時代の変化と国際関係の新しいフェーズに気づかなければならない。じつは、そんな時代の変化の予兆は二〇〇二年からの十年の日韓関係の中から幾つも見つけられるのである。多くの日本人が脱戦後レジームの視点で日韓関係の歴史を読み解く作法を身につけていたのに、一向に政治家がそれに気づかす、東西冷戦の枠組みの思考パターンから脱していない。まさか、よもや韓国を親日国であるとか、日本の味方であると思っている政治家がまだいるとは信じられないのだが……。

古来、朝鮮が歴史的にそうであったように、韓国は日韓条約で国交樹立後は日本に事大し続け、九〇年代の金永三政権からその軸足を移行し始め、盧武鉉政権の混乱後は完全にシナへ顔を向け、朴槿惠政権でシナへの事大が明確になった。

つまり、一八九五年の日清戦争後に日本が華夷秩序を破壊して朝鮮をシナの冊封から逃れさせ、独立させたにもかかわらず、現在の韓国は二十一世紀になって新たな中国共産党が支配するシナによる冊封を受けようと決断したのである。

不思議なことに、そのような事情や歴史の詳細に不案内であっても、多くの日本人は直感で時代の流れを理解している。というのも、二〇一三年二月十五日に読売新聞が米国ギャラップ社と共同で日本人一〇〇一人と米国人一〇〇五人を対象に「日本にとって軍事的に危険な国家」を複数回答形式で質問したところ、日本人回答者で韓国を挙げる割合がじつに三七%に達しているからだ。この割合は二〇一一年の十一～十二月の同じ調査の二三％という割合に比べても大きく増加していた。また、これも読売のデータだが、三月二十二～二十四日に読売新聞社と韓国日報社が日韓両国での新政権発足を受けて共同世論調査を行ったところ、互いの国を「信頼できない」という回答が、日本で過去最高の五五％（前回三七％）を記録し、韓国でも八〇％（同七七％）に上昇している。

これらの調査結果は、政治家より、国民の方が現実を直視しているということだ。これは目の前で展開される〈歴史〉が何よりも雄弁に現実を物語ってくれているということでもある。すなわち、日本が韓国との国交樹立後、韓国に取ってきた政策が完全な誤りだったことを示している。日本の外交政策の誤謬の源泉は、歴史を直視できない、不必要な贖罪意識と謝罪史観が外務省にかさぶたのようにこびりついているところにある。

久保田参与の極秘文書

平成二十五年（二〇一三）六月十五日、朝日が興味深い記事を掲載した。昭和二十八年（一九五三）の日韓の国交を樹立するための日韓正常化交渉で、日本側首席代表を務めた外務省の久保田貫一郎参与が残した極秘文書が発見されたというものだ。

久保田参与は韓国との交渉決裂後、韓国に対して《「思い上がった雲の上から降りて来ない限り解決はあり得ない」と非難する公文書を残して》いた。前年、昭和二十七年（一九五二）二月に日本がまだ占領下にあり主権回復を果たす直前に、韓国は李承晩ラインを引き竹島を強奪した。その翌年でもあり、戦前からの歴史を熟知していた外交官だからこそ、これほど正確に韓国の本質を見抜いていたのである。

さらに記事はこう続く。

《久保田氏は、韓国側が（1）植民地支配は韓国に害だけを与えた（2）抑圧されていた民族の解放と独立は第2次世界大戦後の最も重要な国際法の新原則で、そのために日本側は朝鮮半島のすべての財産を失った——と考えていると指摘。韓国人を「強き者には屈し、弱き者には横暴」と評し、当時の李承晩政権について「打倒の努力を開始すべき」と対決姿勢を鮮明にしている。

51年に始まった日韓会談は「日本の朝鮮統治は悪い面ばかりでなく、良い面もあった」という久保田氏の発言を機に4年余中断。日本側は代表を交代させ、発言を撤回したうえで58年に交渉再開させ、65年に日韓基本条約を結んだ》と報じている。

つまり、久保田参与の発言を撤回させた昭和三十三年（一九五八）の時点から、日本の外交は事実から目をそらし、ひたすら韓国の言い分を認める不必要な贖罪意識と謝罪史観が前提になってしまったのである。その延長線上には当時から三十五年後にあたる平成五年（一九九三）の〈河野談話〉があるのは言うまでもない。しかも、韓国人にとっての謝罪とは儒教的風習の残滓から、膝を折り、土下座をすることに他ならない。それは別の原稿で触れたように、呉善花氏は次のように紹介してくれた。

《日本の政治家はこれまで謝ってきたけれども、いまなお韓国人が謝罪を要求するのは、その謝り方が韓国式の謝り方ではないからである。ではどのような謝り方をすればいいのかといえば、土下座をして、手をすり合わせながら涙を流し、繰り返し「悪かった」といったうえで、日本の領土の3分の1ほどを差し出す、これである。

実際に冷静にみると、日本統治時代、日本は韓国に対して大きな悪事など働いてはおらず、逆に貢献のほうが大きい。韓国側はそれを認めず、小さな悪を拡大して「日本は悪かった」といっている。その「日本は悪い」という教育を徹底して行なってきたのが、まさに朴正煕大統領なのだ》(「Voice」平成二十五年五月号)

韓国の反日原理主義が中国共産党の反日主義より強固なのは、イデオロギーとしてではなく、一種宗教的な色彩を帯びるでいるからだ。そう考えれば、次のような報道がまた飛び込んできても日本人は慌てて対応するべきではない。むしろ、前述した日韓正常化交渉で日本側首席代表を務めた久保田貫一郎外務省参与のように、冷静で客観的な視点から韓国に対峙するべきなのである。

あからさまな日本への内政干渉

それは平成二十五年（二〇一三）六月十四日の、韓国の日本へのあからさまな内政干渉を伝える報道だった。

《教科書是正の要求書　韓国教育部が日本政府に送付へ

【ソウル聯合ニュース】韓国教育部が今月末に日本政府に対し、独島や旧日本軍従軍慰安婦など韓国とかかわる歴史を歪曲《わいきょく》して記述した日本の教科書の是正を求める文書を送る。同部が１４日、韓国国会教育文化体育観光委員会の懸案報告資料で明らかにした。

今年検定済みの高校教科書を分析したところ、21点のうち15点に独島関連の記述があった。独島を日本固有の領土と主張しながら、国連安全保障理事会や国際司法裁判所（ＩＣＪ）などで解決する必要性を指摘している。

教育部は韓日の市民団体と連携し、歴史歪曲の問題点に対する認識を広めていく。日本の市民団体や歴史教師らにこうした教科書の問題点を知らせる内容のメールを送り、8月には国際学術会議を開催する予定だ。（後略）》

常識では考えられない奇妙なニュースが飛び込んでくると、普通は笑い話のネタとして処理される。

日韓関係が正常な状態なら、このような韓国の独善的な歴史認識にもとづく内政干渉や五月中旬に韓国で大騒ぎになった次のような報道は心温まる笑い話として日韓両国で共有できるものだった。

しかし、そうならない現実に日本人は関心を寄せ、今後の日韓関係のゆくえや方向性を考える貴重なサンプルとしなければならない。以下の報道と韓国内の反応も、東アジアの国際関係を考える上で重大な出来事だった。韓国の歴史を直視しない体質から生み出される偏狭な歴史認識と、以下の笑い飛ばすような下らない話題も、じつは深く韓国人の中では繋がっているシリアスな問題で、それ自体が非常に東アジアの安全保障にとっても深刻なのである。

五月十四日、韓国聯合通信は以下の記事を配信した。

《政界は十四日、日本の安倍晋三総理が最近、自衛隊基地を訪問し生体実験を行った日本関東軍細菌部隊の〝731部隊〟を連想させる〝731〟の数字が書かれた戦闘機に搭乗、写真を撮影したことに新たな形の歴史不正行為と規定して強く非難した。

セヌリ党チョン・モンジュン議員は報道資料で「我が国と中国など被害国に対する明白な挑発行為」としながら「ドイツのメルケル総理がナチ模様をした戦闘機に乗って記念撮影する場面は想像できないが安倍総理はこれと似たことを堂々と行っている」と批判した。

チョン議員は「安倍総理とその周辺の人々の侵略歴史の不正は韓国、中国など被害国に対する侮辱のレベルを越えて東アジア地域の新しい不安要因になっている。日本は歴史を逆に戻そうとする愚かで危険な行動を直ちに中断しなければならない」と主張した。
わが政府についても「中国、米国など関連国と協力して日本の暴走を防ぐための措置を取ることを強力に促す」と明らかにした。（中略）
安倍総理は去る十二日、日本宮城県東松島の航空自衛隊基地を訪問、曲芸飛行団の「ブルーインパルス」を視察しT－4訓練機操縦席に座って明るく笑って親指を上げた姿の写真を撮影した。安倍総理が座った操縦席の真下には白い土台の上に日章旗を象徴する赤い円と「731」という数字が黒い色で鮮明に描かれている》
この奇想天外な記事を韓国の反日病理と嗤ってすませる段階は、すでに終わっている。何しろ、韓国では最近、「九条を守れ」というスローガンを掲げるデモ隊も登場しているのである。韓国の反日病理の症状は重大な局面に達していて、「九条を守れ」という運動は、まるで日本が現在でも韓国を併合し統治しているという錯覚か、あるいは同じ国だとみなす認識が根強いからなのではないかとまで疑ってしまう。
韓国の日本に対する著しく特殊な感情はこれまで多くの識者が指摘、分析してきた。しかし、一般的にそのような対韓意識が多くの日本人に芽生えだしたのは、二〇〇二年の日韓共同開催のワールドカップ（以後W杯）からだった。

日韓W杯で目覚めた日本人たち

実際、取材や様々な機会で接してきた二十代から四十代の多くの人が、「日韓ワールドカップで目覚めた」と私に語ってくれた。いったい、彼ら、彼女たちは何に目覚めたのであろうか？　かくいう私も日韓共催W杯は強烈な体験だった。当時、スポーツジャーナリストとして一ヵ月半の取材で直面したのは、あの大会でスポーツの出来事がスポーツの範疇だけで語ることが到底できなくなったという事態だった。

じつは、そこに現在韓国から日本人の常識を超えたところで繰り出される慰安婦、竹島問題など、反日攻撃のメカニズムの謎に繋がるものが顔を覗かせていた。日本と韓国の間に横たわる歴史認識問題のほとんどが、そのような混乱と錯誤から引き起こされている。スポーツは主に〈スポーツメディア〉で伝えられるが、日韓W杯ではスポーツ以外のものが溢れ返り、当時の私はスポーツメディアでこのW杯を伝えることができないのではないかという疑問に苛《さいな》まされた。もっと正確に言えば、スポーツ以外のものがスポーツを浸食していたということで、厄介な夾雑物がスポーツの世界に流れ込んでいたのである。

それと同じように、本来なら歴史の領域で語られるものが、韓国では歴史から逸脱した文脈で語られて、歴史認識問題がリアルな政治力学や国際関係の位相に転換してしまう。スポーツが政治や偏狭な愛国心やビジネスに利用されるように、歴史もそんな混乱の中で政治や利権に利用されてしまうのが韓国社会の〈文化人類学的な〉特質なのである。つまり、日本と韓国の対立、論争は、そもそも異なった次元で交わされる上にベクトルが異なっているので成立することなどあり得ない。

これはもはや、比較文化人類学や民族学の見地から解明するより一種の病理学的見地からも日韓関係を見なければならないと言えるかもしれない。個人間でごく普通のコミュニケーションが取れない場合、専門医から発達障害やアスペルガー症候群、境界性人格障害という神経疾患にみなされることが多い。では、それが国家間の場合ではどうなのか。その種の疾患を当てはめることは本当にできないのであろうか。

まず、そんな疑問を前提にしないと、日本人は今世紀に入ってからの日韓関係を見誤ることになる。この原理原則を踏まえなければ、韓国の〈反日病理〉から永遠に日本は逃れられなくなるのではないだろうか。現在、安倍政権は北朝鮮危機を目前にして、また、尖閣へのシナの侵略に備える上でも、韓国とは安全保障上の連携も含めて従来通りの外交関係を保とうとしている。しかし、それもいたしかたない理由があり、従前の対韓関係を維持するという認識が前提でなければならない。現在の枠組みを保持しつつも、どうやってなるべく韓国と距離を置くようにするかを賢明に考えなければならない。これまでの日韓関係はまさに戦後レジームという旧体制の枠組みでできたものだ。

日本経済再生を掲げる第二次安倍内閣の経済政策は〈アベノミクス〉と呼ばれ、もはや世界共通語になってしまったが、じつは、レーガン大統領の〈レーガノミクス〉と同じように、本来なら外交・安全保障も含めた政策全体が〈アベノミクス〉と呼ばれるべきである。そういう意味でも、これから〈アベノミクス〉に問われる重要なものが日韓関係から見えてくるはずだ。

あまり知られていないが、当時、韓国が行っている二〇二〇年東京五輪不招致運動という奇怪な動きがあった。多くの人が驚くだろうが、冒頭述べた韓国人の行動様式を理解していればさほど驚くにはあたらない。なぜなら、韓国のそんな馬鹿げた行動メカニズムにどう対処すればいいか想定できるからだ。

サーチナというWEBメディアが二〇一三年四月五日に《「反韓デモの日本は五輪の資格なし」バンクがIOCなどに書簡送付》という記事を配信した。

《韓国のサイバー外交使節団・VANK(バンク)が5日、日本では反韓デモが行われており、オリンピック誘致の資格はないとの書簡を国際オリンピック委員会(IOC)などに送付した》と《複数の韓国メディアが報じた》とし、《韓国メディアは、「嫌韓デモを黙認する日本にオリンピック誘致の資格はない、バンクがIOCに書簡」、「バンク、IOCに日本の反韓デモ中止を要求する書簡発送」

などの見出しで伝えた》と韓国メディアの動きを伝えた。

バンクは一応民間団体であるが韓国政府が資金を拠出する半官半民の組織である。二〇〇一年ごろから活動を開始し、日本海を東海と書き換えさせる運動を展開し、各国政府や連合国（国連）や関係国際機関などに大量の意見メールを送信している。このような一種のスパムメールを組織的に送信する機関を「サイバー外交使節団」と呼ぶ独りよがりの無神経さが最近の韓国人の行動様式を象徴している。東京五輪招致を妨害する行動を公にして恥じないばかりか自画自賛している。バンクは東京五輪招致妨害だけでなく、慰安婦問題や竹島に関する韓国の一方的な主張を全世界に振りまいているのである。

この五輪招致妨害活動にしても根拠が全くない日本へのストーカー行為である。日本で反韓国デモが行われているからという政治的理由が五輪開催を妨害する大義名分になっているのは明らかに異常で、これでは、韓国では何一つスポーツの国際大会が開催できなくなるではないか。しかも、その理由づけも常軌を逸している。先の記事を引用しよう。

《バンクのパク・キテ団長は「東京や大阪の反韓デモは、民族差別的性格を帯びているだけでなく、世界を戦争の恐怖に追い込んで数々の隣人に消すことができない傷を残した帝国主義の復活を叫ぶ。日本の当局はこのような状況を黙認しており、オリンピック精神と共存できないことをＩＯＣと海外メディアに伝えるため、書簡を送った」と趣旨を説明した。
さらに、パク団長は「東京などで反韓デモがこれ以上続けば、この停止要求書簡を全世界のメディアやウェブサイト、YouTube、SNSなどに拡大して発送する」と警告した。
バンクは、反韓デモと帝国主義復活のスローガンがオリンピック精神を毀損《きそん》していることを明らかにするとともに、2020年のオリンピック開催候補地を審査するときにオリンピックの精神に基づいて行うことを促した》
このような無分別、無節操な反応はとどまるところを知らないのだが、なぜ、それを誰も止められないのであろうか。二〇一二年のロンドン五輪の男子サッカー三位決定戦で韓国が日本に勝った後、朴鍾佑（パク・チョンウ）選手が観客席から受け取った「独島（日本名：竹島）はわが領土」と書かれたメッセージボードを掲げたことが事件になった。五輪での政治活動を禁じる五輪憲章に明らかに抵触した行為で、韓国チーム全体が責任を問われ、三位入賞が取り消される行為を行った。にもかかわらず、韓国は国を挙げてIOCへのロビー活動を繰り広げ、驚いたことに朴鍾佑選手への最終的な処分が下されたのは、五輪から半年も経過した二〇一三年の二月だったのである。しかも、韓国チーム全体への処分は五輪直後に見送られていて、朴鍾佑選手への銅メダル授与が認められるかどうかだけが焦点になっていた。もう世界中の誰もが、特に忘れっぽい日本人全員がロンドン五輪の政治プラカード掲出事件を忘れ去った時に銅メダル授与を認める裁定が下された。

スポーツに政治を持ちこみ続ける韓国

先の問いを繰り返そう。なぜ、このような無分別、無節操な行動が繰り返され、誰もそれを止められないのであろうか。韓国がスポーツに政治を持ちこむのはこれが初めてではなかった。それどころか、恒常的にそれが繰り返し繰り返し行われている。この十数年以上わたって、W杯予選や五輪予選の競技場で観客が観客席などで、伊藤博文暗殺のテロリスト、安重根の肖像や竹島の領有権を主張する大きな垂れ幕や横断幕を掲げる光景は日常茶飯事だったのである。

しかし、それに対して日本サッカー協会から毅然とした抗議が行われたことは一度もない。試合を管轄するアジアサッカー連盟（ＡＦＣ）が処分を行ったことも一度もなかった。そのようなローカルルールで甘やかされた韓国が、つい、ロンドン五輪という世界の檜舞台《ひのきぶたい》で、実行者が観客でなく選手という違いはあるものの、いつもの癖を繰り返したのに過ぎなかった。それがロンドン五輪の竹島プラカード事件だった。

二〇一一年一月二十五日に行われた「ＡＦＣアジアカップ２０１１」準決勝、日本代表対韓国代表戦で、ゴールを挙げた韓国の奇誠庸（キ・ソンヨン）選手がコーナーポストで猿の格好の真似をしたことが韓国で問題になった。サッカーファンの間で有名な、いわゆる〈奇誠庸の猿真似事件〉である。ゴール直後の歓喜のパフォーマンスで猿の真似をして日本を侮辱する狙いがあった。サッカーは欧州で人種差別的な行為を厳しく禁じている。しばしばそのような行為があるからなのだが、アジアカップでの奇選手の行為も明らかにこれに該当するものだった。

日本人はほとんど知らないことだが、いや、敢えて知らされていないと言っていいだろう。韓国や中国の日本人への偏見の実態が、客観的に正しく日本で報道されることは皆無に近い。韓国人は日本人を〈猿〉と見なし、〈倭猿〉という差別用語で人種差別をしているのである。したがって、ほとんどの日本人は奇選手のパフォーマンスの意味が分からず看過していたのに、皮肉なことに試合中継を見た韓国人の間で奇選手の行為は酷過ぎないかという声がネット上に溢れ返ることになった。つまり、善良な韓国人が声を挙げて日本人への人種差別を戒めたのである。

ところが奇選手は高まる自分への批判を抑えるために、ツイッターに「観客席の旭日旗を見て涙が出た。私も選手の前に大韓民国国民です」と書き込み、日本人サポーターが観客席に掲げた旭日旗に対しての憤りの反応だったと弁明する。ここからが、韓国人の病理をよく現わすことになったのだが、奇選手を非難していた多くの韓国人が奇選手の説明で非難の矛先を収めてしまったのだ。旭日旗を見ての反応ならしかたがないという韓国人特有の異常な反応に、普通の日本人なら恐怖を覚えるのではないか。ここで見られるのは韓国人が反日であれば何もかも許されるという、いつもの反日原理主義と驚くばかりの無知である。

日本の軍艦旗の使用される前から〈旭日〉の意匠は日本の代表的なものだった。しかも世界的にも人気のあるデザインを韓国人の偏見だけで見下している。そればかりか、かつて日韓併合時代の自分たちの先祖がその旭日旗の下に先を競って志願し、戦い、敗れた、羨望のシンボルであった歴史的事実をなかったことにする一種の歴史捏造も行っている。しかも、韓国人は旭日旗を悪意を込めて「戦犯旗」と呼んでいる。ここでも彼らは、文化的コンテンツであるデザイン意匠をスポーツの場で政治主義を以て抹殺し、日本人が大切にする意匠を誹謗中傷する、日本人への人権侵害も平気で行っている。

そこでは重大な論点のすり替えが行われ、本来のスポーツ憲章に背く奇選手の日本人への人種差別が韓国人の言う〈歴史問題〉の背後に隠蔽されてしまったのである。この二重の詐術が韓国人の得意技である。

と同時に、日本サッカー協会が奇選手の行為を非難し、毅然とした態度をとらなかったことが後々の禍根を生むことになる。これは政治の世界と全く同じで、まさに河野談話という懐柔策をことの本質を忘れて産み落とした貧困な政治風土と同質のものが日本のサッカー界にもあったということなのである。このアジアカップ以降、韓国人は旭日旗の意匠という新しい対日攻撃の武器を手に入れてしまった。

旭日旗は新たな「反日おもちゃ」

日本の人気ポップシンガーでモデルの「きゃりーぱみゅぱみゅ」が平成二十五年（二〇一三）の春先に世界ツアーを行っていたが、三月十日の韓国公演が二週間前に急遽中止された。じつは、この原因が〈旭日旗〉問題にあったと言われている。彼女はこの年の元旦に初日の出を想わせる写真をツイッターに掲載したのだが、それが旭日旗と似ていると韓国人が騒ぎ出したという背景があった。実際、韓国のネット掲示板やツイッターには「日本は軍国主義に戻った」などと猛批判する書き込みが溢れ返ったのである。

ロンドン五輪で韓国男子サッカーチームが竹島プラカードで顰蹙《ひんしゅく》を買った後、韓国人は日本女子体操チームのユニフォームが旭日旗のデザインに似ているという言い掛かりをつけ、海外メディアやロンドン五輪組織委員会にメール攻撃が行われたのだが、その発端も二〇一一年のアジアカップで奇誠庸の人種差別的パフォーマンスにきちんとした対応をとらなかった日本サッカー協会のいい加減さにある。まさに河野談話の後に、際限なく続く日本への慰安婦攻撃と構造的に同じものを見せられているのである。

新しい反日道具を与えられた韓国人は、それこそ〈猿〉のように嬉々として、その後も〈旭日〉問題で騒ぎ立てている。三月下旬には英国留学中の韓国人女子学生が、北アイルランドの古都、ベルファストの街の小さな弁当屋、「ライジング・サン」のロゴマークが旭日旗をあしらったものだと騒ぎ立て、韓国のネット掲示板に書き込み、抗議をしたらその弁当屋がデザインを一新するという返事をもらったということが、まるで美談のように韓国メディアで報道されるような状況なのである。

かくして韓国人が旭日旗を戦犯旗と呼ぶことが、新しい反日オモチャになったわけだが、四月四日のアジア・クラブチャンピオンズリーグ全北現代対浦和レッズ戦の模様を、韓国紙「韓国経済／エックスポーツ」はこう書いている。

《約束を守らない日本浦和レッズ　戦犯旗を揚げて全北遠征応援団に罵声まで
種目不問で日本と会うたび常に問題になる戦犯旗応援がまた出てきた。浦和のファンたちは日本軍国主義を象徴する戦犯旗をあちこちで揚げて応援を繰り広げた。約束と違っていた。全北と浦和の関係者たちは競技前日のミーティングで円滑な競技進行のために戦犯旗の競技場搬入を禁止することで合意した。しかし浦和は全北との約束を破って搬入はもちろん露出まで防がなかった。

これに全北関係者は浦和側に競技中に戦犯旗を揚げたファンたちを写真に撮って浦和に証拠資料として提示した。浦和も戦犯旗を掲げた観衆に注意と警告を与えたと解明したが、全北は今もなお頭を痛めている》

記事によれば、浦和レッズがサポーターに旭日旗の持ち込みをやめさせるようにしたことになっている。もし、これが事実なら重大な問題である。スポーツにまで政治主義に浸食された自虐史観がはびこることになるからだ。重要なことはそれだけでない。日本人への差別感情と歴史への無知がもたらす韓国の〈旭日旗〉騒ぎは、韓国の偏狭なナショナリズムが日本人への人権侵害を促すだけでなく、安全保障上の問題にまで行きつくことになるからである。こんな異様な民族感情が支配する国の軍隊と自衛隊が合同演習などできるわけがない。海上自衛隊と韓国海軍の合同演習など到底不可能になるではないか。

今こそ必要な「脱特定アジア論」

二〇〇二年日韓W杯の前、私は、両国間に横たわる様々な問題がスポーツによって解消できるのではないかと、非常に単純に考えていた。だが、それは甘い夢想に過ぎなかった。スポーツはメディアとしても機能する。コンテンツであると同時にスポーツそれ自体がメディアでもある。重要なのは、スポーツの評価基準はスポーツの中に存在し、政治的な背景や歴史問題などで評価が変わることはあり得ないことだ。音楽や文学や芸術も、つまり文化も、それぞれの作品の価値は作品自体として評価されるのは言うまでもない。

スポーツも全く同じように競技の優劣が評価されなければいけない。特にスポーツは、音楽や文学と違って、百メートルを走る速さや、どちらが多く得点を挙げるかという物理的な評価基準がある。文化としてのスポーツの立脚点はそこにあるのだから、日韓両国の様々な政治的な齟齬も、スポーツというメディアが取り除いてくれることを期待していたのである。ところが実際は、スポーツによって日韓の壁が取り除かれるどころか、かえって壁を厚くし、両国の決定的な齟齬《そご》、文化的な障壁が立ちふさがることになった。

日韓問題の根本は、もはやの病理学的見地から見なければならないかもしれない、と前述した。精神病理学的に言えば、日本と韓国は〈共依存〉の関係に似ているのかもしれない。ウィキペディアによれば、共依存とは《自分と特定の相手がその関係性に過剰に依存する、その人間関係に囚われている状態を指す。一般的に「共依存」と言うと、病的な人間関係などを指すことが多い。共依存者は自己愛・自尊心が低いため、相手から依存されることに無意識のうちに自己の存在価値を見出し、共依存関係を形成し続けることが多いと言われる》とある。

さらに《共依存の原因となる被共依存者への対応としては、一定の距離を置きながら援助される。被共依存者は、援助が少ないことに見捨てられた気持ちを抱く可能性もあるが、「自分の人生は自分で切り開いていくしかない」と気づかせることが、結果として被共依存者の回復に繋がる。被共依存者は、支援を受けることに感謝し、関係者を操作することなく、自分自身の置かれている境遇を受け入れることが、回復の第一歩である》と続いている。

朴槿惠前大統領は二〇一三年の就任直後から安倍政権への〈右傾化〉攻撃を繰り返し、日本に正しい歴史認識をというメッセージを米国議会の演説でブチ上げ、米国政府や多くの政治家から呆れられた。しかし、もしかすると当時の朴槿惠政権の親中反日姿勢は、そんな〈共依存〉の関係にある日本から脱しようという無意識の行動だったのかもしれない。

そろそろ、日本は戦後七十五年になる日韓関係を見直し、アジア新機軸思考を執らなければならない時期を迎えている。それは百三十五年前に福沢諭吉が唱えた「脱亜論」を精緻に捉え、さらにバージョンアップした「脱特定アジア論」になるはずである。その時に、アベノミクスが果たさねばならない本当の課題が見えてくるのである。

（「WiLL」2013年9月号）

あとがき

本書に取り掛かってよく解ったことがある。それは朝日新聞の記事で取り上げなければならないものが、絶えず湧き出てくることだ。尽きることなく、トンデモ記事が溢れてくる。本当にキリがない。しかも最近は、本紙よりも「週刊朝日」「ＡＥＲＡ」「ハフポスト」という朝日系メディアで朝日的なるものの醜悪さが開陳されている。本紙編集は絶えず批判に曝されるので臆病になっているのであろうか。とにかく仕事部屋が朝日新聞で埋め尽くされてしまった。

そこで、本書序文に書いた言葉に戻ってしまう。朝日新聞はいったい何のために存在しているのだろうか。

もし機会があれば、いつかまた朝日の記事についての批評を書いてもいいと思う。厖大な資料を無駄にするのはちょっと惜しい気もするからだ。しかし、当面は遠慮したい。

ＧＨＱが日本占領後に真っ先に行ったのは言葉の規制だった。まず「大東亜戦争」と「八紘一宇《はっこういちう》」という言葉を禁句にした。「大東亜戦争」は日本政府が閣議決定したシナ事変も含む特に対米英戦争を指す正式名称である。「八紘一宇」は大東亜戦争のスローガンで、世界はみな兄弟というような意味である。この二つの言葉を使えなくする目的は、日本人が何のために、何という戦争を戦ったのかという〈事実〉を消去するためだった。戦勝国の立場に立てば、敗戦国日本が行った戦争は、ただひたすら邪悪な戦争で、人間性に反するものでなければならなかった。

そして日本が降伏文書に調印した八日後から日本メディアへの検閲が始まり、GHQは朝日新聞、そして同盟通信（後に共同と時事の二つの通信社になる）を立て続けに処分、発行停止と配信停止にした。まだGHQのプレスコード（言論統制の指針・規則）が日本政府やメディアに示される前に、占領軍に都合の悪かった記事を差し止め、脅しをかけて、恭順の意を確認した。

米国は正義の戦争で悪のファシズム国家・日本と戦って勝ったことにしていた。米国の民主主義と正義の勝利であるとしなければならない。ところが合衆国憲法の修正第一条の「信教・言論・出版・集会の自由、請願権」に反する占領政策を行ったわけだ。GHQの日本政府に対する指令第一号「SCAPIN-1」の内容は一章で触れたWGIP（ウォー・ギルト・インフォメーション・プログラム）であり、占領施策のテーマが「洗脳」である以上、言論統制は必要不可欠だった。

この矛盾を覆い隠すための米国の偽善的ダブルスタンダードが、戦後日本の文化空間に多大な不幸をもたらし、日本のメディアを規定してしまったのである。もちろん、その代表が朝日新聞とNHKである。

昭和二十年（一九四五）九月十九日にGHQは「SCAPIN-33」、日本に対するプレスコードを命令して、全メディアの検閲を実施し、言論の自由を剥奪した。そしてその三日後には、「SCAPIN-43」、日本に対するラジオコードが出されて、ニュース放送、教育番組、娯楽番組、商業放送番組に対する規制が立てられ、WGIPを浸透させる下地をつくった。そしてその次にGHQが行ったのが、合衆国憲法修正第一条の精神にある、各メディアに対する検閲の廃止の通達だったのである。

GHQは戦時中の日本軍部の検閲を廃止したと宣伝したが、実際は、このように日本軍より遥かに緻密な情報統制と言論統制、検閲、洗脳を行なった。WGIPが、GHQの占領施策として絶対的に存続しているのだ。

昭和二十三年（一九四八）にGHQは事前検閲を止めて事後検閲にする。なぜなら、メディアがもう事前に検閲を受けなくても、GHQの方針通りの報道をすることに慣れてしまったからだ。

GHQにいたハーバート・ノーマンはソ連のスパイで日本国憲法の制定にも深く関わった。そのノーマンは後にカイロでCIAの追及を逃れて自殺するが、彼が占領下の日本メディアのリーダーたちに与えた影響は非常に大きかった。ここで、平成最後の終戦の日になった平成三十年（二〇一八）八月十五日の朝日の社説に触れておく。

《戦後73年とアジア　未来へ向け記憶を紡ぐ》というタイトルで、《日本が戦争に敗れて、今日で73年を迎えた。この歳月を経てなお、日本はアジアでの和解を成し遂げていない》と人を驚かす。

社説のタイトルは《戦後73年とアジア　未来へ向け記憶を紡ぐ》となっているのに、一面の朝日新聞という題字の下にレイアウトされた目次には、《社説　戦後73年　アジアとの和解のために》という見出しが躍っている。つまり、社説のタイトルにはさすがに使えなかったのだろうが、《日本はアジアでの和解を成し遂げていない》という文中のフレーズを、朝日はネットでは読むことができない紙面の目次で使用した。

朝日は本心の、日本は戦争責任を果たしておらず近隣諸国と《和解を遂げていない》という社論を華々しく打ち出すことは遠慮しながら、秘かに怨念を晴らすかように、気味悪い紙面構成を行なっていた。誰にも気づかれなくてもいい。それでも自分の恨みを晴らせれば、とまるでコソコソした愉快犯のような行動を取ったのである。しかも後述するが、より深刻なのは、朝日の本心は《アジアとの和解》だけでなく、どうも第二次大戦の連合国に対しても和解を果たしていないと思っているフシがあることだ。

では、朝日が考える《アジアとの和解》とは、いったい何だろうか？　同日三面左肩の武田ソウル特派員の記事にその手掛かりがある。八月十四日に韓国で国家行事として「慰安婦の日」の式典が初めて行われた。「日本軍慰安婦被害者を讃える日」が正式名称なのが驚きだ。〈慰安婦〉の存在は韓国では法の支配よりも上位に位置する不可侵なもので、まるで統治機構に君臨する祭政一致国家の祀り上げられた〈神〉と同等なものになっている。〈慰安婦教〉という新興宗教がもはや韓国の国教なのである。

《「慰安婦の日」は、文政権の主導で昨年、国の記念日に指定された。8月14日は1991年に、旧日本軍の慰安婦だった故金学順（キムハクスン）さんが初めて実名で体験を公表した日にあたる。

（略）文政権は今年7月、日韓合意に基づいて日本政府が元慰安婦の支援財団に拠出した10億円と同額を政府予算から支出。「日本色」を消すことで、合意を事実上骨抜きにした。（略）》（同紙）

文在寅政権はこのように「不可逆的な」解決を謳った日韓慰安婦合意をなかったものにして、慰安婦を日本への外交カードとして永久再利用するつもりだ。文在寅が演説で「外交紛争を望まない」と言ったのは真っ赤な嘘で、「慰安婦は普遍的な人権の問題」という言葉が示すように、人権問題の歴史カードにすり替えようとしている。

これもまた一章で触れたように、朝日が六年前の平成二十六年（二〇一四）の八月五日・六日と二日連続で紙面を大きく割いて「従軍慰安婦強制連行」の記事を「誤報」と認め、取り消して謝罪し、その後木村社長が辞任したにもかかわらず、最も重要な慰安婦記事の削除をせず、人権問題にすり替えようとしている手口と全く同じだ。朝日は北朝鮮の出先機関になった韓国文政権と歩調を合わせていた。

したがって、約二カ月後に韓国大法院（最高裁）が下した、いわゆる元徴用工への賠償責任が日本企業にあるとする判決を、平成三十年（二〇一八）八月十五日の朝日の社説が論理的に用意していたのである。やはり、朝日へは一国民として責任を取らせるお悔やみの言葉を送らなければならないと、改めて思う。

本書を脱稿するにあたり、アシスタントとして資料の整理に当たってくれた尾崎克之氏と何かとご心配をかけた株式会社ワニ・プラスの佐藤寿彦社長に心よりお礼を申し上げる。佐藤氏の粘り強い励ましがなければ、脱稿することは不可能だった。

そろそろ紙数が尽きるが、本書と第一章のタイトルの「論理的弔辞」という言葉は、ちょうど五十年前の高校時代に読んだ三島由紀夫と東大全共闘の討論を収めた『討論 三島由紀夫vs.東大全共闘─美と共同体と東大闘争』（新潮社）所収の三島由紀夫のエッセイ「砂漠の住民への論理的弔辞」から拝借したことを記しておく。今年は三島由紀夫が亡くなってちょうど五十年である。

令和二年一月吉日

西村幸祐

西村幸祐（にしむら・こうゆう）

批評家・岐阜女子大学客員教授・関東学院大学講師。昭和27年東京生まれ。慶應義塾大学文学部哲学科在学中より「三田文学」編集担当。音楽ディレクター、コピーライター等を経て1980年代後半からF1やサッカーの取材、執筆活動を開始。2002年日韓共催W杯を契機に歴史認識や拉致問題、安全保障やメディア論を展開。「表現者」編集委員を務め、「撃論ムック」「ジャパニズム」を創刊し編集長を歴任。一般社団法人アジア自由民主連帯協議会副会長。著書に『ホンダ・イン・ザ・レース』（講談社）、『「反日」の構造』（文芸社文庫）、『NHK亡国論』（KKベストセラーズ）、『21世紀の「脱亜論」』（祥伝社）、『報道しない自由』（イーストプレス）など多数。近著に『韓国のトリセツ』（ワニブックス【PLUS】新書）がある。

●公式サイト 西村幸祐公式　http://kohyu-nishimura.com/
●twitter　http://twitter.com/kohyu1952
●Facebook　http://www.facebook.com/kohyu.nishimura

朝日新聞への論理的弔辞
西村幸祐メディア評論集
2020年2月10日　初版発行

著者　西村幸祐
発行者　佐藤俊彦
発行所　株式会社ワニ・プラス
〒150-8482　東京都渋谷区恵比寿4-4-9 えびす大黑ビル7F
電話　03-5449-2171（編集）

発売元　株式会社ワニブックス
〒150-8482　東京都渋谷区恵比寿4-4-9 えびす大黑ビル
電話　03-5449-2711（代表）

装丁　新 昭彦（Two Fish）
編集協力　尾崎克之
DTP　平林弘子
印刷・製本所　中央精版印刷株式会社

 ISBN 978-4-8470-9861-1
ワニブックスHP　https://www.wani.co.jp